Esto es Jazz

los 101 + 101
mejores discos
de la historia

Chema García Martínez

Esto es Jazz

los 101+101 mejores discos de la historia

Alianza Editorial

Primera edición: 2012
Primera reimpresión: 2021

Reservados todos los derechos. El contenido de esta obra está protegido por la Ley, que establece penas de prisión y/o multas, además de las correspondientes indemnizaciones por daños y perjuicios, para quienes reprodujeren, plagiaren, distribuyeren o comunicaren públicamente, en todo o en parte, una obra literaria, artística o científica, o su transformación, interpretación o ejecución artística fijada en cualquier tipo de soporte o comunicada a través de cualquier medio, sin la preceptiva autorización.

© José María García Martínez, 2012
© Alianza Editorial, S. A., Madrid, 2012, 2021
Calle Juan Ignacio Luca de Tena, 15; 28027 Madrid
www.alianzaeditorial.es

PAPEL DE FIBRA
CERTIFICADO

ISBN: 978-84-206-0920-1
Depósito legal: M. 23.726-2012
Printed in Spain

SI QUIERE RECIBIR INFORMACIÓN PERIÓDICA SOBRE LAS NOVEDADES DE
ALIANZA EDITORIAL, ENVÍE UN CORREO ELECTRÓNICO A LA DIRECCIÓN:

alianzaeditorial@anaya.es

Índice

Prólogo	9
Ese oscuro objeto de deseo	13

The Birth of the Hot: The Classic Chicago "Red Hot Peppers" Sessions	20
Louis Armstrong Vol. 2: The Hot Fives and Sevens	22
"The legendary Sidney Bechet"	24
The Bessie Smith Collection	26
Bix Beiderbecke Vol. 1: Singin' the Blues; Vol. 2: At the Jazz Band Ball	28
A study in frustration: the Fletcher Henderson Story	30
Fats Waller Greatest Hits	32
The Okeh Ellington	34
The Complete Decca Recordings	36
The Hawk relaxes	38
Lester Young with the Oscar Peterson Trio	40
Lady in Satin	42
The chronological Benny Carter and his orchestra 1937-1939	44
"Satchmo at Symphony Hall"	46
Ella Fitzgerald sings the Irving Berlin Songbook	48
The Blanton-Webster Band	50
The best of Nat King Cole 3	52
Rétrospective 1940-1953	54

Groovin' high	56
Monk in Tokyo	58
The genius of Bud Powell vol 1	60
The chase!	62
Dizzy Gillespie and his Big Band in Concert	64
Jazz at Massey Hall ("Quintet of the year" "The greatest jazz concert ever")	66
Freddie freeloader	68
Sassy swings the Tivoli	70
"The Thundering Herds 1945-1947"	72
Stan Getz plays	74
The Birth of the Cool	76
Live at the Village Vanguard	78
"Gerry Mulligan Quartet, Vol. 1 y 2"	80
Deep in a dream. The ultimate Chet Baker collection	82
Ella & Louis	84
Moanin	86
The beginning and the end	88
The Complete Blue Note recordings	90
The Atomic Mr. Basie (E=MC2)	92
At the Stratford Shakesperean Festival	94

Ascenseur pour l'échafaud	96
At The Pershing: but not for me	98
A night at The Village Vanguard	100
Thelonious Monk with John Coltrane	102
Kind of blue	104
Giant Steps	106
Sketches of Spain	108
European concert	110
The audience with Betty Carter	112
Back at the Chicken Shack	114
Sunday at the Village Vanguard	116
The music I like to play (vol. 1, 2, 3 y 4)	118
Live at the Village Vanguard	120
Full house	122
Eastern Sounds	124
The blues and the abstract truth	126
John Coltrane & Johnny Hartman	128
The Black Saint and the Sinner Lady	130
Free fall	132
The shape of jazz to come	134
"Money Jungle"	136
The futuristic sounds of Sun Ra	138
The straight horn of Steve Lacy	140
Out there	142
Unit structures	144
Go!	146
Out front	148
Miles in Berlin	150
A love supreme	152
Speak no evil	154
Maiden voyage	156
Open, to love	158
Ascension	160

Mercy, Mercy, Mercy! Live at "The Club"	162
"New grass"	164
Charlie Haden Liberation Music Orchestra	166
20 estándares (quartet)	168
Eternal rhythm	170
Bitches Brew	172
Extrapolation	174
Mwandishi	176
Straight life	178
Live in Offenbach 1978	180
Enlightenment	182
Music from Die Dreigroschenoper, L'Opera de Quat'sous, the Three penny's opera	184
El Corazón	186
American garage	188
Live at the Village Vanguard, vol. 2	190
In the tradition	192
"Black codes (from the underground)"	194
"Lush life. The music of Billy Strayhorn"	196
Saturday night at the Village Vanguard	198
Naked city	200
Doo bop	202
Calle 54	204
Concerto Piccolo	206
Whisper not	208
Extended play/Live at Birdland	210
Gustav Mahler/Uri Caine: Urlicht/ primal light	212
The art of Trio (vols. 1, 2, 3, 4, 5)	214
Napoli´s walls	216
Rabo de Nube	218
Sound Grammar	220

Prólogo

El jazz y los discos son mi vida. Desde que era pequeño, los discos han sido mi juguete favorito. Me fascinan. Tengo cientos de discos, de todos los estilos: rock, clásico, música africana y jazz. Sobre todo, de jazz. Para un músico de jazz, los discos forman parte de nuestra vida. Sin ellos, no podríamos vivir.

Recuerdo los dos primeros discos de jazz que escuché. Fueron dos, uno de Benny Goodman y otro de Artie Shaw. Mi hermano Rolf los andaba poniendo todo el santo día en el tocadiscos. Le volvían loco. Claro, él es quince años mayor que yo y quería convertirse en clarinetista de jazz. Yo entonces era apenas un bebé, me pasaba el día durmiendo y siempre, con esa música de fondo… así que puedo decir que crecí rodeado de jazz desde la cuna. Lo importante es que, gracias a esos discos, supe que existía algo llamado jazz, y ya no me lo pude quitar de encima.

Mi primer héroe fue Louis Armstrong, pero no me gustaba cantando. Como trompetista era el número uno, pero cantando, no. Yo entonces quería tocar la trompeta, por Armstrong, claro, pero no me duró mucho. Había demasiada buena música para quedarse únicamente en Armstrong. Empecé a escuchar otras cosas, jazz moderno, lo que se editaba en aquellos años… y entonces llegó el día soñado en que, por fin, pude comprar mi primer disco con mi propio dinero. Veinte marcos, eso era todo lo que tenía, pero suficiente para comprar un LP. Yo tenía trece años, más o menos. Me pasé ocho horas encerrado en la tienda buscando ese disco en particular que colmara mis expectativas. Fue una decisión tremendamente difícil. ¡Había tanto donde elegir! Al final, salí feliz con un ejemplar de *Milestones,* de Miles Davis, que sigue siendo uno de mis favoritos y uno de los mejores discos de jazz de la historia. Así que, al final, no lo hice tan mal. Aquel disco lo puse una vez, y otra, y otra… me llegué a saber de memoria, nota por nota y compás por compás, cada solo de Miles, Coltrane, Cannonball Adderley…; la sorpresa vino cuando lo reeditaron en CD incluyendo las correspondientes tomas "extras" que no habían sido editadas nunca. Menuda sorpresa. De repente me encontré con un montón de música que no conocía en absoluto. Desde entonces, me ha ocurrido varias veces con otros discos. Hay discos que crees conocer y resulta que no es así, pero estas son las sorpresas que le depara a uno la era del CD.

Lo cierto es que ese disco marcó mi vida. Y por supuesto *Kind of Blue*, que quizá debería ser el primero en mi lista de discos de jazz favoritos de todos los tiempos. Ya sé que no soy muy original, pero si hay un disco que necesitas tener en tu colección, es este. Eso está fuera de toda duda.

Para mí, lo mejor de los discos es que te permiten escuchar todo tipo de música de todo el mundo y de todos los tiempos sin salir de casa. Es un privilegio que no han gozado las generaciones que nos han precedido. Gracias a ello podemos saber qué ocurría antes de Bach y lo que él pudo escuchar en sus años de formación, y lo que le influyó. Desgraciadamente, vivió mucho antes de que se inventara el fonógrafo. Conocemos sus composiciones pero no podemos saber cómo las interpretaba, y Bach fue ante todo un intérprete y, más todavía, un improvisador. Hay quien habla de él como el primer músico de jazz de la historia. Lo cierto es que sus composiciones están basadas en lo que improvisaba al órgano de la iglesia de Santo Tomás, en Leipzig, a pocos metros de donde yo nací y donde me crié. Más de una vez he soñado con que estaba escuchándole sentado ante el instrumento, mientras se dejaba llevar por la improvisación. Desgraciadamente, toda aquella música se ha esfumado en el aire. Para compensar, tenemos los discos de tantos grandes improvisadores que ha dado el jazz en su historia: Ornette Coleman, John Coltrane, Miles Davis, Sonny Rollins, Don Cherry y los que empezaron a crear su propia música en Europa a comienzos de los años sesenta: Karl Berger, Michel Portal, Enrico Rava, Eje Thelin, Daniel Humair…

Hablando de discos, el envoltorio también es muy importante. Una buena portada dice mucho acerca de la música, tanto como el texto de la contraportada. Hay quien opina que la música se basta por sí misma y todo lo que pueda decirse sobre ella sobra; sin embargo, a todos nos gusta estar al tanto de lo que estamos escuchando, quién toca el primer solo y quién es el pianista o el contrabajista. Los aficionados al jazz no podemos pasar sin esta información crucial.

Como músico y como coleccionista de discos, recomiendo al lector que no deje de comprar discos y, mejor, si son vinilos. El CD vale como mal menor y porque es el sistema más utilizado actualmente, pero nunca hay que utilizar el ordenador para escuchar música. Esa costumbre de guardar la música en MP3 lleva a que se pierda el placer que rodea la escucha. Hay que disfrutar de los discos uno a uno tal cual fueron concebidos y, siempre, escuchar la música a través de unos altavoces. El ordenador hace que la música suene "a plástico".

La música necesita su tiempo. Acomódese en el sillón, ponga el disco en el equipo, y entréguese al placer de la música. Para mí, comprar discos, escucharlos y coleccionarlos siempre ha sido, y lo sigue siendo, una razón para vivir.

Joachim Kühn

Joachim Kühn (Leipzig, 1944). "Músico desmesurado, vehemente, un genio, en el buen sentido de la palabra" (CGM), Joachim Kühn ha viajado por todo el mundo acompañando a Jimmy Garrison, Karl Berger, Phil Woods, Michel Portal, Barre Phillips, Eje Thelin, Chet Baker, Jean-Luc Ponty, Michael Brecker, Eddie Gomez… habitual concertista en solitario, en los años ochenta formó "uno de los mejores tríos de jazz de la historia", junto a Daniel Humair, batería, y Jean-François Jenny-Clark, contrabajo. Desde hace más de una década, reside en la isla de Ibiza dedicado íntegramente a la composición, la interpretación (como pianista y saxofonista ocasional) y la creación plástiao. Su actual trío "Out of the desert" está integrado por el marroquí Majid Bekkas, al "guembri" y cantando; y el alicantino Ramón López, a la batería. Influido por Ornette Coleman y J. S. Bach, "Kühn retuerce la materia musical y la lleva hasta sus límites. Sus improvisaciones son un viaje a lo desconocido" (CGM).

Ese oscuro objeto de deseo

Pues sí. Un libro sobre los mejores discos de jazz de la historia, con todo lo relativo del término. Justo ahora, cuando lo que no hay, casi, son libros, ni discos, ni de jazz ni de nada.

Uno tiene claro los motivos que le han llevado a meterse en jardín semejante: la fascinación –fetichismo, lo llamarán algunos- por el objeto que le acompaña desde sus inicios como aficionado al jazz; mi amor por el jazz más allá, incluso, del propio disco, y quién sabe si un recóndito deseo perverso de llevar la contraria en tiempos como los actuales. Pero incluso un libro como éste, tan singular, necesita un lector. Y ahí es donde surge la Gran Pregunta: ¿por qué nadie pueda estar interesado en un algo así en este preciso momento?.

Uno puede creer que si usted, lector, está leyendo estas líneas es porque:

1: busca un motivo sustantivo para convencerse a sí mismo acerca de la imperiosa necesidad de adquirir un ejemplar del libro por el motivo que sea (y no seré yo quien le convenza de lo contrario).
2: ha adquirido un ejemplar del mismo acudiendo al comercio del ramo o por Internet, en cuyo caso cabe suponer que conoce la respuesta, y qué le va a contar el autor que no sepa.
3: lo ha sustraído aprovechando que el vigilante se está echando la siesta, o se lo han regalado, y se está preguntando si no había nada mejor que sustraer o regalar.

Si ha respondido afirmativamente a la segunda de las hipótesis, el lector podrá acudir directamente al último apartado de que consta este prólogo, donde se explican algunas cosas en torno al modus operandi que se ha seguido en la selección y/o confección del material. Si, por el contrario, se encuentra entre quienes todavía se preguntan para qué sirve una guía de los mejores discos de jazz de la historia, es posible que pueda encontrar la respuesta en las páginas que siguen.

Quien tiene un disco, tiene un tesoro

En aquellos tiempos de joven diletante aficionado al jazz, el disco era para nosotros el objeto más preciado, el más raro, y tan caro como pudiera serlo una entrada a un concierto, a veces más, incluso. Se hacían los kilómetros que hiciera falta para hacerse con "un Miles" de segunda división en un estado de conservación aceptable que alguien había localizado en una tienda de géneros diversos situada en un cruce de caminos entre Burgos y Santo Domingo de Silos. Se hablaba de "un Coltrane, "un Ellington", "un Armstrong", y Miles Davis era Miles y punto. Añadirle el apellido a Miles hubiera estado considerado como un imperdonable signo de extravagancia, o de afectación o, peor aún, de ignorancia.

Los que estábamos en el ajo soñábamos con tener en nuestras manos un ejemplar de *Kind of blue*, la obra maestra de Miles (Davis). La mayoría –los que no carecíamos de posibles para viajar a Londres o París– tardamos décadas en conseguirlo. Todavía hoy recuerdo con trémula emoción mi primer *A love supreme*, que compré a precio de saldo una soleada mañana de domingo en el Rastro madrileño a un desdichado aficionado que lo revendía sin saber lo que revendía. Lo sabía todo sobre el disco, sus intérpretes, las circunstancias que concurrieron en la grabación y las diferentes ediciones. Lo único que no había hecho era escucharlo. Hacerlo me produjo una turbación comparable a la del primer beso, familia aparte. Son momentos irrepetibles: hoy, cualquiera puede hacerse con un ejemplar de *A love supreme* o escuchar su contenido, sin más que apretar una tecla del ordenador. Pero entonces era distinto. Entonces, uno soñaba los discos aun antes de escucharlos, se envolvía en ellos como una manta en el invierno, sentía su calor; a los más afines se llegaba a memorizarlos nota por nota y chisporroteo por chisporroteo, del mismo modo que los antisistema de Ray Bradbury memorizaban los clásicos de la literatura universal en *Fahrenheit 451*.

Eran otros tiempos. La llegada del CD, en los primeros ochenta, supuso la entronización, primero, y la muerte, después, del disco de jazz en cuanto que objeto único digno de ser adorado y como testigo de la historia. Lo primero, con la puesta en circulación masiva e indiscriminada de la *Gran Historia del Jazz* a través de unas "ediciones integrales" que dejan muy poco a la imaginación del oyente; lo segundo, a partir del descubrimiento por parte del usuario de la extrema fragilidad del nuevo soporte. Si algo hemos aprendido en estos años, es que no importa lo que puedan inventar las mentes pensantes de la industria para proteger al retoño de sus entretelas de los depredadores, que éstos le hallarán el medio para entrar en el corral y hacerse con la presa más tarde o más temprano. Finalmente, cualquiera puede reproducir un CD y difundir su contenido utilizando los medios que las nuevas tecnologías ponen al servicio del consumidor, de donde viene el concepto "gratis total" aplicado al bien cultural como un presunto derecho universal.

Eppur, si muove…

… Y, sin embargo, se siguen grabando y editando discos, da igual si el músico tiene que salir a venderlos por sí mismo a las puertas del teatro. Y no sólo CD, también vinilos. ¿Por qué? ¿Para quién?

Visto desde la perspectiva adecuada, el disco ha vuelto a ocupar el lugar que le corresponde en la cadena de producción, menos como la fuente principal de ingresos para el artista frente a la ejecución en vivo (lo que no deja de ser un signo de coherencia en una manifestación artística como el jazz, en la que prima la espontaneidad), como la fuente de información que siempre ha sido y de la que se nutren músicos y aficionados. Incluso hay quien se ha empeñado en devolver al susodicho su antigua condición de objeto fetiche y edita su música en versión de vinilo "para coleccionistas" —el caso del saxofonista Mats Gustafson–, bien encargándose el propio artista de confeccionar el envoltorio de forma enteramente artesanal —así, el guitarrista Eugene Chadbourne— o acudiendo a la mitología iconográfica del género para darle una vuelta de tuerca cargada de ironía, tal cual hacen Mostly Other People Do The Killing en las portadas de sus discos. La mayoría son músicos de" vanguardia" y su obra circula por los márgenes del sistema, lo que no deja de resultar curioso.

Uno puede llegar a creer que, si sigue habiendo discos, es porque hay quien los graba, y quien los edita, y una audiencia que los adquiere gustosa, y hasta es posible creer que los escuche. Ahora bien: que se siga grabando/editando/comprando/escuchando jazz no significa que se le facilite al escuchante lo necesario para disfrutar de la música con lo que podríamos definir como un "mínimo criterio exigible". Internet —moderno compendio universal del saber equivalente a la Biblioteca de Alejandría y la *Enciclopedia* de Diderot puestas en fila y entremezcladas— constituye una fuente de información abrumadora aunque no selectiva ni fiable, o no siempre. La información prima sobre la reflexión; el detalle sobre la visión de conjunto. Falta la imprescindible perspectiva histórica. Manda el caos. Lo que es cierto en cualquier caso, pero más, si cabe, en cuanto tiene que ver con una música rica en variantes que es preciso colocar en un cierto orden lógico si se quiere que el lector llegue a alguna conclusión razonable.

Nos movemos en terreno movedizo: ¿qué es "mejor" y qué "peor"?; ¿por qué este disco es imprescindible y por qué no lo es este otro?; ¿quién decide lo que vale y lo que no? Que uno sea el padre de la criatura no significa que pretenda tener la razón por encima de otras razones. Del mismo modo que todos llevamos un seleccionador nacional de futbol en nuestro interior, todo aficionado al jazz alberga en su cabeza su propia lista de discos preferidos que juzga la más conveniente. Todas son válidas; ninguna es desechable sólo porque no coincida exactamente con la de uno.

En torno al criterio de selección y otras cuestiones

Llegar hasta la presente selección de los 101 + 101 MEJORES DISCOS DE JAZZ DE LA HISTORIA ha constituido un proceso lento y doloroso, tanto como pueda imaginarse. ¡Cuántas obras maestras indiscutibles se han quedado inevitablemente por el camino! "La sabiduría de la vida consiste en eliminar lo que no es indispensable", dijo Lin Yutang, quien sabe si mientras pensaba qué disco comprarse, si uno de Louis Armstrong u otro de Charlie Parker.

En situaciones extremas, uno se deja guiar por una combinación de factores que le ayudan a tomar la decisión más conveniente en todo momento. En el caso que nos ocupa, tales factores fueron, en primer lugar, la jerarquía artística del disco en cuestión, además de su relevancia histórica y, no menos importante, su disponibilidad. No ha sido fácil. La volatilidad del mercado del disco en fechas como las presentes no garantiza que lo que hoy uno encuentra a la vuelta de la esquina, mañana no sea una "rara avis" al alcance sólo de algunos privilegiados y *connaiseurs*. En otros casos, la mayor o menor calidad del sonido en origen o el hecho de que hayan sido grabados en vivo y no en estudio ha ejercido de criterio diferenciador a la hora de inclinarme por una u otra opción, a veces en un sentido positivo, otras en el contrario.

En general, las reediciones discográficas referidas a los años anteriores al microsurco presentan una dificultad adicional que no se encuentra en el material más moderno. Son pocas y, en la mayoría de los casos, se trata de refritos realizados sin el menor criterio ni rigor, con excepciones, que las hay. Si encontrar discos de *swing* que merezcan verdaderamente la pena constituye una tarea de titanes, más allá de los habituales "Ellington" (Duke Ellington) y "Basie" (Count Basie), qué va a decirse del vilipendiado jazz de Nueva Orleans, por el que algunos aficionados, y no pocos editores discográficos, muestran el más olímpico de los desprecios. Pensando en ellos, Eric Dolphy se refirió a aquella etapa del jazz como "la más libre que ha conocido el género en su historia". Por algo sería.

Como toda antología del disco de jazz realizada o por realizar, la presente no es estrictamente hablando una historia del jazz, y tampoco deja de serlo. En algún sentido, podría hablarse de 101 pequeñas "historias del jazz" en la medida en que los apartados de que consta el texto han sido concebidos al modo de unidades temáticas autónomas interconectadas entre sí. Cada apartado incluye dos discos –el principal y el que le acompaña, para entendernos–, los cuales se hayan relacionado en algún sentido. Puede ocurrir que sean complementarios o antagónicos o pueden representar dos facetas distintas de un mismo artista. Las asociaciones a que da lugar semejante método operativo resultan fascinantes. Cabe al lector la facultad de establecer el hilo argumental que sobrevuela entre las distintas "propuestas", por emplear un término al gusto de la posmodernidad cursi. En el ánimo del autor subyace el deseo de señalar caminos que el lector deberá recorrer por su cuenta. Tómese cada una de estas entradas-propuestas como una invitación a la aventura.

Los discófilos, esa plaga

Un problema de los discófilos del jazz suele ser su fastidiosa cortedad de miras, lo cargantes que resultan, en la mayoría de los casos. No hay cosa más aburrida ni menos estimulante que una discografía al uso, más allá de su utilidad como herramienta de consulta. También en esto hay excepciones. Ebbe Traberg, a quien se cita con asiduidad a lo largo de las páginas que siguen, publicó una discografía completa del pianista Sonny Clark adornada con algunos de sus poemas que es un primor y una fuente de gozo para cualquier ser humano con un mínimo de criterio. Ebbe sabía que el disco es importante, y lo que hay detrás, más.

Son 101 por la misma razón que podrían ser 99 o 525. El orden es importante. Lo que empieza de un modo –con Jelly Roll Morton– termina de otro muy distinto –con Joachim Kühn–, o puede que no tanto. Ya se sabe: en el contraste está la seducción.

Por lo que toca a la ordenación de los materiales, se ha observado un criterio histórico y cronológico flexible, en la medida en que la "obra magna" de un músico representativo de una cierta época puede haber sido grabada varias décadas después. Un caso: el de Lee Konitz, a quien el lector encontrará en el lugar que le corresponde, entre Miles Davis –*Birh of the cool*– y los cuartetos de Gerry Mulligan, si bien el disco elegido como el más representativo entre los suyos fue grabado en 2009, cuando el músico contaba con la muy respetable edad de 82 años. Hay intérpretes que sólo aparecen una vez y otros que se repiten: Miles Davis, Coltrane u Ornette Coleman, por citar a tres. Y otros no tan importantes, pero casi, para los que no se ha encontrado acomodo, por más que uno se haya devanado los sesos intentándolo. Otra vez será.

Una última palabra en torno a los textos elegidos para ilustrar al lector en torno a lo que va a escuchar. Si se ha huido de las pesadas semblanzas biografías al uso es porque existe información suficiente y sobrada en torno a los artistas en cuestión a través de los medios que la moderna civilización del ocio pone a disposición del interesado. En su lugar, se acude al testimonio vivo y palpitante de quienes saben del asunto y han escrito sobre el mismo desde una perspectiva propia y, podría decirse, particular. Muchas de estas pequeñas crónicas están escritas en tiempo presente, algunas fueron publicadas en prensa dando cuenta de una aparición pública del artista en cuestión, cuando no es el propio músico el que habla sobre sí mismo o sobre un compañero de profesión; son los casos de Mezz Mezzrow, quien tenía tanto de formidable cronista como de clarinetista espantoso, y Miles Davis, a quienes se ha acudido en su calidad de testigos privilegiados de la época que les tocó vivir. Hay relatos de ficción y algún recuerdo *post mortem*. Lo que no hay es orden alguno, porque así lo ha querido expresamente el recopilador. La diversidad de fuentes, su misma dispersión, proporciona una fascinante variedad de puntos de vista, pareja a la variedad de propuestas musicales de que consta el libro. Todos los textos aparecen convenientemente firmados por su autor, excepto los que no lo están por ser obra del responsable de estas líneas.

La música siempre va a encontrar su camino para llegar hasta el oyente. Siempre va a haber necesidad de literatura, teatro, cine... el lector siempre va a necesitar leer periódicos. Lo importante es mantener la capacidad para seguir produciendo música de calidad. Otra cosa es la distribución de música electrónica, que limita el sonido, lo comprime, lo transforma... Entonces ¿para qué hemos desarrollado un conocimiento tan preciso de cómo utilizar un micrófono? No me gusta cuando la gente escucha música en un MP3 y salta de una cosa a otra. Es como si empiezas un libro por la página 17. Primero, por favor, léelo como está escrito y entiende la idea que quiere transmitir el autor y luego puedes ir donde quieras.

Manfred Eicher

El disco de jazz ha muerto.
¡Viva el disco de jazz!

Chema García Martínez

los 101+101
mejores discos
de la historia

"New Orleans": los orígenes

RCA
1926-27
**

**The Birth of the Hot:
The Classic Chicago "Red Hot Peppers" Sessions**

Jelly Roll Morton + Kid Ory (tb); Johnny Dodds (cl);
Baby Doods (bt), Omer Simeon (cl)...

Jelly Roll Morton (Joseph Ferdinand Le Menthe –Lemothe, Lamothe, Lemethe–. Nueva Orleans 1890 – Los Angeles 1941)

Fanfarrón, desmesurado, excesivo, violento, chulo, arrogante, mafioso, jugador, desafiante, socarrón o estrambótico son algunos de los calificativos que se le pueden aplicar. Pero, siendo justos, más allá del personaje y de esa controvertida fachada de evidente recreación –que en el fondo escondía a un buscavidas solitario y distante– nos encontramos a unos de los grandes músicos y compositores que ha dado Norteamérica, cuya genialidad ha traspasado la barrera del tiempo para situarlo donde se merece, en el Olimpo del jazz.

Todo lo que rodea a Jelly Roll Morton está sobredimensionado, exagerado por él mismo o incluso distorsionado, por lo que no siempre resulta fácil dilucidar lo que es realidad o mero alarde. Morton, además, era todo un especialista en reescribir la historia en la medida de su ego. Tal vez la más "famosa" de todas sus afirmaciones se corresponde con la invención del jazz. En 1938, tras una época de inactividad, dirigió una carta al director de la revista *DownBeat*, con el fin de reconducir su carrera musical, que empezaba con la siguiente frase: "Es manifiestamente sabido, sin ningún lugar a dudas, que Nueva Orleans es la cuna del jazz y resulta que yo fui su creador, en el año 1902". Para concluir la carta, utilizó la siguiente firma: "Jelly Roll Morton, creador del jazz, del *stomp*, artista para Victor y el mejor compositor de canciones *hot* del mundo".

A pesar de recibir formación clásica, desde adolescente empezó a trabajar como pianista en los burdeles de Storyville. En esa "escuela" forjó su verdadero estilo, a medio camino entre el ragtime y el blues. Alrededor de 1904 dejó Nueva Orleans para nunca volver y empezó a deambular por todo el sur del país primero, llegando después hasta California, Canadá o incluso Alaska. Formó parte de compañías de minstrel y vaudeville, se dedicó a jugar a las cartas, se convirtió en proxeneta, hizo de todo con tal de sobrevivir. Por supuesto, nunca dejó de tocar el piano en cualquier *barrelhouse* o *honky tonk* que se preciara. Le gustaba hacer ostentación del dinero que ganaba. Tenía un diente de diamante y el guardarropa con trajes más amplio de todo Estados Unidos.

Su llegada a Chicago, hacia 1923, fue determinante para su carrera musical y se corresponde con su etapa más prolífica. Fue allí donde fundó su banda, los Red Hot Peppers, y dio rienda suelta a sus aptitudes como líder, compositor y arreglista. Realizó más de cien grabaciones y publicó rollos de pianola de sus composiciones. Según Gunther Schuller en su denso pero revelador y enciclopédico libro *Jazz: sus raíces y su desarrollo*, unas de las mayores aportaciones de Morton al jazz fue su interés por la forma musical que le llevó a introducir niveles de variedad y contraste desconocidos hasta entonces, como las imaginativas yuxtaposiciones dentro de una misma pieza de polifonía, armonía, solo, contramelodía y el *stop-time*, uno de los rasgos distintivos de su música, utilizados todos ellos siempre como elementos estructurales individuales.

Manu Grooveman

"Jelly Roll fue el primer compositor de jazz, equiparable o, en algún sentido, superior incluso a Duke Ellington". (Alan Lomax)

Mister Jelly Roll. Alan Lomax. University of California Press 2001.
Pops. The wonderful world of Louis Armstrong. Terry Reachout. JR Books. Londres, 2009.

Jazz – A Film By Ken Burns. Pbs Paramount 2001.

Tony Jackson, Scott Joplin, John Philip Sousa, Lorenzo Tio…

Lil Armstrong, Duke Ellington, Earl "Fatha" Hines, Eubie Blake, Art Hodes, Dick Hyman, Professor Longhair, Fats Domino, Aki Takase…

Louis Armstrong with King Oliver
MILESTONE 1924-1924

Los motivos directos y simples de la trompeta de Joe (Oliver) eran como las especias que un chef genial añade a sus platos para darles el sabor adecuado. El estilo de Joe permitía a quien improvisaba frente a él tener libertad para moverse y al mismo tiempo una base tan sólida como el Peñón de Gibraltar. Era imposible superar la forma como atacaba sus solos, un instante antes de que empezara el coro, con la soltura y la seguridad con que el saltador más elegante se lanza del trampolín.

Mezz Mezzrow

http://www.traditionalmusic.co.uk/jelly-roll/

"New Orleans": la revolución

LOUIS ARMSTRONG

COLUMBIA
(SONY)
1927

***

Louis Armstrong Vol. 2: The Hot Fives and Sevens

Louis Armstrong + Lil Hardin Armstrong (p, vc); Earl "Fatha" Hines (p, celesta); Johnny Dodds (sa, cl); Kid Ory (trombón); Warren "Baby" Dodds, Zutty Singleton (bt)...

Louis Armstrong ("Pops", "Satchmo". Nueva Orleans ¿1900? -Nueva York 1971)

De la trompeta de Louis la música sale como las cintas habladas de las bocas de los santos primitivos, en el aire se dibuja su caliente escritura amarilla, y detrás de esa primera señal se desencadena *Muskat Ramble*, y nosotros en las plateas nos agarramos a todo lo que tenemos agarrable, y además a lo de los vecinos, con lo cual la sala parece una vasta sociedad de pulpos enloquecidos, y en el medio está Louis con los ojos en blanco detrás de su trompeta, con su pañuelo flotando en una continua despedida de algo que no se sabe lo que es, como si Louis necesitara decirle todo el tiempo adiós a esa música que crea y que se deshace en el instante, como si supiera el precio terrible de esa maravillosa libertad que es la suya. Por supuesto que a cada coro, cuando Louis riza el rizo de su última frase y la cinta de oro se corta como con una tijera fulgurante, los Cronopios del escenario saltan varios metros en todas direcciones, mientras los Cronopios de la sala se agitan entusiasmados en sus plateas, y los Famas llegados al concierto por error o porque había que ir o porque cuesta caro, se miran entre ellos con un aire estudiadamente amable, pero naturalmente no han entendido nada, les duele la cabeza de manera horrorosa, y en general quisieran estar en sus casas escuchando la buena música recomendada y explicada por los buenos locutores, o en cualquier parte a varios kilómetros del teatro des Champs Elysées.

(...) cuando Louis canta el orden establecido de las cosas se detiene, no por ninguna razón explicable sino solamente porque tiene que detenerse mientras Louis canta, y de esa boca que antes inscribía las banderolas de oro crece ahora un mugido de ciervo enamorado, un reclamo de antílope contra las estrellas, un murmullo de abejorros en la siesta de las plantaciones. Perdido en la inmensa bóveda de su canto yo cierro los ojos, y con la voz de este Louis de hoy me vienen todas sus otras voces desde el tiempo, su voz desde viejos discos perdidos para siempre, su voz cantando *When your lover has gone*, cantando *Confessin'*, cantando *Thankful*, cantando *Dusky Stevedore*. Y aunque no soy más que un movimiento confuso dentro del pandemonio perfectísimo de la sala, colgada como un globo de cristal de la voz de Louis, me vuelvo a mí mismo por un segundo y pienso en el año treinta, cuando conocí a Louis en un primer disco, en el año treinta y cinco cuando compré mi primer Louis, el *Mahogany Hall Stomp* de Polydor. Y abro los ojos y él está ahí, en un escenario de París, y abro los ojos y él está ahí, después de veintidós años de amor sudamericano él está ahí, después de veintidós años está ahí cantando, riendo con toda su cara de niño irreformable, Louis cronopio, Louis enormísimo cronopio, Louis, alegría de los hombres que te merecen.

Julio Cortázar *(La vuelta al día en 80 mundos)*

"Cuando se editaron estos discos, nadie entendió nada. Era pura vanguardia. Aún tardaríamos años en comprender qué es lo que estábamos escuchando". (Franco Orgaz, presidente del Hot-Club de Madrid).

My life in New Orleans. Da Capo Press, 1986.

Louis Armstrong Jazz Festival, vol 1. con Bobby Hackett Sextet. Eddie Condon All Stars. Storyville-Global Rhythm 2003.

Buddy Bolden, Jelly Roll Morton, Joe King Oliver, Bunk Johnson, Kid Ory, James P Johnson, Fletcher Henderson, Freddy Keppard...

Hot Lips Page, Jonah Jones, Rex Stewart, Max Kaminsky, Wild Bill Davison, Bobby Hackett, Mugssy Spanier, Jabbo Smith, Roy Eldridge, Joseph Siankope...

The Louis Armstrong Collection Vol. 4: Louis Armstrong and Earl Hines
COLUMBIA (SONY), 1928

Fue un instante fugaz e inolvidable en una de esas noches frescas y apetecibles tan características de la Riviera francesa. Aquel que dirigía ahora sus pasos en dirección al piano de cola en mitad del escenario podría haber sido Earl Hines o cualquier otro. Desde mi lejana localidad el sujeto en cuestión se me aparecía como una figura distante e impersonal. Fue posar sus dedos sobre el teclado para que una tormenta de sentimientos encontrados se desatara en mi interior. Allí estaba, inconfundible, el propio Earl "Fatha" Hines, dando vida a un sonido que me ha acompañado desde mi amanecer como aficionado a ésta música. En un momento en que escuchar jazz en España constituía una quimera al alcance de unos pocos, yo estaba sentado delante de uno de los "Grandes". El genio en la sombra que alumbró al mejor Armstrong de todos los tiempos, que es decir, el mejor jazz que nunca ha podido ni podrá escucharse. Sin Earl Hines, sin su imaginación desbordante verdaderamente revolucionaria, el jazz no sería el mismo. Mi vida, tampoco.

http://www.louisarmstronghouse.org/

"New Orleans": los años dorados

"The legendary Sidney Bechet"

Sidney Bechet + Tommy Ladnier (t), Albert Nicholas (cl), Mezz Mezzrow (cl, st), Kenny Clarke (bt)...

Sidney Bechet (Nueva Orleans 1897 - París 1959)

RCA
1932-1941

***

Una vez, no mucho antes de que me soltaran, haraganeaba en el dormitorio escuchando la radio cuando, en el programa de música que a menudo sintonizábamos, pusieron un disco de Sidney Bechet. Primero la cara principal, *The blues of Beckett,* y luego la otra, *The sheik of Araby.* Yo no conocía las grabaciones –debían haberse hecho mientras estaba en chirona– y empecé a temblar de pies a cabeza. No me creía lo que estaba oyendo.

En ambas caras sonaban seis instrumentos: clarinete, saxo soprano, saxo tenor, piano, contrabajo y batería. ¡Y los seis los tocaba Bechet!. Era un truco de ingeniería, por supuesto: Bechet había grabado primero un instrumento, luego otro sobre el *play-back* del primero, y así sucesivamente hasta completar el sexteto. Pero si pensáis que la cosa era más un número de circo que un maravilloso logro musical, leed lo que más tarde escribirían los críticos en *The Jazz Record Book:* "Amén de demostrar la versatilidad de un genio autodidacta, este disco es un interesante experimento en unidad de estilo. La sensación que se tiene al oír todas las partes tocadas con la entonación y el intenso vibrato característico de Bechet es sorprendente y casi sobrenatural".

La unidad de estilo es la cosa, colegas. Permanecí sentado junto a la radio, lleno de intuiciones y atisbos sobre la unidad de estilo. Esos dos temas inverosímiles son dos de los mayores logros del jazz de Nueva Orleans que se han registrado jamás. El enlace y el equilibrio entre las seis partes son perfectos; ¡y había tenido que hacerlo Bechet solo! La comunidad entera de *jazzmen* vivos debería avergonzarse, me dije, de ver el talento de Bechet tan aislado como para tener que apañárselas solo.

Trabajo en equipo, espíritu colectivo, ricas mezclas armónicas: así podía resumirse la vida de Sidney Bechet. Estaba dispuesto a jugarse la vida por ello. ¡Qué moraleja aplastante encerraba aquella exhibición de virtuosismo! Nueva Orleans no es otra cosa que la fraternidad llevada a la música, la hermandad, la solidaridad, la asistencia mutua.

Nunca olvidaré la noche en que oí esos discos. Fue otro de los tremendos momentos de iluminación de mi vida. El toque final de mi educación, en música y en un montón de cosas más.

Mezz Mezzrow

"Nunca olvidaré la primera vez que le escuché tocar, en el Howard Theater de Washington, alrededor del año 1921. Era un concepto y un sonido completamente nuevo para mí". (Duke Ellington *Music Is My Mistress).*

Treat It Gentle (Sidney Bechet. Twayne 1960, reedit. Da Capo 1978). "Sidney Bechet" (Christian Béthune. Parenthèses. Marsella, 1997).

Treat It Gentle. The life and times of a jazz master Kultur, 2007.

Lorenzo Tio, Jelly Roll Morton, Louis Armstrong, Freddie Keppard, Bessie Smith…

Jimmie Noone, Duke Ellington, Johnny Hodges, Bob Wilber, "Rahsaan" Roland Kirk, Albert Ayler…

George Lewis: "Jazz Funeral in New Orleans"
TRADITION 1953

Técnicamente era, en cierto sentido, limitado, pero cuando le escuchas tocar *Tiger rag* o alguno de sus temas, no te das cuenta de esto; en lo único que te fijas es en que es magnífico, ¿sabes? Su ritmo es increíble, y el tono, por supuesto, es único. Su sentido del ritmo es fantástico.

(Sidney) Bechet, para mí, es más animal, mientras que Lewis tiene un sentimiento como religioso en todo momento, sentido, con alma, bonito, un sonido muy bonito. Pero en los dos casos el sentido del ritmo es alucinante.

Woody Allen

http://www.sidneybechet.org/

Blues

COLUMBIA (SONY)
1919 (?)-1929

***

The Bessie Smith Collection

Bessie Smith + Louis Armstrong (t); Jack Teagarden (tb); Fletcher Henderson (p); Benny Goodman (cl)...

Bessie Smith (Elizabeth Smith. Chattanooga, Tennesse, 1894-Clarksdale, Misisipi, 1937)

Un día paseando por Madison Avenue oí algo que al principio me pareció difícil de creer en un disco que habían puesto en una tienda de música. Bessie Smith cantaba *Downhearted blues*. Me abalancé a comprar todo lo que tenían de la "La reina del blues" –*Cementery blues, Bleedin´ hearted* y *Midnight blues*–, volví corriendo a mi casa y estuve cuatro horas oyéndolo en el fonógrafo. Las plañideras historias de Bessie y los fabulosos modelos armónicos del piano que la acompañaba, llenos de breves arpegios que me recorrían el espinazo como ratones, me pusieron en trance. Cada una de las notas que esa mujer aullaba repercutía en las cuerdas de mi sistema nervioso. Cada una de sus palabras contestaba alguna pregunta mía. Durante horas no pude separarme del fonógrafo ni siquiera para comer.

La voz de Bessie poseía un timbre tan vibrante, emitía los sonidos con tal claridad y plenitud, que se la oía cantar desde la calle. Enfrente del café había verdaderos embotellamientos; leones y gatitas taponaban la acera, hipnotizados por los hirvientes blues que manaban de la garganta de Bessie. Lo que esa mujer tenía no era una voz, era una maquinaria capaz de lanzar llamas de una punta a la otra de la sala. Bessie era una mujer de verdad, de pies a cabeza; toda la femineidad del mundo en un solo y dulce envoltorio. Nadie pudo reproducir su estilo tan personal. Los tumbos que imponía a la riqueza de su música eran perfectos ejemplos de improvisación. Para ella la melodía no significaba nada; la rehacía para adecuarla a la poesía de lo que tenía para contar, dando rodeos a la línea original y a las vocales la duración necesaria, desdeñando las consonantes superfluas, acentuando las sílabas apenas lo suficiente para comunicar lo que quería. Bessie "vivía" las historias que cantaba; era como si se limitase a contar cosas que le habían pasado.

Mezz Mezzrow

"Podía transportar por completo el significado de una línea con un acento sutil en una sílaba. Podía cantar la nota exacta o darle la vuelta para expresar sus sentimientos". (Joel Snow, Blues Online).

Bessie. Chris Albertson Yale University Press 2003.

At the Jazz Band Ball. Incluye *The St. Louis Blues.* Yazoo 2000.

Ma Rainey, Mamie Smith, Blind Lemon Jefferson, King Oliver, Louis Armstrong...

Ida Cox, Bertha Chippie Hill, Billie Holiday, Big Joe Turner, Etta James, Janis Joplin...

Professor Longhair: "Rock 'n' Roll Gumbo"
BARCLAY (VERVE), 1974

Professor Longhair se metió en el estudio de grabación la noche después de una noche particularmente movida. Su casa había ardido por los cuatro costados y el veterano intérprete estaba, literalmente, en la calle y sin un duro en los bolsillos. Inspirado ante la posibilidad de recuperar su maltrecha economía gracias a los beneficios del disco, el pianista, heredero de la gloriosa tradición de los "profesores" de Nueva Orleans, se muestra exultante hasta perder en ocasiones el control de sí mismo. En su música se combinan las tradiciones con desparpajo y sabiduría: del blues al jazz, la rumba y la música country. La pura esencia mestiza de la ciudad en la que nació y en la que falleció, tres años más tarde.

http://www.jerryjazzmusician.com/mainHTML.cfm?page=albertson.html

COLUMBIA (SONY) 1927

**

Chicago y territorios anexos (mayormente, blancos)

Bix Beiderbecke Vol. 1: Singin' the Blues; Vol. 2: At the Jazz Band Ball

Bix Beiderbecke + Eddie Lang (g); Frank Trumbauer (C-Melody sax); Adrian Rollini (saxofón bajo); Joe Venuti (vl)...

Leon "Bix" Beiderbecke (Davenport, Iowa 1903 - Nueva York, 1931)

Aquella noche Bix se sentó durante horas al maltrecho piano, haciendo en ciertos momentos nuestra música y en otros sumergiéndose en raros esquemas armónicos que los demás no habríamos podido reproducir. Daba la impresión de que, más allá de la casa, el mundo se desvaneciera; éramos los últimos habitantes de la Tierra, y sobre una bola de billar nos deslizábamos por el vacío de un paño verde sin agujeros, mientras Bix, encorvándose en trance sobre el teclado, meditabundo y alcohólico, le arrancaba a los marfiles una música extraña. Llegado a las fronteras del jazz, Bix se aprestaba a entrar en una insólita jungla musical donde esperaba encontrar Dios sabe qué. En esas largas noches de borrachera, cuando la realidad entera parecía una ilusión y las fantasías más delirantes se mostraban tan sustanciales que se habría podido tocarlas con sólo alargar la mano, Bix intentaba escapar del jazz hacia un lenguaje musical enteramente nuevo. Una y otra vez tocaba la peculiar música "moderna" que, como una señal en el camino, le indicaba hacia dónde debía girar: *El pájaro de fuego* de Stravinski, *El aprendiz de brujo* de Dukas, *La siesta de un fauno* de Debussy, las *Escenas del Adirondack* de Eastwood Lane, algunas composiciones de McDowell y la sinfonía *Los Planetas,* de Gustav Holst. Estas escapadas musicales, que seguían una docena de recorridos diferentes, se confundían con el jazz que Bix tenía en la cabeza. Técnicamente era un virtuoso, ésta es la verdad, pero el jazz no significaba para él lo mismo que para los genuinos *tomen*, sobre todo los negros: un surtidor de emociones hirvientes, un chorro capaz de abrir las ventanas del cuerpo y arrastrar sentimientos, instinto y espíritu. No vivía el jazz como un tumulto; en él la cabeza nunca dejaba de imponerse al corazón. Más que una meta, el jazz le parecía un trampolín hacia otra cosa, una nueva forma de expresión que le permitía decir algo distinto. Murió en 1931 sin haber encontrado esa "otra cosa". Y lo cierto es que buscó denodadamente, hasta que el esfuerzo lo mató o lo hizo beber hasta matarse.

Mezz Mezzrow

"Con Bix Beiderbecke ha desembocado en el jazz el romanticismo alemán, con todo el mundo afectivo que le pertenece. Lo que para los grandes músicos de Nueva Orleans era la herencia inconsciente de la música africana, lo fueron para Beiderbecke el cuerno de caza y la "flor azul" del romanticismo alemán. Era un Novalis del jazz, desplazado como un niño expósito a la edad del jazz de los *roaring twenties*, con todas las figuras de Scott Fitzgerald que suspiraban por la vida". (Joachim E. Berendt).

Really the blues. Mezz Mezzrow. Acuarela & A. Machado. Madrid, 2010.

Bix. Director: Pupi Avati, 1991.

Joe King Oliver, Louis Armstrong, Claude Debussy, Maurice Ravel…

Wild Bill Davison, Frankie Trumbauer, Red Nichols, Hoagy Carmichael…

Pee Wee Russell Quartet: "Ask me now!"
IMPULSE! (VERVE) 1963-1965

Pee Wee Russell era un personaje de un estilo musical (y personal) indefinible: estrambótico, oblicuo, sorprendente, extravagante, impredecible, cubista y otras cosas raras. Aún a día de hoy, hay personas que opinan que Pee Wee no es que tuviera un concepto del *swing* original… es que, simplemente, no sabía tocar el clarinete. Cuentan que al gran Coleman Hawkins, allá por los 60, le dijeron que Pee Wee estaba tocando "muy moderno". "¿Moderno? ¡Si toca como siempre!", respondió Hawk. ¡Y lo increíble es que era cierto! El tipo tocaba con Eddie Condon o con Thelonious Monk, y encajaba igual de bien. Sólo un tío tan raro como Pee Wee, o alguien que no supiera tocar el clarinete, sería capaz de esto (Troglo Jones).

En *Ask me now!,* Russell –un *chicagoan,* al fin y al cabo– interpreta a Monk, Coltrane y ¡Ornette Coleman!… "yo creo que la sección rítmica no sabe, en algunos momentos, si besarle o tirarle una banqueta a la cabeza" (TJ).

http://www.bixsociety.org/

La invención de la "big band"

A study in frustration: the Fletcher Henderson Story

Fletcher Henderson + Louis Armstrong, Hewnry "Red" Allen, Roy Eldridge, Rex Stewart (t); Coleman Hawkins, Ben Webster, Chu Berry (st); Benny Carter (sa); Benny Morton, Dicky Wells (tb); Horace henderson (p)...

Fletcher Henderson (James Fletcher Hamilton Henderson, Jr. Cuthbert, Georgia, 1897 - Nueva York, 1952)

COLUMBIA (SONY) 1923-1938
***

Probaron con tres o cuatro guitarristas antes de que me recomendaran a mí. Entre "en frío", me sumé a la banda en Boston o no sé dónde, sin ensayar ni nada. ¡Y tenían un repertorio! La primera noche estaba tan ansioso por tocar que desparramé las partituras por todo el piso. Todos se rieron. Pero supieron que tocaba bien en cuanto pude encontrar las hojas adecuadas. Cuando entré, Coleman Hawkins se había ido a Europa, y Lester Young ya no estaba en la orquesta. Ben Webster sí, y también un par de músicos nuevos. Teníamos a Russell Smith, como primera trompeta, Red Allen y otro gran trompetista, Mouse Randolph.

Fue muy divertido estar en la orquesta de Fletcher Henderson. Había tocado ya entonces en la orquesta de Duke (Ellington) y otras muy buenas, pero cuando esos muchachos de Henderson empezaban a soplar, uno sentía algo. La gente hablará de que faltaba disciplina a veces, pero cuando subíamos a la plataforma nos sentíamos a gusto, y tocábamos. Me gustaba mucho Walter Johnson, porque con él tocando la batería, la guitarra se podía oír. La banda tocaba con un *swing* suficiente para que el salón se viniera abajo, pero la guitarra sonaba entre todo eso. A Walter lo llamaban "Palo y escobilla" porque eso era lo que más tocaba. Tocaba con mucha suavidad y un gran sentido del ritmo, lo que es un don. Marcar el ritmo se puede aprender, pero si se piensa demasiado en él, nunca se toca con naturalidad. Hay que olvidarse de cuartos y octavos de nota y tocar lo que se siente.

Para mí, Fletcher Henderson era grande como director. Poseía lo que tiene Duke: personalidad. Cuando subía a la plataforma, miraba a todos y sonreía, como diciendo: "esto me gusta", lo mismo cuando alguien hacía un solo. Así todos se sentían cómodos y la banda nunca sonaba dura ni apretada. También creo que era muy buen pianista, aunque no tenía un estilo llamativo. Sabía leer y transportar y tenía oído perfecto. Podía escribir un arreglo en tres o cuatro horas sin acercarse a la banda; en Chicago escribía arreglos en la habitación del hotel sin piano. Muchos hacíamos arreglos en dos o tres días, una semana quizá, y cuando teníamos que tocarlos no nos gustaban y había que revisarlos, pero Fletcher sin piano hacía un arreglo de la noche a la mañana y un par de noches después se podía oír a Benny Goodman interpretándolo.

Fletcher tocaba su especialidad, *Stealing apples*, y después se levantaba para dirigir la banda mientras su hermano Horace tocaba el piano. Creo que no había celos entre ellos, pero Horace deseaba que la banda hiciera grandes cosas y se molestaba con algunos problemas que se presentaban. Fletcher en cambio conservaba su calma en todas las circunstancias. Horace quería organizar más las cosas y trabajaba mucho, porque a Fletcher no le iba muy bien por entonces. Se suponía que iríamos al Cotton Club, y lo estábamos deseando, pero el trabajo fue para Jimmie Lunceford. Eso creó resentimientos. Jimmie tenía una buena banda-espectáculo, pero la de Fletcher fue la primera *big band*, antes que la de Duke, y no le dieron la oportunidad de entrar en el Cotton Club, considerado como el "Lugar Número Uno" en esa época. Aunque éramos felices en la banda de Fletcher Henderson, no ganábamos realmente mucho y, al final, todos nos fuimos.

Lawrence Lucie

"Recuerdo que eras un hombre grande cuando tocabas con Fletcher Henderson y yo era sólo un niño. Creo que yo nunca fui un niño…". (Coleman Hawkins).

The Uncrowned King of Swing: Fletcher Henderson and Big Band Jazz. Jeffrey Magee. Oxford University Press, 2004.

Scott Joplin, Jelly Roll Morton, James P. Johnson, Albert Ammons, Pete Johnson, Willie "The Lion" Smith.

Bessie Smith, Buster Bailey, Coleman Hawkins, Benny Carter, Count Basie, Louis Armstrong, Sam Wooding, John Kirby, Benny Goodman, Neal Hefti, Sun Ra…

Jimmie Lunceford "For dancers only"
DECCA (GRP), 1935-1937

En los ensayos practicábamos las reverencias. No llevábamos los instrumentos. Teníamos cuatro reverencias diferentes; común, de serpentina, etc., y mediante un número nos indicaban la que querían que hiciéramos. Cuando ejecutábamos una pieza con solos, teníamos un diagrama que mostraba cómo salir del asiento y llegar al lugar asignado en el escenario sin chocar con nadie ni pasar por delante de otro. Todo tenía que hacerse en pocos segundos, y así se hacía.

Willie Smith

http://www.doctorjazz.co.uk/draftcards4.html#banddcfhhj

Vocal & Piano: el punto de vista del compositor

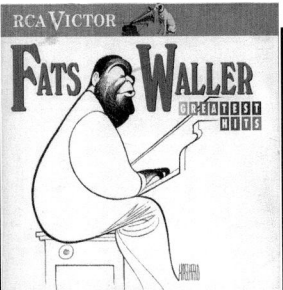

Fats Waller Greatest Hits

Fats Waller + Tommy Dorsey (tb); Bunny Berigan (t); Gene Sedric (cl, st)...

Thomas "Fats" Waller (Thomas Wright Waller. Nueva York 1904 - Kansas City 1943)

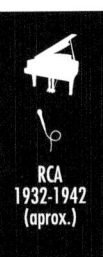

RCA
1932-1942
(aprox.)

**

Dentro de la hermandad había cierta competencia. Por ésta razón nacieron muchos juegos: los motes, las rimas, los versos groseros, los *cutting contests* (duelos de improvisaciones). En ellos siempre ganaba el mejor, porque tratándose de música el público de color es inflexiblemente crítico y no acepta gato por liebre. Usualmente, los torneos se llevaban a cabo en la madrugada, cuando los músicos volvían de sus trabajos en el centro de la ciudad. Se montaban para ver qué músico era capaz de superar "musicalmente" a los demás. Dicho sea de paso, contribuyeron a producir algunos de los mayores músicos de la raza.

Una madrugada hubo un sensacional torneo entre pianistas. Fats Waller nos pasó a buscar por no recuerdo que café y nos llevó a su casa. Llegamos a las cuatro de la mañana. Fats era un individuo maravilloso, una de las personas más joviales que he conocido; tenía tal sentido del humor que al lado de él era imposible sentirse triste. Medía un metro ochenta y cinco y pesaba casi cien kilos, y calzaba sus "extremidades pedalarias" (en expresión propia) con elegantes zapatos talla 44. Siempre pasaba por Riverside Towers a tocar un rato para mí y mis amigos (por cierto que fue allí donde una noche, después de que yo le insistiese en que tocara un blues, compuso la célebre "Ain´t misbehavin´"). Se sentaba al piano la noche entera y a veces buena parte del día siguiente, sin levantarse ni para visitar el lavabo. Nosotros le poníamos a su alcance dos botellas de ginebra casera sobre el piano, de modo que al tocar en los agudos pudiera cogerla con un golpe de mano izquierda, y otra a los pies, para que la alzara con la izquierda cuando se entretenía en los bajos... aquella madrugada se agitó la provisión.

Corky (Williams) se sentó y se puso a tocar *Tea for two*, una pieza que para Willie "The Lion" era pan comido. De pronto Willie saltó diciendo: "Aparta y déjame a mí, hijo de puta". Haciéndole sitio a su lado, Corky se mantuvo en los bajos mientras Willie atacaba los agudos, y al final le dejó todo el teclado sin que el tiempo vacilara un solo instante ni se estropeara un compás. Luego le llegó el turno a Fats, que se hizo cargo de la situación. Estuvo allí bastante tiempo, mirando significativamente a Willie cada vez que inventaba algo o exhibía un truco especial. Así siguieron turnándose, sin darle al piano un segundo de descanso… nadie tuvo que gritar que se apagaran las luces y se llamara a la Ley, porque la Ley no tardó en presentarse a solicitud de los vecinos.

"Estábamos aquí abajo disfrutando de la música —nos dijeron los polis— cuando nos llaman de la comisaría para que averigüemos quién anda molestando por aquí. Bueno, hay gente que no sabe apreciar el arte. Mira, Fats, ¿por qué no cierras las ventanas, nos das una copa y sigues por donde estabas?".

Así que el torneo siguió hasta bien entrada la mañana, con los dos policías unidos a la concurrencia. Fue de coña.

Mezz Mezzrow

"Hombre… yo provengo de Fats. ¡Y ése sí que es alguien del que se puede provenir!". (Art Tatum).

Ain't Misbehavin': The Story of Fats Waller. E. Kirkeby. Da Capo, 1975.

Harlem Renaissance. Kultur Video 2004.

Scott Joplin, Jelly Roll Morton, James P. Jonson, Willie "The Lion" Smith, Duke Ellington…

Art Tatum, Count Basie, Earl Hines, Teddy Wilson, Roosevelt Sykes, Johnny Guarnieri, Aki Takase…

Hoagy Carmichael: "Hoagy Sings Carmichael"
PACIFIC JAZZ - BLUE NOTE (EMI), 1956

Conocí a Carmichael una tarde, también de verano, pero de hace ya demasiados años, en la Filmoteca, donde asistí a un ciclo de películas de Lauren Bacall, y allí le encontré, sentado al piano en un café de La Martinica, con un palillo en la boca y entonando junto a "La Flaca" un tema titulado *Am I Blue*. Hasta bastante tiempo después de aquella proyección de *Tener y no tener*, no me enteré de que aquel simpático sujeto que tocaba el piano en la película era el compositor de algunas de las más famosas canciones de la historia del jazz.

"Atticus"

http://www.fatswaller.org/

COLUMBIA
(SONY)
1927-1930
**

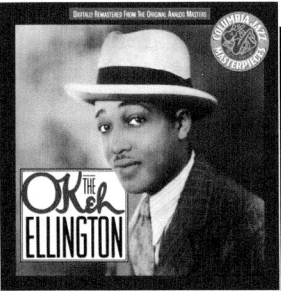

Big Band: Duke Ellington y sus "protégées"

The Okeh Ellington

Duke Ellington + Cootie Williams (t, vc); Adelaide Hall (vc); Bubber Miley, Jabbo Smith (tr); Johnny Hodges (sa, ss, cl); Harry Carney (sa, s bar, cl); Lawrence Brown, Joe "Tricky Sam" Nanton, Juan Tizol (tb)...

Duke Ellington (Edward Kennedy Ellington. Washington DC, 1899 - Nueva York, 1974)

La noche del domingo era la gran noche del Cotton Club. Estuviesen actuando en uno u otro local, todas las grandes estrellas neoyorquinas que se encontraran en la ciudad se acercaban al Cotton Club a saludar al público. Harlem tenía una fama excelente por aquellos días, y su atmósfera resultaba pintoresca a más no poder. Se trataba de un lugar de visita obligada, como Chinatown lo era en San Francisco.

El Cotton Club se hizo famoso a escala nacional por nuestras retransmisiones radiofónicas de costa a costa, que tenían lugar casi todas las noches. A los artistas se les pagaban elevados salarios, y los precios para los clientes, también eran elevados. La sala contaba con doce bailarines y ocho coristas, guapísimas todas. ¡Qué bien iban vestidas! Uno ya no ve esa clase de chicas en los escenarios.

Durante los años de la Prohibición, siempre era posible comprarle buen whisky a "alguien" en el Cotton Club. Por entonces se vendía lo que llamaban *Chicken Cock*. Venía en una botella que estaba dentro de una lata, y la lata estaba sellada. (…) Las incidencias de la era de los gangsters no eran conveniente materia de conversación. La gente a veces me preguntaba si conocía personalmente a fulano o mengano.

—No, qué va —decía yo—, no lo he visto en la vida.

Pero sí que les conocía a todos, y cuando empecé a tocar en el Cotton Club, las cosas ya se habían salido de madre. En Chicago también viví algunos episodios curiosos.

Estábamos en esta ciudad cuando Irving Mills (representante de la orquesta) un día vino a verme con una idea novedosa. Mills siempre andaba empeñado en que nuestra música alcanzara cotas cada vez más altas.

—Quiero que estrenemos una nueva composición larga: una rapsodia.

—¿En serio? —apunté—. Bueno, de acuerdo.

Me senté y escribí *Creole Rhapsody,* para la que compuse tanta música que al final tuvimos que dividirla en dos partes. Una apareció en el sello Brunswick, y la otra, la más extensa, en Victor. Irving a punto estuvo de quedarse sin los amigos que tenía en ambas discográficas por grabar un tema que no sólo duraba más de tres minutos, sino que además ocupaba las dos caras del disco. Esa fue la semilla de la que más tarde crecieron toda clase de suites y composiciones largas.

Duke Ellington

"Ningún otro compositor que haya sobresalido en cualquier otro campo trabajó o viajó en forma tan incesante sin interrumpir la dirección de una agrupación de virtuosos reconocidos y temperamentales". (Stanley Dance).

Edward Kennedy Ellington: *Duke Ellington. La música es mi amante.* (Global Rhythm. Barcelona, 2009).

Ellington. The Classic Hollywood Years. 1929-1952. (Efor).

James P Johnson, Willie The Lion Smith, Fats Waller, Jelly Roll Morton, W. C. Handy, Sidney Bechet, Thelonious Monk…

Artie Shaw, Thelonious Monk, Gil Evans, Charles Mingus, Miles Davis, Randy Weston, Carla Bley, Roswell Rudd, John Threadgill, David Murray…

Django Reindhart: "24 classic jazz performances"
CAPITOL 1937-45

El padre del "jazz gitano" fue un personaje misterioso, parco en palabras y poco interesado en el reconocimiento y la gloria. Alguien tan imprevisible como desconcertante. Su gira por Estados Unidos junto a la orquesta de Duke Ellington fue un completo fiasco coronado por su segundo concierto en el Carnegie Hall, al que llegó tarde: había preferido quedarse jugando al billar con unos desconocidos. Discos como el presente recuerdan a uno de los gitanos más universales de la historia, el primer músico de jazz con voz propia que dio Europa.

http://www.dukeellington.com/

El sonido de una "big band"

The Complete Decca Recordings

"Count" Basie + Jimmy Rushing, Helen Humes (vc); Lester Young, Herschel Evans (st, cl); Chu Berry (st); Buck Clayton, Harry "Sweets" Edison, (t); Dicky Wells, Bennie Morton (tb); Freddie Greene, (g); Walter Page (b); Jo Jones (bt)...

"Count Basie" William ("Bill" Basie. Red Bank, Nueva Jersey 1904 - Los Angeles, California 1984)

Había muchas cosas grandiosas en la banda de Basie y ahora, casi veinte años después, los expertos comienzan a investigar para descubrir dónde estaba la grandeza. Pero con la distancia de los años te olvidas de las cosas que te eran tan íntimas y pueden contribuir a aclararlo.

Aún insisto en que lo fabuloso de la banda de Basie era que nunca leyeron una partitura y, sin embargo, los dieciséis sacaban un único sonido maravilloso en sus interpretaciones.

Casi toda mi experiencia anterior con bandas había consistido en frecuentar a Benny Goodman. Lo escuchaba ensayar con bandas radiofónicas bien pagadas y con sus propios grupos. Siempre tenía arreglos estupendos. Gastaba una fortuna en arreglos para cualquier vocalista sin grandes dotes.

Pero en el caso de Basie teníamos algo que ningún arreglo costoso podía cambiar. Llegaban los muchachos, alguien tarareaba una melodía. Otro la tocaba en el piano una o dos veces. Después alguien pulsaba una nota, un acorde. Luego Daddy Basie tecleaba un poco. Y a partir de ese momento empezaban a ocurrir cosas.

La mitad de la banda no habría sabido leer una partitura, aunque la tuviera. Excepcionalmente alguno llevaba un arreglo escrito y los demás le echaban un vistazo. Pero cuando Jack Wadlin, Skeet Henderson, Buck Clayton, Freddie Greene y Basie terminaban de mirarlo –quitando, agregando, cambiando–, el arreglo quedaba irreconocible.

Así hicimos *Love of my life* y *Them there eyes* para que yo las cantara. Todo lo que interpretábamos lo hacíamos de oído. En los dos años que estuve con la banda reunimos un repertorio de un centenar de canciones y todos llevábamos hasta la última nota en la cabeza.

Billie Holiday

"No es economía: es autoridad. Basie sabe exactamente lo que se precisa... y cómo hacerlo". (Quincy Jones).

Good morning blues: the autobiography of Count Basie. Albert Murria. Da Capo.

Count Basie at Carnegie Hall. Kultur 1981.

Bennie Moten, Jelly Roll Morton, Fats Waller, Fletcher Henderson, Jimmy Blythe, Big Joe Turner, Charlie Parker…

Marty Paich, Pete Jolly, Nat Pierce, Sir Charles Thompson, Charlie Parker, Tito Puente, Burning Spear…

Benny Goodman: "The famous 1938 Carnegie Hall Jazz Concert"
COLUMBIA (SONY) 1938

Entre los músicos con los que me veía, Benny Goodman era alguien especial. Nos reuníamos regularmente una vez por semana y pasábamos unas horas juntos, lo que nos costaba un gran esfuerzo, sobre todo porque mi madre era muy estricta conmigo y no quería que anduviera por ahí con blancos. Además, Ethel –la hermana de Benny– era su representante y esperaba que él alcanzara la cumbre como director de banda, de modo que no quería que estropeara esta posibilidad dejándose ver con una negrita. Pero solíamos ser más listos que mi madre y su hermana.

Billie Holiday

http://www.countbasie.com/

El "inventor" del saxo tenor

The Hawk relaxes

Coleman Hawkins + Ronnell Bright (p); Kenny Burrell (g); Ron Carter (b); Andrew Cyrille (bt

Coleman Hawkins (Coleman Randolph Hawkins, "Bean", "The Hawk". Saint Joseph, Missouri 1904 – Nueva York, 1969)

PRESTIGE
1961
*****

Me doy cuenta de que hoy –19 de mayo– hace veinticinco años que nos dejó Coleman Hawkins...

Recuerdo que la noticia me llegó en una soleada mañana malagueña. Unas lacónicas líneas en el diario *Sur* causaron un eclipse inmediato. Mi primera reacción fue naturalmente recurrir a las pocas grabaciones del desaparecido saxo tenor que tenía a mano en aquel momento. Es muy complicado viajar con la música, pero siempre procuro meter alguna cinta del gran "Hawk" en la maleta. Debemos estar siempre preparados para enfrentarnos a la adversidad que nos acecha en todas partes.

Hasta el final de su vida, Coleman Hawkins era un *jazzman* ejemplar, y las veces que le vi en persona me impresionó de manera muy especial. Este hombre que había, por así decirlo, descubierto el saxofón para el jazz, este estilista que creó escuela y que sigue teniendo discípulos en las nuevas generaciones, era un solitario a pesar de su papel de maestro indiscutible. Nadie como él, que venía de otros tiempos, supo adaptarse a las corrientes modernas que siguieron a principios de los cuarenta. El paso del jazz clásico al revolucionario *bebop*, tan traumático para otros que quedaron estancados, fue para él una transición normal y natural. Sin apenas notarlo se convirtió en un pionero para muchos jóvenes que en la posguerra tuvieron dificultades en encontrar su camino. De ahí su enorme contribución a la evolución de una música que buscaba su liberación. Si la encontró, fue en parte gracias a él, nadie lo duda.

En sus últimos años, Hawkins fue un náufrago en fase terminal. Su muerte fue la culminación de un largo proceso de autodestrucción que su música sólo reflejó al final. Apenas se alimentaba. Tenía 65 años cuando la muerte le alcanzó, y parecía una anciano convertido en ruina humana, un trastornado superviviente de otras épocas, un patriarca ensimismado que sólo se expresaba a través de su saxo, con lo que le quedaba de uno de los sonidos más inolvidables que hemos conocido. Pero no fue así como yo le veía y escuchaba aquella nefasta mañana andaluza.

En este aniversario de la muerte de Coleman Hawkins, nos reconforta constatar una vez mas que este majestuoso y único "halcón" sigue vivo entre nosotros como una fuerza natural siempre capaz de captar toda nuestra atención.

Ebbe Traberg

"Durante toda mi vida, Hawkins ha sido para mí una especie de estrella polar musical; una fuente infalible de sabiduría armónica y melódica desde la cual brotan, de vez en cuando, expresiones definitivas para el jazz". (Benny Green).

The song of the Hawk. The life and recordings of Coleman Hawkins. John Chilton. The University of Michigan Press 1990.

After Hours/Jazz Dance. Efor-Rahpsody 2004.

Louis Armstrong, Fletcher Henderson, Sidney Bechet, Bessie Smith, Art Tatum. Buster Bailey...

Chu Berry, Arnett Cobb, Hershel Evans, Ike Québec, Ben Webster, Al Sears, Illinois Jacquet, Buddy Tate, Don Byas, Eddie "Lockjaw" Davis, Flip Phillips, Gene Ammons, Paul Gonsalves, Sonny Rollins, Scott Hamilton...

Ben Webster: "Atmosphere for lovers and thieves"
BLACK LION 1965

He aquí el tenor que (Duke) Ellington siempre había buscado para su sección de vientos. El sueño ideal que se hizo realidad tras una larga espera. Con su llegada, la orquesta recibió una verdadera dosis de vitaminas, el repertorio cambió sustancialmente enriqueciéndose en tintes y matices, y la música alcanzó un nivel superior.

Ebbe Traberg

Saxo tenor (II)

Lester Young with the Oscar Peterson Trio

Lester Young + Oscar Peterson (p); Barney Kessel (g); Ray Brown (b); J.C. Heard (bt)

Lester Young (Lester Willis Young, "Prez", "Press". Woodvile, Mississippi 1909 – Nueva York 1959)

VERVE (UNIVERSAL) 1952
****

En aquella época todo lo que ocurría, ocurría en alguna *jam-session*. En una de ellas conocí a Lester Young. Ese mismo día supo cuánto me gustaba que apareciera por allí e interpretara solos acompañándome. De modo que, siempre que podía, acudía a los locales donde yo cantaba y para oírme o pasar el rato. Nunca olvidaré la noche que Lester se midió con Chu Berry, al que en aquellos tiempos se consideraba insuperable.

Esa noche Benny Carter estaba improvisando con Bobby Henderson, mi acompañante. Y allí estaba Lester, con su viejo saxofón remendado con cinta adhesiva y bandas elásticas. Chu estaba presente y todos empezaron a discutir quién superaba a quién, tratando de provocar una competición entre Lester y Chu.

Benny Carter sabía que Lester era capaz de descollar en el duelo, pero para todos los demás el resultado estaba cantado: Chu lo aplastaría. Tenía un saxo enorme y hermoso que resplandecía como el oro. Pero cometió un error. Chu sugirió que tocaran *I got rhythm*. ¡Cualquiera menos esa! *Rhythm* era el caballo de batalla de Lester.

Tocó como mínimo quince coros, todos distintos, cada uno más bonito que el anterior. Después del decimoquinto, Chu Berry estaba liquidado.

Los de la pandilla de Chu eran incondicionales y no terminaban de creérselo. Lo único que pudieron decir para consolarse fue que Chu tenía un timbre más amplio. Nunca sabré qué cuernos significa eso. ¿Qué importaba que un timbre fuera amplio o no, si Lester sacaba unos sonidos tan maravillosos con esos acordes, esos cambios y esas notas que te hacían volar? Chu era un hombre maduro con un fabuloso tono grave. Lester era joven. No sé de ninguna regla que indique que todos tienen que producir el mismo volumen o el mismo timbre.

Billie Holiday

"Lester era un poeta triste y dolido porque el mundo no fuera todo lo hermoso que él soñó. Quiso hacerlo como deseaba con su arte: su propio mundo fantástico en el cual nada de lo desagradable del mundo real podría entrar". (Dan Morgenstern).

Lester leaps in: the life and times of Lester "Press" Young. Douglas Henry Daniels. Beacon Press 2003.

The Greatest Jazz Films Ever. (Idem 2003). Intervienen Lester Young, Charlie Parker, Billie Holiday...

King Oliver, Frankie Trumbauer, Bud Freeman, Louis Armstrong, Billie Holiday, Bix Beiderbecke...

Stan Getz, Zoot Sims, Wardell Gray, Allen Eager, Herbie Steward, Al Cohn, Buddy Collette, Jack Montrose, Richie Kamuca, Jimmy Giuffre, Bill Perkins, John Coltrane, Wayne Shorter, Don Byron...

Don Byas: "The Chronological Don Byas 1947"
CHRONOLOGICAL CLASSICS 1947

Una tarde del invierno de 1947 fui a tomar algo a Molinero, un salón de té lleno de viejecitas que no ha cambiado en doscientos años. Había una orquestina tocando valses y en principio nada me llamó la atención. De repente, me fijo en aquel saxofonista negro. Un sonido extraordinario y, además, muy jazzístico. ¿Qué pintaría allí en medio? Cuanto más me fijaba, más crecía mi inquietud. Me acerqué a él y pensé: "Caramba, si se parece a Don Byas, pero no puede ser, ¡cómo va a estar uno de los mejores saxofonistas del mundo tocando en un salón de té decimonónico de Madrid!". Pero se parecía tanto que, al finalizar la actuación, me acerqué a él y le pregunté: "¿Es usted Don Byas?".

Franco Orgaz (Secretario General del "Hot-Club de Madrid")

http://www.lesteryoung.dk/

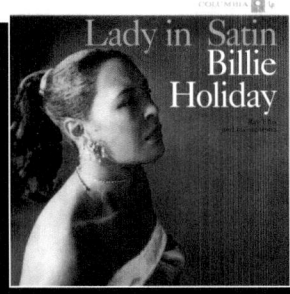

Vocal: *Lady sings the blues*

Lady in Satin

Billie Holiday + orquesta dirigida por Ray Ellis

Billie Holiday (Eleanora Fagan Gough. Philadelphia, 1915 – Nueva York 1959)

COLUMBIA (SONY) 1958

***

Una de las canciones que compuse y grabé narra mi matrimonio con Jimmy Monroe. Sospecho que siempre supe en qué me metía cuando se casó conmigo. Yo sabía que su bella inglesa blanca seguía en la ciudad. Él no quiso reconocerlo, por supuesto, pero yo lo sabía. Una noche volvió a casa con lápiz de labios en el cuello de la camisa. En aquel momento mamá se había mudado al Bronx y vivíamos allí cuando estábamos en Nueva York.

Vi la mancha de pintalabios. Él vio que yo la vi y comenzó a darme una serie de explicaciones. Yo era capaz de aguantarle cualquier cosa menos ésa. Mentirme era peor que todo lo que pudiera haber hecho con cualquier zorrita. Lo interrumpí, sencillamente:

–Date un baño, tío, no des explicaciones.

Allí tendría que haberse terminado todo. Pero esa noche se me quedó clavada en el alma. No podía olvidarla. Las palabras "no des explicaciones, no des explicaciones" bullían en mi condenada cabeza. De alguna manera tenía que quitármelas de encima, supongo. A medida que lo pensaba, esa noche pasó de ser una escena desagradable a convertirse en una triste canción. Poco después me encontré entonando frases enteras para mis adentros. De pronto descubrí que tenía una canción entre manos.

Una noche bajé a buscar a Arthur Herzog. Él tocó la melodía al piano, puso por escrito la letra y cambió dos o tres frases para suavizarla un poquito.

No podía cantar esa canción sin sentirla hasta la última nota. Todavía no puedo. Más de una chica me ha dicho que se derrumbaba cada vez que la oía. De manera que si alguien merece que le adjudiquen el mérito de esa canción, ese alguien es Jimmy… y todos los que siguen volviendo a casa con manchas de lápiz de labios.

Cuando eso deje de ocurrir, *Don't explain* quedará anticuada. Hasta entonces, siempre será de actualidad.

Billie Holiday

"Billie fue el ser más hermoso y el más desgraciado que ha pisado la tierra". (Buck Clayton).

Lady sings the blues. Eleanora Fagan, William F. Dufty. Primera edición en español: Tusquets Cuadernos Ínfimos 1988.

Billie Holiday. The Life and Artistry of "Lady Day. Idem-True Giants 2002.

Bessie Smith, Louis Armstrong, Lester Young, Alberta Hunder, Benny Goodman, Duke Ellington...

Anita O´Day, Frank Sinatra, Shirley Horn, Betty Carter, Peggy Lee, Dinah Washington, Abbey Lincoln, Madeleine Peyroux, Solveig Slettahjell, Jacinta...

Billie Holiday: "Intégrale Billie Holiday Lester Young"
FRÉMEAUX & ASOCIES 1937-1946

Lester cantaba con su saxo: lo escuchabas y casi oías las palabras; él y yo pasamos hambre juntos y siempre lo adoraré, lo mismo que a su saxo. Es harto probable que seamos enterrados con los nombres que nos colgamos mutuamente: "Lady Day" y "Press".

Billie Holiday

http://www.billieholiday.com/

Diferentes tamaños de "big band"

The chronological Benny Carter and his orchestra 1937-1939

Benny Carter + Coleman Hawkins (st); Django Reinhardt (g); Eddie Heywood (p)...

Benny Carter (Bennett Lester Carter. Nueva York 1907 - Los Angeles 2003)

Benny Carter falleció pacíficamente la mañana del sábado 13 de julio en el hospital Cedars–Sinai de Los Angeles a los 95 años de edad, después de un proceso degenerativo rápido e indoloro. Cuentan quienes le trataron en su lecho de muerte que, aunque enfermo, Carter se mantuvo lúcido y hablador hasta el último momento.

Benny Carter tuvo una muerte acorde a lo que fue su divisa en vida: una muerte, podría decirse, callada. La misma discreción, el mismo estar a la sombra y alejado de quienes se llevan el aplauso fácil y la palmadita en la espalda, ha llevado a que su muerte pasara desapercibida, o casi, entre nosotros. Precisamente, la discreción y caballerosidad de las que siempre hizo gala, escondieron con demasiada frecuencia un talento polifacético como se han conocidos pocos, si alguno, en la historia del jazz.

Carter fue muchas cosas: un caballero, un hombre bueno, modesto; uno de los mejores arreglistas del *swing*; un magnífico director de orquesta sin suerte, o sin carisma, que viene a ser lo mismo; un multiinstrumentista (saxofonista, trompetista, pianista...) versátil, incapaz de asumir cualquier otro papel. Benny Carter fue "el tercero en discordia": como director de orquesta, su nombre figura en las enciclopedias inmediatamente tras los de Duke Ellington y Count Basie; como safoxonista alto, se le cita en tercer lugar del escalafón tras Johnny Hodges y Charlie Parker. Con ambos tocó en fecha señalada del año 1952 (recogido en *Norman Granz Jam Session Series*).

Conviene precisar que Carter mantuvo una larga y profunda relación con nuestro país, que visitó por vez primera en enero de 1936, con motivo del III Festival de Jazz organizado por el Hot-Club de Barcelona. Su actuación en dicha ciudad dirigiendo a la orquesta del Hot-Club dejó profunda huella, al punto que no fueron pocos los saxofonistas patrios que adoptaron su estilo.

Tuvimos la fortuna de que Carter regresara en numerosas ocasiones a nuestro país: Madrid, Barcelona, San Sebastián (Festival de Jazz)... con demasiada frecuencia, los críticos trataron la música del veterano *jazzman* con una condescendencia inapropiada para quien, hasta el último momento, se mantuvo en los más altos parámetros de autoexigencia. Que el saxofonista era algo más que un viejecito viviendo de las rentas, lo demostró en un Festival de Jazz de Palma de Mallorca, primeros años ochenta, en que actuó acompañado por Tete Montoliu (¿pueden imaginarse dos músicos más distintos?). Su solo sobre *The Man I Love* condensó en sus 32 compases magistrales la esencia de una música a la que llamamos jazz. Una obra maestra, redonda, perfecta, que vale por una vida toda; un solo expresivo y conmovedor de los que acostumbramos a escuchar en los discos, solo que, esta vez, teníamos a su hacedor ante nuestras propias narices. El tiempo se detuvo durante los 32 compases de aquel inolvidable *The Man I Love*.

"Cuando me dijeron que iba a tocar con él, pensé que no tenía demasiado sentido: ¡pero si no tenemos nada en común! Al final, resultó que es uno de los músicos con los que más he disfrutado nunca tocando sobre un escenario. Un maestro. La elegancia personificada". (Tete Montoliu).

Benny Carter: A life in American music. M. Berger, E. Berger, J. Patrick. Scarecrow Press 1982.

Benny Carter. Shanachie-Jazz Masterpieces 2005.

Louis Armstrong, Sidney Bechet, Bubber Miley, Frankie Trumbauer, Fletcher Henderson, Duke Ellington…

Charlie Parker, Sonny Criss, Roy Eldridge, Ben Webster, Billie Holiday, Art Pepper, Cannonball Adderley, Paul Desmond…

John Kirby "The biggest little band in the world"
COLUMBIA (SONY), 1939-41

Para Craig Jolley, hablando de los discos de John Kirby, "es muy fácil criticarlos. No *swingeaban*, tocaban solos demasiado breves y poco emotivos, su música era, casi toda, prestada…". Con un repertorio inspirado en los clásicos de la música europea, Kirby fue acusado de "caricaturesco" y "demasiado blanco", si bien en su orquesta figuraron solistas de la talla de Charlie Shavers o Russell Procope. Sesenta años después de la muerte del inusual creador, un clarinetista madrileño –Miguel Malla– rinde homenaje a su música y a la del compositor Raymond Scott, a través de su propia banda, Racalmuto.

http://www.bennycarter.com/

DECCA (GRP)
1947
**

"Revival" - trompeta

"Satchmo at Symphony Hall"

Louis Armstrong + Velma Middleton (vc); Jack Teagarden (tb, vc); Barney Bigard (cl); Dick Cary (p); Arvell Shaw (b); Big Sid Catlett (bt)

Louis Armstrong ("Pops", "Satchmo". Nueva Orleáns ¿1900? - Nueva York 1971)

Esa noche era Nochevieja. Los bastidores estaban repletos de músicos, actores y coristas. El clima era tenso. Louis alzó la trompeta disponiéndose a soplar, mientras la banda tocaba como fondo *Them there eyes* y entre bastidores había tal silencio que se podría haber oído estornudar a una pulga. Como allí estábamos al tanto de que Louis tenía los labios hechos una miseria, pensábamos que seguramente no llegaría a terminar la actuación.

Abriéndose el corazón atacó su coro, y los sonidos que salieron de aquellos pobres labios martirizados sonaron como el llanto de un alma que, agobiada, arrastraba por un camino solitario el peso de todas las penas del mundo y clamaba alivio para su gente. Aquella trompeta estaba vertiendo toda la tristeza y el pesar de la vida, de la vida del hombre negro. Vi que a mi alrededor los ojos se llenaban de lágrimas por el maravilloso, atribulado, herido y sufriente Louis Armstrong, el héroe de su raza. Sabíamos que cada vez que apretaba los labios contra la embocadura era como si se los golpeara con un atizador al rojo vivo. Nadie decía una palabra. Romper el hechizo hubiera sido un sacrilegio. Entonces llegó el clímax.

Louis había iniciado el último coro y daba la impresión de que no podría acabarlo. Seguro que ahora se daba por vencido, seguro que el esfuerzo lo derriba. Cada nota nos acercaba la vibración del tormento. La sala entera estaba petrificada.

Charlie "Big" Green, el trombonista, vino a ponerse a mi lado y lloramos los dos como niños, tomándonos las manos, esperando que, a través de unos compases casi insoportables, Louis trepara hasta el Fa sobreagudo. Las luces bajaron al rojo y el azul. Entonces sucedió. Entre notas sofocantes y ensangrentadas, Louis inició la tortuosa ascensión. Era como el hijo pródigo que divisa por fin su hogar. El esfuerzo le hacía sudar sangre, y lo que vertía la trompeta era menos una melodía que el espantoso llanto de los perdidos y los condenados. La banda lo acompañaba con firmeza, intentando sustentarlo, como si le dijera: "Estamos contigo, Pops; venga, no te derrumbes, que te queremos y llegaremos todos juntos".

Y entonces, con el último hálito que le quedaba, como un moribundo, Louis se estiró y, arrastrándose, en el último y crispante segundo alcanzó el Fa superior.

Conmoción y escalofríos recorrieron el teatro. La sala entera temblaba, hasta que estalló en aplausos. Y Louis en el escenario acunando la trompeta, jadeante, lamiéndose la sangre del labio…

Corrí al camerino y lo encontré secándose el sudor de la cara. Tenía toda la ropa empapada, chorreante. Pero como un galante guerrero de antaño sonrió y dijo:

–No fue fácil, Mezz, pero así es la vida. ¡Ja, ja!

Mezz Mezzrow

"La posguerra conoció a otro Louis Armstrong muy diferente, más coherente y de mejor salud. Parecía más responsable, y era, desde luego, consciente del alto precio que había estado pagando por su popularidad". (Ebbe Traberg).

Satchmo: The Genius of Louis Armstrong. Gary Giddins. Da Capo 1988.

Louis Armstrong - Live In Stockholm 1962. Discovery 2007.

Buddy Bolden, Jelly Roll Morton, Joe King Oliver, Bunk Johnson, Kid Ory, James P Johnson, Fletcher Henderson, Freddy Keppard…

Hot Lips Page, Jonah Jones, Rex Stewart, Max Kaminsky, Wild Bill Davison, Bobby Hackett, Mugssy Spanier, Jabbo Smith, Roy Eldridge, John Siankope…

"Jabbo" Smith: "Jabbo Smith´s Rhythm Aces 1929-1938"
THE CHRONOLOGICAL CLASSICS 1929-1938

Hubo un tiempo en que pudo pensarse que Jabbo Smith podría ser el próximo Louis Armstrong. Entre enero y agosto de 1929 grabó veinte temas para Brunswick que están entre las grabaciones de jazz más notables de la historia. Desgraciadamente, Jabbo no era demasiado disciplinado y durante las siguientes décadas se tomó una copa demasiadas veces… reapareció brevemente al final de los años treinta, hizo algunas grabaciones muy modestas y volvió a desaparecer. Yo ignoraba su mera existencia hasta los años sesenta. Mi amigo Dick Spottswood me puso una copia de *Jazz battle*, que me dejó estupefacto. ¿Cómo es posible que esta música fabulosa sea desconocida para la mayoría?. Gracias a Dick y a un empleado descontento de MCA, esto iba a cambiar.

Hank O´Neal

Vocal: las "divas"

Ella Fitzgerald sings the Irving Berlin Songbook
Ella Fitzgerald + Paul Weston y su Orquesta

Ella Fitzgerald (Ella Jane Fitzgerald. Newport News, Virginia 1917- Beverly Hills, California 1996)

VERVE
(UNIVERSAL)
1958

★★★★

En el año 1955, Ella Fitzgerald apareció en la película *Pete Kelly's blues* (trece años antes, fue candidata para actuar junto a Humphrey Bogart e Ingrid Bergman en *Casablanca)* al tiempo que continuaba con sus actuaciones en Jazz at the Philarmonic. Ese mismo año dejó Decca para fichar por Verve, el nuevo sello creado a la mayor gloria de la "Gran dama del jazz" por el empresario Norman Granz.

A través de Verve, Granz diseñó un plan meticuloso destinado a aupar a la cantante a lo más alto del estrellato, incluyendo nuevas giras de conciertos con JATP por todo el mundo y un cuidado calendario de grabaciones. Fruto de dicho programa es la serie de cancioneros monográficos *(songbooks)* que la cantante grabó, intermitentemente, entre los años 1956 y 1964; un empeño de proporciones descomunales destinado a establecer un canon en la forma de interpretar la obra de los principales compositores y letristas en la historia de la música popular norteamericana. "De resultas de esta serie se puede decir sin temor a error que Ella Fitzgerald es la cantante que más temas estándar ha grabado. Ella ha grabado el repertorio de los grandes autores americanos más y mejor que nadie". (José Ramón Rubio).

La serie arrancó con *Ella Fitzgerald sings the Cole Porter songbook,* su primer disco para Verve y uno de los más vendidos en la historia de la cantante. Siguieron otros tantos dedicados a Rodgers y Hart, Duke Ellington, Irving Berlin, George e Ira Gershwin, Harold Arlen, Jerome Kern y Johnny Mercer.

En su momento, la edición conjunta de los ocho discos fue saludada como "un monumento a la canción melódica"... "Ella Fitzgerald realizó una transacción cultural tan extraordinaria como lo fue la integración del alma blanca y afroamericana llevada a cabo en ese mismo tiempo por Elvis (Presley). Ahí estaba una mujer negra, popularizando canciones urbanas casi todas ellas escritas por inmigrantes judíos, destinadas a una audiencia nacional en la que predominaban los cristianos blancos". (Frank Rich en *The New York Times).* El éxito abrumador conseguido por la cantante con su serie de *songbooks* llevó a Sinatra a dar la orden de bloquear la reedición de sus álbumes con

Capitol que contenían versiones de los temas de los grandes compositores de la canción popular estadounidense: "No me importa reconocer que temía las comparaciones".

"Fue la primera haciendo *scat;* la primera cantando baladas, la mejor cantante del planeta. Todos nos decíamos: 'OK, te seguimos. Tú nos guías". (Mel Torme).

Ella Fitzgerald: a biography of the first lady of jazz. Stuart Nicholson. Da Capo Press.

Ella & Basie: The perfect match ´79. Eagle Vision 2004.

Maxine Sullivan, Connee Boswell, Annette Hanshaw, Louis Armstrong, Bessie Smith, Billie Holiday, Duke Ellington...

Rosemary Clooney, Lorez Alexandria, Mel Torme, Dakota Staton, June Christy, Natalie Cole, Patti Austin, Dianne Reeves, Dee Dee Bridgewater...

Ella Fitzgerald: "The Complete Ella in Berlin: Mack the Knife"
VERVE (UNIVERSAL) 1960

… enseguida Ella pasó a cantar *scat* de su inimitable forma, hizo el gamberro con *Old McDonald,* nos explicó prácticamente en un breve y divertido pasaje por qué no canta rock, inició un *medley* que parecía que iba a ser brasileño pero luego admitió canciones de todas las procedencias, tuvo un recuerdo para Billy Holiday, pasó de la suavidad de *Misty* a la energía de *Manteca*, etcétera. La última interpretación fue *Bésame mucho,* de la que Ella afirmó no saberse la letra, y decirlo le sirvió de letra. Para que se vea lo del sentido de la complicidad. En suma, tuvimos a Ella haciendo su propio papel, más Ella que nunca.

José Ramón Rubio

http://www.ellafitzgerald.com/

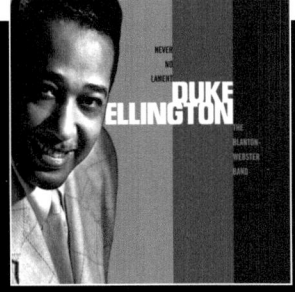

El esplendor de la "big band"

The Blanton-Webster Band

Duke Ellington + Jimmy Blanton (b); Ben Webster (st); Johnny Hodges (sa); Barney Bigard (cl); Cootie Williams, Ray Nance, Rex Stewart (t); Juan Tizol (tb)...

Duke Ellington (Edward Kennedy Ellington. Washington DC, 1899 - Nueva York, 1974)

RCA
1940-42
***

Las dos de la tarde de un día distinto a los demás. Apenas somos una docena de personas en espera del avión procedente de Bruselas. Me he disfrazado de fotógrafo para unirme a mis nuevos compañeros de trabajo.

Caminamos en fila india hacia la aduana. Harry Carney, que no se separa nunca de su precioso y gigantesco instrumento, y Paul Gonsalves, cierran la fila. Van muy cargados y les ayudo a llevar algunos paquetes. Gonsalves, de rostro inmutable, debe llevar toda una vida de sueño retrasado. Tarda varios minutos en encontrar su pasaporte y todos nos ponemos un poco nerviosos... el silencio en el autocar es denso mientras atravesamos las calles de Madrid.

Llegamos al cine Monumental... en los camerinos (oscuros, sucios, llenos de polvo) reina un espantoso caos. Todo el mundo va y viene, estrujándose, hay muy poco espacio, pero nadie se queja. Los "ellingtonianos" se visten sin prisas, entre bromas. Sólo el misterioso Cootie Williams permanece apartado de todos, ensimismado en sus pensamientos... Cat Anderson empieza a ensayar, acompañado por los martillazos del carpintero que aún no ha terminado su tarea...

Ya se presenta el equipo en ordenada formación, suenan las primeras notas de *Take the A Train* y se levanta el telón entre los aplausos del público. El capitán se acerca al micrófono para decirnos lo mucho que nos aprecia. Y empieza el desfile de títulos.

Estoy citado con Hodges al día siguiente por la mañana. Quiere comprar dos mantones de Manila, para su mujer y su hija. Luego ayudo a Carney, que quiere gastarse unos dólares en una zapatería, y a Sam Woodyard, que está loco por una bailarina sevillana (de trapo).

A mediodía volvemos a subir al autocar para dirigirnos a los estudios que posee TVE en Prado del Rey. Allí nos encontramos con otro espantoso lío. Hay muchos señores que dan órdenes, pero nadie manda. No existe ningún intérprete, pero después de interminables discusiones las cosas parecen ponerse en marcha. Aunque parezca increíble, la música sale aún más fabulosa que anoche.

Y ya estamos en plena despedida. Como ocurre siempre, surge el pánico. Sam Woodyard carece del certificado de vacunación indispensable para

su entrada en Estados Unidos. A Paul Gonsalves no hay quien le encuentre. Cuando por fin aparece, nos dice con su eterna sonrisa que se ha pasado varias horas de la noche encerrado en uno de los ascensores del hotel y... ¡sin tabaco!.
Ebbe Traberg *(Mis 48 horas ellingtonianas)*

"El mismísimo maestro Duke Ellington envió a un tipo en mi busca. Mi ego se disparó hacia el cielo. Fui a visitar a Duke más pulcro que un 'hijoputa', subí a su oficina, llamé a la puerta, y allí estaba él, en calzoncillos, con una mujer sentada en su regazo. Me quedé pasmado. Duke me dijo que me quería en su banda. Sin embargo, tuve que decirle que no podía aceptar". (Miles Davis).

Duke Ellington. Una biografía íntima. Stanley Dance, Mercer Ellington. Parsifal Ediciones, 1992.

Ellington. The Classic Hollywood Years. 1929-1952. (Efor Distrijazz).

Jelly Roll Morton, James P Johnson, Sidney Bechet, Willie The Lion Smith, Fats Waller, W. C. Handy...

Gil Evans, Charles Mingus, Miles Davis, Randy Weston, Carla Bley, Roswell Rudd, John Threadgill, David Murray...

Lionel Hampton "The chronological Lionel Hampton and his orchestra 1942-1944"
THE CHRONOLOGICAL CLASSICS 1942-1944

"El negro Lionel Hampton cobra dos mil dólares diarios por golpear el vibráfono, el tambor y el piano. Desencadena sobre el auditorio las fuerzas positivas de la selva... los espectadores se agitan, danzan, arrollados por el torbellino".

"Lionel saltaba encima del bombo, junto con Curley Hammer se tiraban las baquetas y salían por el patio de butacas tocando por las paredes. El show era de verdad... incluso personas conocidas se subían sobre las sillas, ¡aquello era un espectáculo!".

"... el trompeta brincaba en su silla, se ponía de pie sobre ella, se volvía a sentar... daba volteretas sin dejar de tocar ni perder el ritmo. Los espectadores, contagiados, se atrevían, por primera vez en Madrid, a bailar en los pasillos del patio de butacas".
(Titulares en la prensa madrileña tras el concierto de Lionel Hampton y su orquesta en el Teatro Carlos III, 1956).

http://www.benwebster.dk/

Piano + voz

The best of Nat King Cole 3

Nat Cole + Oscar Moore (g); Johnny Miller (b)

Nat King Cole (Nathaniel Adams Coles Montgomery. Alabama 1919 - Santa Monica California 1965)

"No imagino que se pueda cantar mejor ni con más *swing*.

Diana Krall

Eran casi las nueve de la noche y el chaval estaba a punto de empezar. Un trajín de automóviles iba y venía en ambos sentidos por el South Parkway Boulevard. Por increíble que resultara, la sala de baile seguía llenándose de gente maniobrando para hacerse con un pequeño espacio en la pista de baile desde el que poder ver bien el escenario. Al oír el nombre de Cole, un rugido de admiración brotó del público, y Earl Hines comprendió que iba a verse en apuros. "El Colegial" tenía la ventaja de jugar en casa. Si esta pequeña banda de aficionados se las arreglaba para tocar jazz con un mínimo de desenvoltura, Hines y su orquesta de catorce músicos iban a tener que ser muy hábiles para salir bien parados de la velada. David iba a hacerle frente a Goliat.

¿El chaval sabría tocar? "Gatemouth" (Hines) lo miró sentarse al piano, sudoroso bajo los focos relucientes del escenario, al frente de su desastrada orquesta formada por unos músicos vestidos con unos trajes verdes tan baratos como el de su líder, quienes se agarraban a sus instrumentos con el pánico dibujado en el rostro, como si los bailarines fuesen a acribillarlos a tiros en cualquier momento. ¿Qué sería lo que iban a tocar?

El chaval levantó la mano izquierda y la dejó caer de repente, se oyó el sordo "pertardeo" de un saxofón alto, y la banda entró en acción. Era la versión que "Gatemouth" y su arreglista Quinn Wilson habían hecho de *Sweet georgia Brown*. Hines tendría que haber adivinado que la "batalla del ritmo" iba a disputarse con sus propias armas; el chico se sabía su música al dedillo. Quizá simplemente se proponía imitar a su maestro y, a su modo desmañado, rendirle el tributo de su admiración. Eso a él le iba bien. ¿O no?

No gal made has got a shade on… sweet Georgia Brown…

Del escenario llegó lo que parecía el nítido sonido de un arpa cuando el joven al piano empezó a acariciar las teclas con sus largos dedos, sin dejar de mirar de soslayo, zorramente, al público en la pista. Era el chaval, Nat Cole, que acababa de anunciar su presencia en el Savoy Ballroom durante los últimos compases del segundo estribillo, presto a rescatar a su banda de colegiales de la confusión y el desajuste propios de la adolescencia. "Gatemouth" se sonrió maravillado ante aquel fiero principiante. La noche iba a ser larga. El chaval tenía talento, eso estaba claro. Pero ¿hasta qué punto ansiaba triunfar con su música y llegar a la gloria y la fama?

¿Quién era Nat Cole, ese muchacho que iba a ser el rey?.

Daniel Mark Epstein

"Para nosotros, Nat es un monumento nacional, como Martin Luther King o Barack Obama. Alguien que consiguió ganarse el respeto de sus contemporáneos. Ahora teníamos a alguien al que podíamos ver por televisión sin sentirnos avergonzados. Estábamos muy orgullosos de su éxito". (David Murray).

Nat King Cole. La voz inolvidable. Daniel Mark Epstein. Global Rhythm. Barcelona, 2008.

Nat King Cole. Idem, Swing Era. 2003.

Louis Jordan, Billy Kyle, Teddy Wilson, James P. Johnson, Earl Hines, Fats Waller, Art Tatum…

Bill Evans, Billy Taylor, Phineas Newborn Jr., Oscar Peterson, Ray Charles, George Benson, Monty Alexander, Frank Sinatra, Tony Bennett, Marvin Gaye, Diana Krall…

Art Tatum: "The Tatum Group Masterpieces vol. 3"
PABLO 1955

Una noche, por casualidad, escuché a Art Tatum, y no lo pude creer. Sonaba como una persona con cuatro manos y dos pianos. ¡Yo tocaba ya lo suficiente entonces como para darme cuenta de que no podía ser!

Wild Bill Davis

Entonces Tatum se decidió a tocar y eligió *Get happy* a un tempo muy rápido. Lo que asombró a Paul Gonsalves y a los otros tres (Ben Webster, Count Basie y Harry Edison) fue la manera en que dejó a su mano izquierda encargarse del asunto mientras con la derecha tomaba una copa para beber un trago.

Stanley Dance

http://natkingcole.50webs.com/discography.html

Bebop: el "pájaro" vuela alto

SAGA
1940-53
***

Rétrospective 1940-1953

Charlie Parker + Dizzy Gillespie, Miles Davis (t); Duke Jordan (p); Tommy Potter (b); Max Roach (bt)...

Charlie Parker ("Yadbird", "Bird". Charles Parker, Jr. Kansas City 1920 – Nueva York 1955)

Ya para entonces he advertido que Johnny se retraía poco a poco y que seguía haciendo alusiones al tiempo, un tema que le preocupa desde que lo conozco. He visto pocos hombres tan preocupados por todo lo que se refiere al tiempo. Es una manía, la peor de sus manías, que son muchas. Pero él la despliega y la explica con una gracia que pocos pueden resistir. Me he acordado de un ensayo antes de una grabación, en Cincinnati, y esto era mucho antes de venir a París, en el cuarenta y nueve o el cincuenta. Johnny estaba en gran forma en esos días, y yo había ido al ensayo nada más que para escucharlo a él y también a Miles Davis. Todos tenían ganas de tocar, estaban contentos, andaban bien vestidos (de esto me acuerdo quizá por contraste, por lo mal vestido y lo sucio que anda ahora Johnny), tocaban con gusto, sin ninguna impaciencia, y el técnico de sonido hacía señales de contento detrás de su ventanilla, como un babuino satisfecho. Y justamente en ese momento, cuando Johnny estaba como perdido en su alegría, de golpe dejó de tocar y soltándole un puñetazo a no sé quién dijo: "Esto lo estoy tocando mañana", y los muchachos se quedaron cortados, apenas dos o tres siguieron unos compases, como un tren que tarda en frenar, y Johnny se golpeaba la frente y repetía: "Esto ya lo toqué mañana, es horrible, Miles, esto ya lo toqué mañana", y no lo podían hacer salir de eso, y a partir de entonces todo anduvo mal, Johnny tocaba sin ganas y deseando irse (a drogarse otra vez, dijo el técnico de sonido muerto de rabia), y cuando lo vi salir, tambaleándose y con la cara cenicienta, me pregunté si eso iba a durar todavía mucho tiempo.

Julio Cortazar *(El Perseguidor)*

Probablemente fue el hombre más inteligente que jamás he conocido. De algún modo misterioso, parecía que lo sabía todo. Uno se puede preguntar cómo alguien puede tocar el saxo de esa manera y abusar del alcohol y las drogas del modo en que él lo hizo, y tener toda la información que él tenía acerca de la física nuclear, el ajedrez, la religión y lo que fuera. Algunos dicen que procedía de otro planeta.

Recuerdo estar sentado con él en el "gallinero" del Hollywood Bowl escuchando a la Orquesta Filarmónica de Los Angeles, y él totalmente concentrado en la música. Le gustaba mucho la música clásica y Stravinski, y yo sé que le apasionaba Bartók. Todo esto podías escucharlo en sus interpretaciones. A través de ellas, podías decir lo que escuchaba.

"Bird" lo era todo para nosotros. Nuestro guía, nuestro gurú. Le seguíamos en todo, imitábamos cómo tocaba, su música, como vestía, la forma en que hablaba... lo malo es que también le imitamos en lo malo. No entendíamos lo que él siempre decía: "Haz lo que digo, no lo que hago". Como tantos otros, yo caí en la cuenta cuando ya era demasiado tarde.

Frank Morgan

"El local estaba abarrotado. Le pedí (a Parker) que echara un vistazo y que viera cuánta gente había ido a escucharlo. Miró: 'sólo han venido a ver al yonqui más famoso del mundo'. (Frank Sanderford).

Bird. Biografía de Charlie Parker. Ross Russell. Ediciones B Primer Plano 1989.

Bird. Director: Clint Eastwood. Warner Home Video 2006.

Johnny Hodges, Benny Carter, Buster Smith, Lester Young, Don Byas, Igor Stravinski, Béla Bartók...

Sonny Stitt, Art Pepper, Frank Morgan, Lou Donaldson, Cannonball Adderley, Jackie McLean, Phil Woods, Charlie Mariano, Ornette Coleman, Anthony Braxton, "Supersax", Bobby Watson, Greg Osby...

Charlie Parker: "Charlie Parker with strings: The master tapes"
VERVE (UNIVERSAL), 1947-1952

Cuando salió el disco, muchos dijeron que era demasiado sentimental, que Charlie Parker se había "vendido", que se limitaba a tocar la melodía. Sin embargo, tocar la melodía correctamente es todo un arte y es lo más difícil que existe. Lo sé por propia experiencia. Llevo algún tiempo circulando con mi propio *Bird with Strings... and more* y le puedo asegurar que interpretar esta música es cualquier cosa, menos fácil. Ese disco, como todo lo que hizo *Bird*, es una obra maestra sin paliativos, se pongan sus críticos como se pongan.

Phil Woods

http://www.cmgww.com/music/parker/

Bebop: *Dizzy for president*

Groovin' high

Dizzy Gillespie + Charlie Parker, Sonny Stitt (sa); Dexter Gordon (st); Kenny Dorham (t); Milt Jackson (vb); Al Haig, John Lewis (p); Ray Brown (b); Kenny Clarke (bt)...

"Dizzy" Gillespie (John Birks Gillespie. Cheraw, Carolina del Sur 1917 - Englewood New Jersey 1993)

Mira, la sensación más fuerte que he experimentado en mi vida (con la ropa puesta) fue cuando por primera vez oí a "Diz" (Dizzy Gilllespie) y "Bird" (Charlie Parker) juntos en St. Louis, Missouri, allá por 1944. Yo tenía dieciocho años y acaba de graduarme en la Lincoln High School.

Cuando oí a "Diz" y "Bird" tocar en la banda de "B" (Billy Eckstine), me dije: "¿Qué?, ¡qué es esto!". Tío, la parida era tan fuerte que asustaba. Figúrate, Dizzy Gillespie, Charlie "Yadbird" Parker, Buddy Anderson, Gene Ammons, Lucky Thompson y Art Blakey reunidos en la misma banda, y no digamos "B": el propio Billy Eckstine. Aquella santa mierda, tío, me inundó el cuerpo. Y yo allá arriba tocando con ellos.

Yo había oído antes cosas de "Diz" y "Bird", ya había entrado en su música; especialmente en la de Dizzy, lógico, siendo yo un trompetista como era. Fíjate, tenía un disco de Dizzy titulado *Woody'n you* y un disco de Jay McShann con "Bird", titulado *Hootie blues*. En ellos fue donde primero oí a "Diz" y "Bird", y no pude creer lo que tocaban. Eran terribles. Dizzy era entonces mi ídolo: intentaba continuamente tocar los mismos solos que "Diz" tocaba en aquel único álbum que tenía de él.

Cuando circuló la noticia de que aquellos tíos iban a tocar en el Riviera, agarré mi trompeta y me fui para allá a ver si podía pescar algo, quizá un puesto en la banda. Yo ya tenía en St. Louis una cierta reputación de que ya era capaz de tocar. La primera cosa que vi fue a un tipo que venía hacía mí, preguntándome si yo era trompetista: "Ven, necesitamos un trompetista; el maestro está enfermo". El tipo me llevó al estrado y me puso la partitura delante. Yo podía leer una partitura, pero me distraje escuchando lo que tocaban los demás. El tipo que había salido a mi encuentro era Dizzy.

Como he dicho, no pude siquiera leer la música, y no digamos tocarla, escuchando a "Bird" y "Diz". Pero, mierda, yo no era el único que escuchaba, porque la banda entera parecía tener un orgasmo cada vez que "Diz" o "Bird" actuaban.

La banda de "B" cambió mi vida. Decidí precisamente allí y entonces que debía dejar St. Louis y vivir en Nueva York, donde estaban todos los músicos súper.

De no haber sido por Dizzy no estaría donde estoy.

Miles Davis

"No olvido lo que el jazz debe a 'dioses' como Armstrong o Hines, pero no quiero ignorar lo que deberá mañana a John Birks 'Dizzy' Gillespie". (Boris Vian, 1948).

Dizzy. To be or not to bop. Dizzy Gillespie y Al Fraser. W. H. Allen & Co. 1980.

A night in Havana. Dizzy Gillespie in Cuba. New video Group 1988.

Henry "Red" Allen, Louis Armstrong, Jabbo Smith, Charlie Shavers, Roy Eldridge, Thelonious Monk, Chano Pozo...

Howard McGhee, Fats Navarro, Kenny Dorham, Miles Davis, Chet Baker, Booker Little, John Faddis, Hugh Masekela, James Moody, Roy Hargrove...

Fats Navarro: "The Fabulous Fats Navarro 1 y 2"
BLUE NOTE (EMI), 1947-1949

Luego estaba Fats Navarro, que vino desde Florida o desde Nueva Orleans. Nadie sabía quién era, pero aquel hijoputa podía tocar como yo no había oído antes tocar a nadie. Era joven, como yo, pero muy avanzado en su concepto de cómo había que utilizar el instrumento.

Miles Davis

http://www.dizzygillespie.com/
http://dizzygillespie.org/

Bebop: *vueltas en torno al "Monje"*

Monk in Tokyo

Thelonious Monk + Charlie Rouse (st); Butch Warren (b); Frankie Dunlop (bt)

Thelonious Monk (Thelonious Sphere Monk. Rocky Mount, Carolina del Norte, 1917 – Weehawken, New Jersey, 1982)

Cuando Thelonious se sienta al piano toda la sala se sienta con él y produce un murmullo colectivo del tamaño exacto del alivio, porque el recorrido tangencial de Thelonious por el escenario tiene algo de riesgoso cabotaje fenicio con probables varamientos en las sirtes, y cuando la nave de oscura miel y barbado capitán llega a puerto, la recibe el muelle masónico del Victoria may con un suspiro como de alas apaciguadas, de tajamares cumplidos. Entonces es *Pannonica*, o *Blue Monk*, tres sombras como espigas rodean al oso investigando las colmenas del teclado, las burdas zarpas bondadosas yendo y viniendo entre abejas desconcertadas y hexágonos de sonido, ha pasado apenas un minuto y ya estamos en la noche fuera del tiempo, la noche primitiva y delicada de Thelonious Monk. Pero eso no se explica: *A rose is a rose is a rose*. Se está en una tregua, hay intercesor, quizá en alguna esfera nos redimen. Y luego, cuando Charles Rouse da una paso hacia el micrófono y su saxo dibuja imperiosamente las razones por las que está ahí, Thelonious deja caer las manos, escucha un instante, posa todavía un leve acorde con la izquierda, y el oso se levanta hamacándose, harto de miel o buscando musgo propicio a la modorra, saliéndose del taburete se apoya en el borde del piano marcando el ritmo con un zapato y el birrete, los dedos van resbalando por el piano, primero al borde mismo del teclado donde podría haber un cenicero y una cerveza pero no hay más que Steinway & Sons, y luego inician imperceptiblemente un safari de dedos por el borde de la caja del piano mientras el oso se hamaca cadencioso porque Rouse y el contrabajo y el percusionista están enredados en el misterio mismo de su trinidad y Thelonious viaja vertiginosamente sin moverse, pasando de centímetro en centímetro rumbo a la cola del piano a la que no se llegará, se sabe que no llegará porque para llegar le haría más tiempo que a Phileas Fogg, más trineos de vela, rápidos de miel de abeto, elefantes y trenes endurecidos por la velocidad para salvar el abismo de un puente roto, de manera que Thelonious viaja a su manera, apoyándose en un pie y luego en otro sin salirse del lugar, cabeceando en el puente de su *Pequod* varado en un teatro, y cada tanto moviendo los dedos para ganar un centímetro o mil millas, quedándose otra vez quieto y como precavido, tomando la altura con un sextante de humo y renunciando a seguir adelante y llegar al extremo de la caja del piano, hasta que la mano abandona el borde, el oso gira paulatino y todo podría ocurrir en ese instante en que le falta el apoyo, en que flota como un alción sobre el ritmo donde Charles Rouse está echando las últimas vehementes largas pinceladas de violeta y de rojo, el oso se balancea amablemente y regresa nube a nube hacia el teclado, lo mira como por primera vez, pasea por el aire los dedos indecisos, los deja caer y estamos salvados, hay Thelonious capitán, hay rumbo por un rato, y el gesto de Rouse al retroceder mientras desprende el saxo del soporte tiene algo de entrega de poderes, de legado que devuelve al Dogo las llaves de la serenísima.

Julio Cortázar (La vuelta al día en ochenta mundos)

"Monk era un hombre sabio, un maestro en el más amplio sentido de la palabra, y su música era él mismo. Tan sencilla y tan compleja como era él". (Randy Weston).

Thelonious Monk: "His Life and Music. Thomas Fitterling. Berkeley Hills Books 1997.

Thelonious Monk: Straight, No Chaser. Director: Charlotte Zwerin. 1989. Warner Home Video 2001.

Willie "The Lion" Smith, James P. Johnson, Duke Ellington, Claude Debussy, Teddy Wilson, Coleman Hawkins, Erroll Garner, Kenny Clarke, Bud Powell…

Randy Weston, Elmo Hope, Alan Skidmore, Matthew Shipp, Mary Lou Williams, Andrew Hill, Alexander von Schlippenbach, Stan Tracey, Jason Moran…

Thelonious Monk: "The Complete London Collection"
BLACK LION 1971

Me encantaba verle tocar el piano; si observabas sus pies sabías al instante cuándo estaba entregado a la música y cuándo no. Dependía de si sus pies se movían constantemente o no se movían. Era como ver y escuchar música religiosa.

Miles Davis

http://www.monkzone.com/

Pianos y tratamientos de shock

VERVE
(UNIVERSAL)
1949
***

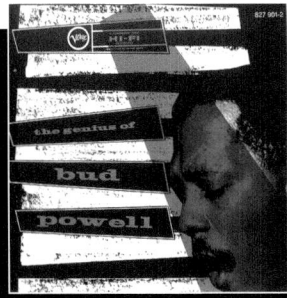

The genius of Bud Powell vol 1
Bud Powell + Ray Brown (b); Buddy Rich (bt)

"Bud" Powell (Earl Rudolph Powell. Nueva York 1924 - 1966)

Bud Powell fue el eslabón perdido que impidió a nuestra banda convertirse realmente en el que quizás habría sido el más grandioso grupo *bebop* de la historia. Con Max (Roach) impulsando a Bird (Charlie Parker) y Bird impulsando a Bud, y yo flotando por encima de toda aquella música maravillosa… macho, pensar que eso podía haber sido es demasiado doloroso. Pero si Bud hubiera estado allí, bueno, qué voy a decirte; no ocurrió, pero pudo haber ocurrido.

Después de los tratamientos de choque*, Bud no volvió a ser el mismo, ni como músico ni como persona. Antes de que Bud ingresara en Bellevue, todo lo que tocaba encerraba alguna idea aguda, alguna innovación; siempre había algo distinto en la forma en que fluía su música. Macho, después de que le abrieran la cabeza y le aplicaran aquellos tratamientos, mejor habría sido que le cortaran las manos en lugar de hacerlo con su creatividad. En ocasiones me pregunté si aquellos médicos blancos le dieron el tratamiento a propósito, con la intención de separarle de sí mismo, que fue por cierto lo que hicieron con Bird. Sólo que Bird y Bud eran diferentes. Todo lo que Bird tenía de terco, lo tenía Bud de pasivo. Bird sobrevivió a los tratamientos de choque; Bud no.

Iba a visitarle y, a escondidas, le llevaba una botella de cerveza: era el límite de lo que podía beber sin que se le subiera a la cabeza. Él la sorbía, allí sentado, sin decir nada. Normalmente se colocaba ante el piano que había en su apartamento de St. Nicholas, en Harlem. Yo le pedía que tocara *Cherokee* y él lo hacía con brillantez. Al piano era como un pura sangre, incluso después de enfermar. Pero, por mucha que fuera la grandeza con que tocaba *Cherokee* o cualquier otra cosa cuando estaba enfermo, nunca tocó como lo hacía antes. Y no porque no supiera cómo tocarla, macho, por lo menos en el interior de su mente.

Más adelante, cuando ya estaba tan ido, apenas quería hablar con nadie. Fue una pena. Era uno de los más grandes pianistas del siglo.

Miles Davis

---

* Entre 1946 y 1947, Powell fue internado y sometido a tratamiento de choque en dos ocasiones.

"Si tengo que elegir a un único músico de acuerdo a su mérito artístico y la originalidad de su creación, pero también por la grandeza de su trabajo, sería Bud Powell. Nadie puede comparársele" (Bill Evans).

Bouncing with Bud. Carl Smith. Biddle Pub. Co. 1997.

Chick Corea & Friends: Remembering Bud Powell. Image Entertainment 2000.

Earl "Fatha" Hines, James P. Johnson, Teddy Wilson, Art Tatum, Billy Kyle, Nat King Cole, Thelonious Monk...

Sonny Clark, Barry Harris, Al Haig, George Wallington, Lou Levy, Wynton Kelly, Duke Jordan, Kenny Drew, Tommy Flanagan, Bobby Timmons, Ray Bryant, Lennie Tristano, Tete Montoliu, Keith Jarrett, Chick Corea...

Barry Harris: "Live at Maybeck Recital Hall vol. 12"
CONCORD JAZZ, 1990

Hay a quien le gusta más el club y quien prefiere la sala de conciertos. Barry Harris, pianista de jazz, lleva una vida recorriendo unos lugares y otros, los antros de mala muerte y peor *gin tonic*, y los coliseos que hace nada estaban vetados a los que son como él. Es uno de los últimos intérpretes en activo que aún puede decirlo: "Yo toqué con Charlie Parker". Un *bopper* de pura cepa, de los que ya no quedan, porque todos los demás han muerto. Nacido en Detroit en 1929, Harris ha tocado el piano junto a los más grandes intérpretes que ha dado el jazz, desde Miles Davis a Lester Young, Dexter Gordon, Quincy Jones y Max Roach. En 1958 grabó su primer disco como líder en trío. En palabras del crítico Federico González, "la pluralidad de su enfoque es debida a sus dos principales maestros, Bud Powell y Thelonious Monk, pilares ambos del jazz moderno. A partir de ambos, Harris ha elaborado un riquísimo caldo musical considerado como la quintaesencia del *bebop*".

http://www.budpowelljazz.com/

Bebop - El "grande hombre" del saxo tenor

PRESTIGE
1947
**

The chase!

Dexter Gordon + Wardell Gray (st); Melba Liston (tb); Jimmy Rowles (p); Red Callender (b)...

Dexter Gordon (Dexter Keith Gordon. Los Angeles 1923 – Filadelfia 1990)

Sábado, 13 de junio de 1981. Asisto a la actuación del saxofonista Dexter Gordon en un remoto campo de fútbol de tierra en el barrio madrileño de Moratalaz. No somos muchos. Doscientos, puede que alguno más.

Han pasado algunos años desde sus anteriores visitas al Whisky & Jazz de la calle Marqués de Villamagna, acompañado de Tete Montoliu. Eran otros tiempos y era "otro" el saxofonista.

Fue aquel un concierto extraño, desconcertante incluso. Algo para lo que uno no estaba preparado. Mis pocos años y las circunstancias inciertas que rodearon el acontecimiento, me impidieron apreciar el espectáculo prodigioso que tuvo lugar ante mis propias narices. Apenas encontré nada en la música que me llamara la atención. Por suerte, uno mantenía la sana costumbre de grabar los conciertos a los que acudía en un casete portátil marca Phillips, una pieza de museo pero suficiente para mis propósitos.

Escuché aquella cinta, hoy tristemente extraviada en el curso de algún cambio de domicilio, hasta donde me lo permitió la precaria calidad técnica del soporte. De algún modo, la música allí contenida terminó penetrando de una forma solapada por los poros de mi sensibilidad hasta inundarme en un mar de sentimientos contradictorios y placenteros. Todavía hoy soy capaz de reproducir con precisión casi matemática muchas de aquellas frases somnolientas/oscilantes que el inolvidable "Desiderio" elevó a los cálidos aires de la noche madrileña a lo largo de sus intervenciones solistas de más de 10 minutos de duración...

Si uno acudió a Moratalaz buscando al trepidante solista de sus discos para Blue Note, se encontró con un maestro de la lentitud entendida como el glorioso final de un camino; un arquitecto del silencio –la más bella de las músicas–; el director de un ballet invisible cuya verdadera naturaleza cobra vida más allá del tiempo y el espacio. Si Dexter demostró que podía tocar más rápido y más fuerte que nadie, en sus últimos años se había convertido en "el asombrado observador de la suprema belleza de las hierbas y las florecillas".

Aquel fue el mensaje que intentaba transmitirnos: Dexter había descubierto la belleza en la lentitud; la plenitud de una nota; el éxtasis cotidiano que conduce a la contemplación del sonido como un fin en sí mismo. El menos que es más. Todo lo que, hoy lo sabemos, se asocia a la verdadera madurez creativa.

Aquella noche del mes de junio en Madrid, la música de Dexter flotó sobre nuestras cabezas como una pesada nube cargada de promesas.

El efímero cuarteto de Dexter Gordon, con Kirk Lightsey ocupando el lugar de George Cables (un cambio fundamental en la transformación del saxofonista) no dejó grabado ningún disco, al menos que uno sepa. Algún fragmento de una actuación para la televisión estadounidense (en YouTube) y poco más. El propio Dexter Gordon volvería a nuestro país para actuar en el festival de San Sebastián ante una multitud que venía de verle en su papel de Dale Turner en 'Round Midnight, el film de Bertrand Tavernier. Desgraciadamente, su estado físico, para entonces, dejaba mucho que desear.

"Dexter siempre tuvo ese sonido enorme, desde el primer momento. Todo él es enorme" (Zoot Sims).

Dexter Gordon: A Musical Biography. Stan Britt. Da Capo Press 1989.

Dexter Gordon - Live in '63 & '64. Naxos 2007.

Charlie Parker, Lester Young, Dizzy Gillespie, Coleman Hawkins, Chu Berry, Ben Webster, Claude Debussy…

Gene Ammons, Allen Eager, Booker Ervin, Sonny Rollins, John Coltrane, Diego Rivera, Branford Marsalis, Eric Alexander, Grant Stewart…

Johnny Griffin-Eddie "Lockjaw" Davis "Tough tenors"
JAZZLAND 1960

Si querías tocar con "Lockjaw" (Eddie Davis) no podías tomarte las cosas en broma, porque te la jugabas. Tenía un estilo "superenergético". "Lockjaw" era uno de los decanos de la escena musical. Lo mismo digo de Big Nick, que solía liderar la "Banda de la casa" en el Small´s Paradise Club. Allí tocaba frecuentemente con (Thelonious) Monk y "Bird" (Charlie Parker). Quiero que entiendas que con aquellos tipos no podías permitirte la menor gilipollez, pues te despachaban del club de una patada en el culo. Yo sabía que cuando tocaba con músicos como ellos tenía una reputación que proteger.

Miles Davis

http://www.dextergordon.com/

GNP CRESCENDO 1948

**

"Cubop"

Dizzy Gillespie and his Big Band in Concert

Dizzy Gillespie (t) & Chano Pozo (congas) + James Moody (st); Ernie Henry (sa); Cecil Payne (s bar)...

"Dizzy" Gillespie (John Birks Gillespie. Cheraw, Carolina del Sur 1917 - Englewood New Jersey 1993) & Chano Pozo (Luciano Pozo González. La Habana, 1915 - Nueva York, 1948)

Movido por un genuino interés no solo musical Dizzy Gillespie comenzó a dejarse ver en la compañía no exactamente recomendable del conguero cubano, y miembro de la sociedad secreta Abakuá, Chano Pozo. El legendario percusionista quien terminó convirtiéndose en componente esencial de la *big band* que dirigió el trompetista, hasta la muerte a tiros del primero en el Río Café del East Harlem, en el año 1948 (se supone que por haber hecho públicos y profanado los ritmos secretos del culto abakuá, originario de Nigeria y llevado por los esclavos a Cuba).

La música de Gillespie-Pozo surge de la fricción –menos que de la fusión– entre dos culturas musicales condenadas a entenderse: cualquier parecido con el jazz latino o el cu-bop domesticado y acomodaticio de nuestros días es pura coincidencia. Si Gillespie y Pozo partieron de cero, ello hace que su música carezca de alguno de los "tics" que han venido a lastrar al género en su andadura posterior.

Se habla de una música salvaje, urgente, poderosa, un tanto anárquica, en su apariencia; intranquilizadora, en su esencia. Tan arrolladora como –atención– difícilmente bailable.

La música de la orquesta de Gillespie-Pozo (plus Walter Gil Fuller, su arreglista) reúne la altura de miras del *bebop* y la untuosidad de la música tradicional afrocubana. Su brillantez y colorido escapan al marco estricto en el que fue concebida para hermanarse con algunas señaladas expresiones musicales de la vanguardia que, a priori, poco tienen que ver con el jazz ni con los ritmos latinos: "Algunas de las tonadas que la banda de Gillespie grabó con Chano Pozo –por ejemplo *Cubana Be-Cubana Bop* o *Manteca, Woody´n you, Afro Cubano Suite* o *Algo Bueno*– son bacanales de diferenciación rítmica" (Berendt).

En toda su andadura posterior, pudo Gillespie ni remotamente aproximarse a lo logrado junto a Chano Pozo: "El poder rítmico de este misterioso músico queda iluminado por el hecho de que Gillespie, aunque a menudo empleara al mismo momento varios percusionistas latinoamericanos, nunca pudo lograr los efectos que había alcanzado con Chano Pozo solo" (Berendt). Treinta años más tarde, el trompetista refrendó su compromiso con los ritmos afrocubanos acudiendo a la mayor de las Antillas y fumándose un puro habano *tête a tête* con el Comandante de la Revolución: una imagen que perdura en la memoria de todos los aficionados al jazz.

"Escuchar a Chano Pozo con la orquesta de Dizzy Gillespie fue una de las experiencias más escalofriantes que he vivido. Sigo sin encontrar nada que pueda comparársele ni remotamente". (Ebbe Traberg).

Dizzy. To be or not bop. Dizzy Gillespie y Al Fraser. W. H. Allen & Co. 1980.

The Legacy Of Chano Pozo. Malanga, 2006.

Félix Chapotín, Miguelito Valdés, Rita Montaner, Anselmo Sacasas, Dizzy Gillespie…

Tata Güines, Patato Valdés, Mongo Santamaría, Ray Barreto, Armando Peraza, Israel "Cachao" López, Dizzy Gillespie, Kenny Clarke, Angá Díaz…

"The Original Mambo Kings: An Introduction To Afro-Cubop"
VERVE (UNIVERSAL), 1948 - 1954

Llega Machito por primera vez a Madrid 1983 con su orquesta. Hay un festival de jazz con ocasión de las fiestas de San Isidro, y Machito va a los toros a Las Ventas y, sobre el escenario, hace una dedicatoria especial: "Si no fuera por Cristóbal Colón nosotros no estaríamos aquí" (con un par…). Machito se aloja en el hotel Wellington de la calle Velazquez y recibe con su esposa a la joven crítica de jazz que acude a recoger el testimonio del tipo que tocó con Charlie Parker. "No, no. Fue Charlie Parker el que tocó conmigo –exclama rotundo.

Aún no éramos conscientes de la tremenda dimensión del personaje que encabezó la orquesta que desencadenó el jazz latino: "Báilales un guaguancó, Macho", decía su mujer. Y Frank Grillo "Machito" sacaba el pie rumbero, desmayado. Un tipo listo, en Cuba todos le llaman "Macho", demasiado duro para Nueva York. Estados Unidos entra en la guerra mundial y Machito vuelve del frente con el paso desmayado por la rumba y la metralla. Machito y sus afrocubanos se cuelan en la radio con una orquesta del copón y la dicharachera Graciela que canta "sí sí, no no": "Mi cerebro es lo último. No me digas que lo último no sirve pa gozar ¡sabroso!

José Manuel Gómez

http://dizzygillespie.org/
http://www.dizzygillespie.com/

Bebop - "Jazz at The Philarmonic"

Jazz at Massey Hall ("Quintet of the year" "The greatest jazz concert ever")

Charlie Parker (sa); Dizzy Gillespie (t); Bud Powell (p); Charles Mingus (b); Max Roach (bt)

Varios

DEBUT/
PRESTIGE/
FANTASY
1953
**

Todos hemos tenido en alguna ocasión que elegir entre dos acontecimientos que en el mismo día y a la misma hora requerían imperiosamente nuestra presencia. A veces nuestras aficiones, que son pasiones, nos hacen estas jugadas exponiéndose a lo que los franceses llaman *l'embarras du Choix*.

Algunos lo volveríamos a experimentar si pudiésemos retroceder al 15 de mayo de 1953. Aquel día de San Isidro, hace cuarenta años, el jovencísimo Antonio Chenel cortó tres orejas y salió a hombros de Las Ventas. Hubo que estar allí para presenciar el primer gran éxito de "Antoñete" en Madrid. Pero también era sumamente importante estar aquel mismo día en Canadá, donde tuvo lugar un magno acontecimiento musical. En el Massey Hall de Toronto se organizó un concierto de jazz que la posteridad llamaría "el mayor de todos los tiempos": sin duda una exageración, pero poco faltaba. Aquel insólito concierto estuvo rodeado de tan dramáticas y caóticas circunstancias que su celebración pareció otro milagro.

Reunir a estos famosos músicos que solamente habían tocado juntos muy esporádicamente con anterioridad no fue tarea fácil. Tanto Parker como Powell acababan de atravesar momentos muy críticos en sus respectivas carreras llenas de altibajos.

El concierto había empezado de manera bastante confusa, con cierta falta de entendimiento entre los componentes del quinteto. Sorprendentemente el pianista se mostró el más inspirado pese a estar bajo los efectos del alcohol, y pronto el trompetista y el saxofonista le dejaron el escenario para que interpretara varios temas en trío. Cuando volvieron, algo había variado en el ambiente que, de repente, se llenó de un dinamismo casi electrizante. Gillespie y Parker parecían haber olvidado sus más y sus menos de la primera parte del concierto. Totalmente entregados, apresados por la misma fiebre de inspiración, se entregaron a la música como si presintieran que aquélla era su última ocasión de manifestarse juntos. El resultado quedó como un concentrado de todo lo mejor del estilo que habían capitaneado. Lo que corría el riesgo de quedar para la posteridad como el canto del cisne del bebop, se convirtió finalmente en su expresión más bella y luminosa.

Ebbe Traberg

"Este concierto contiene ejemplos deslumbradores de los experimentos y los extremos de la música *bop*. 'Bird' toca tan rápido en *Salt peanuts* que muchos saxofonistas son incapaces de explicarse qué es lo que está ocurriendo". (Stephen Davis).

Quintet of the Year: Massey Hall 1953; The Greatest Jazz Concert of All Time. Geoffrey Haydon. Aurum Press 2004.

Charlie Parker, Dizzy Gillespie: Hot House. Salt Peanuts 2008.

"Jazz at The Philarmonic Bird & Pres"
VERVE (UNIVERSAL) 1949

Él (Charlie Parker) se había escapado a México, donde se casó con Doris, saltándose para ello un concierto y jodiendo a Norman Granz. "Bird" tenía en aquella gira tratamiento de estrella. Era la principal atracción, de modo que cuando faltó al concierto la gente se enfureció y descargó sus iras sobre Norman. Pero ya sabes que "Bird" no se preocupaba de semejantes minucias. Siempre conseguía persuadir a sus víctimas y congraciarse con ellas.

Miles Davis

http://www.vervemusicgroup.com/normangranz/music/
http://www2.concordmusicgroup.com/labels/Pablo/
http://www.ellafitzgeraldfoundation.org/

Jazz y literatutra. Del "Vocalese" al "Rhythm & Blues"

Freddie freeloader

Jon Hendricks + Bobby McFerrin, Al Jarreau, George Benson, The Manhattan Transfer, Judith Hendricks (vc); Wynton Marsalis (t); Al Grey (tb); Stanley Turrentine (st); Tommy Flanagan (p); The Count Basie Orchestra, The Jon Hendricks Vocalstra...

John Hendricks (John Carl Hendricks. Newark, Ohio, 1921)

DENON
1989-90
*****

Cierto día vino a visitarnos un músico del segundo autobús con el que íbamos en la gira y en el que viajaban los músicos más "marchosos". Nos miró detenidamente con expresión de sorpresa, se dio la vuelta y les contó a sus compañeros del otro autobús: "No os imagináis lo que están haciendo? –dijo–: !están LEYENDO!".

*(**Shelly Manne** de gira con la orquesta de Stan Kenton; 1950)*

Kurt Elling habla sobre la literatura y el jazz y su relación con Jon Hendricks

P. ... ¿La literatura puede *swingear*?
R. Desde luego. Si habla de *swingear* al modo del jazz (chasquea los dedos), eso es algo muy específico de la música, pero la lengua claro que puede *swingear*, puede *swingear* en 7, en 11, en 4, en lo que sea... tome el caso de Homero, ¡su poesía *swingea!*, y eso que él utilizaba una métrica rarísima, en 7 o algo así, algo que nunca seré capaz de manejar, pero su *Ilíada swingea*, y su *Odisea* también.
P. Por las mismas, alguien como Jon Hendricks vendría a ser el "Homero" del jazz cantado.
R. Jon es el mejor de los letristas del jazz, el mejor poeta en la historia del jazz; él es quien me proporciona la inspiración para mi trabajo. Resulta abrumador pensar en todo lo que ha trabajado a lo largo de los años. Jon tiene un don especial y único, es tan ingenioso, tan agudo y tan ingenuo a la vez; es capaz de dotar de tal grado de flexibilidad a la lengua... todo lo que hace resulta, sencillamente, increíble. Yo no soy como él, mi modo de escribir es más denso, más dramático.
P. ¿Es compatible ser músico de jazz y haber cursado estudios de filosofía?.
R. Desde luego que sí. Como músico de jazz, se supone que eres un artista y

no pienso que a nadie le haga daño saber lo que pasa en el mundo y mucho menos a un artista. Escribir letras de jazz y específicamente *vocalese*, que es lo que Eddie Jefferson inventó y Jon Hendricks perfeccionó, constituye un área de la poesía nueva y muy pequeña, con la diferencia de que los ritmos de esta forma poética están basados en los ritmos del jazz, que son muy modernos. Tienes que manejarte muy bien con la lengua para ser capaz de encajar las palabras dentro de esos ritmos.

Kurt Elling

"Jon Hendricks es el James Joyce del ritmo". *(Time Magazine).*

Vocalese Singers: Bebop, the Manhattan Transfer, Jon Hendricks, Slim Gaillard, Annie Ross, Bob Dorough, Rio Nido, Lambert, Hendricks. Books LLC, 2010.

Tribute to Charlie Parker. Phil Woods Quartet/Jon Hendricks Group. Disconforme, 2006.

King Pleasure, Max Roach, Babs Gonzales, Louis Jordan, Joe Williams, Slim Gaillard, Nat King Cole, Charlie Parker…

Al Grey, James Moody, Annie Ross, Dave Lambert, The Manhattan Transfer, Lou Rawls, Bobby McFerrin, Kurt Elling…

Louis Jordan: "The best of Louis Jordan"
MCA, APROX. 1945-52

Estaba loco por él. Louis Jordan es uno de mis referencias como saxofonista. Él, y Coleman Hawkins, y Don Byas, Charlie Parker… todos esos grandes de nuestra música. Sin embargo, no muchos se acuerdan hoy de Louis Jordan, y no entiendo por qué. Jordan era un ídolo para todos nosotros y, como saxofonista, era grande. Tenía esa fuerza que siempre he tratado de reproducir en mi música. Louis la tenía. Era un grande de verdad.

Sonny Rollins

http://www.harmonyware.com/JonHendricks/

Vocal: las "divas" (II)

VERVE
(UNIVERSAL)
1963

***

Sassy swings the Tivoli

Sarah Vaughan + Kirk Stuart (p); Charles Williams (b); Georges Hughes (bt)

Sarah Vaughan (Sarah Lois Vaughan "Sassy" "The Divine".
Newark, Nueva Jersey, 1924 – Los Angeles, 1990)

Sarah prodiga las imitaciones instrumentales, que revelan su instinto de cantante de jazz, emparentada con el lenguaje de aquellos *boppers* con quienes comenzó su carrera hace ya cuarenta años. Es la otra cara de una intérprete que hoy sabe decir como nadie las letras de las grandes canciones, como *Send in the clowns,* composición que ella convierte en un monumento casi *gospel,* astutamente reservado para los momentos finales, cuando el público está convencido de que la demostración ha llegado al límite y ninguna voz puede ir más lejos.

José Ramón Rubio

Los lectores recordarán sin duda la consternación que causó la muerte de Maria Callas. Aquel impacto sólo es comparable lo que sentimos con la inesperada de una voz que, a justo título, se denominaba "La Divina". Un cáncer de pulmón pudo con ella.

En una sola ocasión vimos a nuestra "Sassy" –así la llamábamos cariñosamente– en Madrid. Fue el 7 de noviembre de 1985, una gélida noche en el Teatro Real, que parecía el sitio menos indicado para recibir a la más importante cantante que ha conocido el jazz en las últimas décadas, la única que, con su propia e inconfundible personalidad, llegaba a la altura de las míticas Bessie Smith, Billie Holiday y Dinah Washington. No estaba entonces en su mejor forma, su mal humor era visible y le costó tomar contacto con un público demasiado tímido que no entendía sus palabras y que tampoco se sentía muy cómodo en aquel ambiente. Pero poco a poco logró calentar la inhóspita sala, y con sus preciosas interpretaciones de *Indian summer, ¡If you colud see me now, Summertime, Fascinantin' rhythm,* etcétera consiguió lo que parecía un auténtico milagro: nos hizo olvidar tan triste entorno que su arte mágico transformó en un mundo de belleza. Estaba en posesión de una impresionante voz, paseándose sin aparente esfuerzo por todo el registro, intercalando canciones clásicas, estándares y baladas, en un repertorio que forzosamente incluía los tópicos que la popularidad desgraciadamente impone a cualquier artista de su categoría, y añadiendo ese grado de ironía que le permitía mantener las distancias y guardar la postura. (Además), sabía tocar el piano, y aprendió de los *boppers* a convertir su voz en otro instrumento más que se mezclaba de manera completamente natural con los de ellos. Su grabación de la balada *Lover Man*, con Gillespie y Parker, era ya un clásico en el mismo momento de su lanzamiento.

Ebbe Traberg

"Sarah fue la que abrió la puerta para poder hacer cualquier cosa que uno quisiera con una melodía". (Betty Carter).

Sassy. The life of Sarah Vaughan. Leslie Gourse. Charles Scribner´s Sons, 1993.

Sarah Vaughan. Idem, Swing Era. 2004.

Billy Eckstine, Billie Holiday, Louis Armstrong, Boswell Sisters, Ella Fitzgerald, Lena Horne, Charlie Parker...

Nina Simone, Carmen McRae, Anita Baker, Betty Carter, Aretha Franklin, Nnenna Freelon, Jane Monheit...

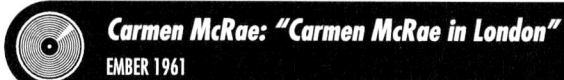

Carmen McRae: "Carmen McRae in London"
EMBER 1961

En mi opinión, tocar el piano, para un cantante, es muy importante. Mi reputación no sería la misma si no tuviera un mínimo conocimiento de piano. La experiencia de estudiar música es lo que me ha llevado a donde estoy. Sin eso posiblemente nunca hubiera cantado, o no hubiera llegado a lo que estoy haciendo ahora. Es importante si quieres durar en el mundo artístico.

Carmen McRae

http://parsec-santa.com/celebrity/celeb_pages/SarahVaughan.html

La *big band* "moderna"

"The Thundering Herds 1945-1947"

Woody Herman + Pete Candoli, Shorty Rogers (t); Bill Harris (tb); Flip Philips (st); Billy Bauer (g); Ralph Burns (p); Dave Tough (bt)...

Woody Herman (Woodrow Charles Herman. Milwaukee, Wisconsin, 1913 - Los Angeles, 1987)

COLUMBIA
(SONY)
1945-47

***

La noticia, no por esperada, resulta menos dolorosa. Woody Herman murió el jueves 29 de octubre de 1987 en Hollywood. Fue un grande de la cultura del siglo XX por derecho propio. Tuvo una orquesta, "la orquesta que toca los blues", la más longeva después de las de Count Basie y Duke Ellington. A ella se acogieron músicos y arreglistas de considerable talento, a los que Herman dejó obrar en total libertad. Un dato: Stravinski compuso su "Ebony Concert", para ser interpretado por la orquesta.

De sus "rebaños", como eran conocidas sus primeras orquestas, salieron los famosos *cuatro hermanos* (Stan Getz, Zoot Sims, Harbie Stewart y Serge Chaloff), a los que no unía lazo de sangre alguno, pero sí su común dedicación al estilo de interpretar implantado por el saxofonista Lester Young. Para aquellos que crecieron en su orquesta durante los 3 últimos decenios, Herman fue maestro y padre.

Conocí a Woody Herman en Bilbao. Avatares del destino me habían convertido en improvisado "road manager" de un conjunto estelar, del que Herman era el director. Formaban parte del mismo el saxofonista Al Cohn y el trompetista Harry "Sweets" Edison, entre otros solistas de renombre. Se podría pensar que fue el amor por la música, lo que empujó al, entonces, septuagenario jazzista a continuar en la carretera, sin embargo, la realidad era muy otra. Lisa y llanamente, Herman estaba arruinado. Tal circunstancia le obligó a concertar de forma apresurada una gira, la última que realizó, al frente de un conjunto reducido, que le llevó, si mal no recuerdo, desde Bilbao a Valencia, luego Tokio, Australia y Los Angeles, todo ello en el espacio de no más de 5 o 6 días. Semejante trajín constituyó un suplicio que Herman, muy disminuido en sus condiciones físicas, sobrellevó como pudo. Sus movimientos eran torpes, los ojos tenían un aspecto terroríficamente triste, las más de las veces era incapaz de precisar dónde se encontraba, si en Londres o París. Se sabía abandonado por el destino, impotente, sin su orquesta, sin sus "hijos" adoptivos, sólo.

En su recital bilbaíno, el veterano jazzista regaló una muestra de la mejor música que jamás haya producido América, ante un teatro semivacío por una fatal coincidencia de conciertos. Agotado el repertorio, me rogó que le disculpara ante el público, que solicitaba con insistencia el obligado "bis".

Lo último que supimos de él fue por una nota, un verdadero "S. O. S.", que hizo publicar su hija en los medios de comunicación, llamando a la generosidad del aficionado. Fue una cruel y amarga agonía que compromete a quienes nos decimos amantes del jazz. Herman murió a los pocos días.

"No es frecuente que un músico de jazz obtenga la confianza de un Stravisnki" (Julio Coll).

Woody Herman: Chronicles of the Herds. Omnibus Press, 2001.

Woody Herman and his Swingin' Herd 1964. Video Artists International, 2005.

Johnny Hodges, Isham Jones, Pee Wee Russell, Paul Whiteman, Omer Simeon, Count Basie...

Ernie Royal, Don Lamond, Bill Byrne, Mel Lewis, Buddy Rich, Sal Nistico, Conte Candoli, Phil Urso, Lew Tabackin, Stan Getz...

Stan Kenton "Adventures in jazz"
CAPITOL-BLUE NOTE, 1963

¿Acaso una parte de lo que en los años cuarenta se conocía como jazz progresivo" era un tanto pretencioso? Quizá lo fuera. Hubo un tiempo en que fuimos culpables de centrar todos nuestros esfuerzos en conseguir ciertos efectos… cualquier experimento puede ser calificado como pretencioso, ocurre cuando la música se sale de los cauces habituales. Nadie puede estar seguro de la validez de su música cuando discurre por las vías de lo experimental, da igual el talento que se pueda tener. Resulta alentador comprobar cómo el tiempo va a juzgarnos a todos. Digo esto porque, en algún momento hemos podido interpretar una música en la que creíamos firmemente; sin embargo, al cabo del tiempo, el público acaba perdiendo el interés en ella. Así las cosas, debo asumir que, en realidad, no había nada interesante en ella. No importa si es una pieza muy compleja o muy simple, en el balance final el público es el único que decide si algo es bueno o malo.

Stan Kenton

http://www.woodyherman.biz/
http://www.woodyherman.com/index.htm

Saxo tenor: *The Sound*

**VERVE
(UNIVERSAL)
1952-54**

****

Stan Getz plays

Stan Getz + Jimmy Raney (g); Duke Jordan, Jimmy Rowles (p);
Bill Crow, Bob Whitlock (b); Frank Isola, Max Roach (bt)

Stan Getz (Stanley Getz. Filadelfia 1927 - Malibu, California 1991)

Ciertos sonidos que descubrimos a temprana edad nos marcan para siempre. El de Stan Getz era tan fuerte, tan personal, que nunca nos ha dejado de acompañar. Por algo le llamaron "The Sound" a este gran virtuoso del saxo tenor, a quien la mayoría muy equivocadamente identifica con una música dulce y tierna, en gran parte debido a sus éxitos con una "jazzificación" de la bossa nova que en su momento se convirtió en una verdadera plaga. Pero su inmensa obra oculta muchas facetas bastante más auténticas y más cercanas a un estilo que se puede considerar clásico, e incluso a vivir el *bebop*.

Getz fue, por encima de todo, un portentoso intérprete de baladas, llegando muchas veces a una profundidad y a una madurez impresionantes, muy lejos del blando lirismo que los mismos estándares han conocido en manos de otros solistas. No es casual que volviera una y otra vez a Escandinavia. Allí se recuperó, a principios de los cincuenta, de una grave enfermedad, y allí pasó luego los años, según él mismo, más felices de su vida, lejos del caos y de las trampas de Nueva York que estuvieron a punto de quebrar su carrera durante una juventud particularmente tumultuosa. Se instaló en Copenhague en 1958, y para un estudiante como yo, era un lujo casi increíble ir al viejo Montmartre cada noche y escuchar al músico que diez años antes se había convertido en uno de mis ídolos. Eran tiempos importantes también para Getz que, a la sombra de Sonny Rollins y John Coltrane, preparaba tranquilamente su retorno a Estados Unidos, donde el público parecía haberle olvidado. Le esperaba la mencionada época bossa nova, fundamental para su carrera, y que con sus grandes éxitos pudo haberla arruinado artísticamente si no hubiese sabido rectificar a tiempo.

Este saxofonista que arrancó como fiel discípulo de Lester Young y que quedó, como prácticamente todos los de su generación, muy marcado por el estilo de Charlie Parker, llegó pronto a crear su propio estilo (dentro de la escuela *cool*), inconfundible y rápidamente imitado por una legión de tenores a ambos lados del Atlántico. Deja una obra de enorme riqueza que será una ineludible fuente de inspiración para los saxofonistas del porvenir. Resulta muy difícil comprender que su sonido, que la llenado los mejores años de nuestra vida, ahora se haya desvanecido para siempre.

Ebbe Traberg

"Admitámoslo: a todos nos gustaría tocar como él... si pudiéramos" (John Coltrane).

Stan Getz: A Life in Jazz. Donald L. Maggin. William Morrow & Company, 1996.

The Last Recording. Geneon 2005.

Lester Young, Benny Carter, Woody Herman, Ben Webster, Charlie Parker, Joao Gilberto...

Allen Eager, Richie Kamuca, Bill Perkins, Jerome Richardson, Phil Urso, John Coltrane, Benny Golson, Pedro Iturralde, Harry Allen...

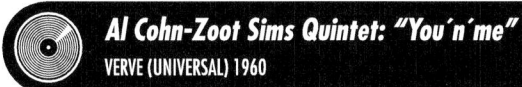

Al Cohn-Zoot Sims Quintet: "You´n´me"
VERVE (UNIVERSAL) 1960

Sims "cantaba" a través de su saxo. Le recordamos como un hombre abierto y expresivo, dotado de un *swing* completamente natural y entregado a un lirismo melódico que siempre era auténtico. Se le puede calificar como el arquetipo del *mainstream* moderno, situado a la misma distancia del estilo tradicional como de la vanguardia. No inventó nada para el jazz, se limitaba a cultivar su tierra más fértil con un impresionante repertorio que supo ampliar y enriquecer hasta el final.

Ebbe Traberg

http://www.stangetz.net/

"Tibio, no frío": el nacimiento del *Cool*

CAPITOL
1948-50

**

The Birth of the Cool

Miles Davis + Kai Winding (tb); Gerry Mulligan (s bar); Lee Konitz (sa); John Lewis (p); Max Roach (bt)...

Miles Davis (Miles Dewey Davis. Alton, Illinois 1926 - Santa Monica, California 1991)

El apartamento de Gil (Evans) en la calle 55, un sótano, era punto de reunión de muchos músicos; un lugar tan oscuro que nunca sabías si era de día o de noche. Max (Roach), Diz (Dizzy Gillespie), Bird (Charlie Parker), Gerry Mulligan, George Russell, Blossom Dearie, John Lewis, Lee Konitz y Johnny Carisi estaban constantemente allí. Gil tenía una cama enorme, que ocupaba mucho espacio, y un jodido gato muy raro que se metía por todas partes. Nosotros nos sentábamos donde fuera y hablábamos de música o discutíamos sobre cualquier cosa. Recuerdo que Gerry Mulligan estaba entonces muy enojado por una serie de cuestiones, pero también lo estaba yo, y de vez en cuando nos enzarzábamos en alguna disputa. Nada serio, sólo azuzarnos uno a otro. En cambio, Gil era como una gallina clueca para todos. Su frialdad lograba calmar los ardores. Era una persona maravillosa a quien, sencillamente, le encantaba rodearse de músicos. Y a nosotros nos apasionaba estar a su alrededor por lo mucho que nos enseñaba, por su interés hacia la gente y la música, especialmente hacia los arreglos musicales. Me parece que Bird (Charlie Parker) también apareció por allí durante un tiempo. Gil era capaz de soportar a Bird cuando nadie más podía hacerlo. Gil era la clase de persona con quien te gusta estar, porque veía cosas que nadie más veía. Tenía el don de penetrar en la música y sacar de ella cosas que, normalmente, otra persona no había oído. Luego me llamaba, supongamos, a las tres de la madrugada para decirme: "Si alguna vez estás deprimido, Miles, escucha *Springsville*". E inmediatamente colgaba el teléfono.

Gil y yo habíamos empezado a hacer cosas juntos. Yo buscaba un soporte para tocar mis solos más en el estilo en que los oía. Mi música era un poco más lenta y no tan intensa como la de Bird. Mis conversaciones con Gil sobre formas de expresión más sutiles y mierdas así me resultaban estimulantes. Gerry Mulligan, Gil y yo comenzamos a hablar de formar aquel conjunto. Pensábamos que nueve instrumentos era el número correcto para la banda. De hecho, Gil y Gerry habían decidido cuáles serían los instrumentos de la banda antes de que yo entrara en las conversaciones. Pero la teoría, la interpretación musical y lo que la banda tocaría fueron idea mía.

Alquilé los locales donde ensayar, convoque los ensayos y lo puse todo en marcha. Toda esa idea empezó como un simple experimento. Enseguida, no pocos músicos negros trataron de meter las narices en mis asuntos alegando que ellos no tenían trabajo y allí estaba yo contratando blancos para mi banda. Yo les respondí sencillamente que si un tipo sabía tocar tan bien como tocaba Lee Konitz (esto era lo que les enojaba más, porque los saxos altos abundaban), le contrataría siempre, y me importaría un huevo si era verde y tenía el alma roja. Cuando oyeron esto, muchos de ellos olvidaron la cuestión; pero unos pocos continuaron enfadados conmigo.

Miles Davis

"Miles: un muchacho muy mono con las orejas de fauno". Boris Vian.

Birth Of The Cool. Beat, Bebop, and the American Avant Garde. Lewis MacAdams. Free Press, 2001.

The Miles Davis Story. Columbia Legacy 2001.

Dizzy Gillespie, Clark Terry, Charlie Parker, Louis Armstrong, Freddy Webster, Roy Eldridge, Ahmad Jamal, Gil Evans, Tony Williams…

Gerry Mulligan, Chet Baker, Cannonball Adderley, Art Farmer, Max Roach, Wayne Shorter, Herbie Hancock, Ron Carter, Eddie Henderson, John McLaughlin, Dave Holland, Gary Bartz, Bob Berg, Mike Stern, John Scofield, Mike Stern, Bill Evans…

Lennie Tristano: "Crosscurrents"
CAPITOL 1949

Paralelamente al estilo *bebop*, la escuela de Lennie Tristano contribuyó decisivamente al desarrollo del jazz de la posguerra. Era la corriente "blanca", para muchos más fría y cerebral, más "intelectual", que la música vertiginosa que ofrecieron los *boppers*. Pero las etiquetas que se pusieron a Tristano y a sus seguidores eran muy injustas. Su música poseía tanto *swing*, tanto calor y tanta pasión como la de aquéllos. Era incluso más difícil de ejecutar y también más valiente porque nunca llegó a las masas y supo, no obstante, sobrevivir.

Ebbe Traberg

http://www.milesdavis.com/es
http://www.plosin.com/milesAhead/

Cool & otras hierbas

Live at the Village Vanguard

Lee Konitz+ Florian Weber (p); Jeff Denson (b); Ziv Ravitz (bt)

Lee Konitz (Chicago, 1927)

ENJA
2009

★★★★★

A sus 80 años, Konitz mantiene el mismo espíritu inconformista e indomable que le acompaña desde sus primeros pasos en la profesión. "Yo no he inventado nada, no trato de ser original, sino sincero". El saxofonista conoció el jazz mediados los cuarenta de la mano del visionario pianista y compositor Lennie Tristano. "Yo estaba tocando en una orquesta en el local de enfrente donde Tristano tocaba. No le conocía. Una noche fui a escuchar a otro pianista que tocaba en el mismo local que él y ahí empezó todo".

Durante un tiempo estuvo considerado como el único saxofonista alto con la suficiente personalidad como para escapar al influjo de Charlie Parker. "Sí, es cierto que yo sonaba distinto, pero es porque conocí a Tristanto antes que a Parker".

Más tarde participó junto con Miles Davis y Gil Evans en las sesiones de grabación de las que surgió el clásico *Birth of the Cool*. No significó nada especial para mí. Apreciaba a mis compañeros y me gustó la música, eso fue todo".

Konitz mantiene el aspecto de ciudadano anónimo al que el Destino le ha jugado una mala pasada. Imposible saber qué pasa por su cabeza. "Tengo siempre la sensación de ser el invitado a la fiesta, pero es algo que me gusta. Me gusta pensar en mí mismo como el *sideman* que acude a tocar con otros. Tengo una reputación como músico *freelance* que mantener. Incluso cuando soy el líder me gusta irme hacia atrás y colocarme detrás de la sección rítmica. No me apetece tener que dar siempre la cara".

En realidad, el saxofonista es alguien acostumbrado a nadar contracorriente. Un tímido provocador de voluntad férrea. "Nunca he tocado lo que los demás. No me gusta seguir el guión, no me gustan los tempos rápidos ni el rollo competitivo tan habitual en el jazz. Soy demasiado viejo para todo eso; en realidad, ¡ya era demasiado viejo a los 20!

Sorprende en alguien como él su empeño en tocar noche tras noche las mismas piezas. "A menudo me preguntan si no me aburro de tocar siempre *All The Things You Are*. Lo primero es que no siempre lo hago. Pero también es que todavía me fascina la idea de tocar un tema y darle vueltas,… piense que toda la música está basada en doce tonos y eso viene siendo así desde hace siglos. ¿Cómo se las han arreglado los músicos para hacer su trabajo?: han cambiado el orden de las notas, han investigado en los ritmos, en las texturas… es posible hacer muchas cosas con solo doce tonos. Yo siempre estoy tratando de cambiar, aunque esté tocando por enésima vez *All The Things You Are*. Lo más importante: no repetirse, por eso trato de evitar las frases hechas. A veces lo consigo, otras no, pero al menos lo intento. ¡Gracias a Dios el jazz no es un arte perfecto!".

"Uno de los improvisadores en la tradición del jazz más consistentemente brillantes, aventurados y originales. Un genio fuera de norma, como "Bird". (John Zorn).

Lee Konitz. Conversations on the Improviser's Art. Andy Hamilton. University of Michigan Press 2007.

Portrait of an Artist as Saxophonist. Rhapsody Films 2005.

Lennie Tristano, Charlie Parker, Louis Armstrong, Lester Young, Johnny Hodges…

Barry Altschul, Anthony Braxton, Julius Hemphill, Albert Mangelsdorff, Bud Shank, Kenny Wheeler, Hans Koller, Hal McKusick, Bob Mover…

Phil Woods "Rights of Swing"
CANDID 1960

Conocí a Charlie Parker cuando yo tenía 15 años, toqué con él a los 24, viví con él, paseé las calles junto a él, compartimos un pastel de cerezas en la Calle 52… Los medios de comunicación hacen demasiado ruido difundiendo una propaganda en la que se habla solo de sus abusos con las drogas. Es lo que ocurre cuando alguien se muere joven. Nada mejor para vender periódicos. Es la mejor de las historias, una tragedia y, a la vez, un relato de aventuras y la historia de un genio torturado, solo que ese individuo fue mi amigo, y era una persona encantadora y muy atenta con los músicos jóvenes. Me encanta tocar la música de Parker y la mía propia y llegar a los corazones de las personas que me están escuchando. Soy consciente de que, si hubiera podido alguna vez cambiar algo, tendría que haberlo hecho de joven. Ahora me contento con mantener vivo el fuego de todos los músicos de jazz que me precedieron y trato de mantener la pureza de la música. Ese es mi trabajo.

Phil Woods

http://www.philwoods.com/

Distintas visiones sobre el saxo barítono

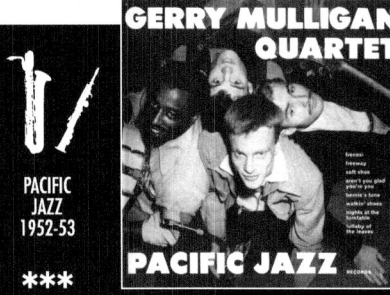

"Gerry Mulligan Quartet, Vol. 1 y 2"

Gerry Mulligan + Chet Baker (tp); Bobby Whitlock, Carson Smith (b); Chico Hamilton, Larry Bunker (bt)

Gerry Mulligan (Gerald Joseph Mulligan. Nueva York, 1927 - Darien, Connecticut, 1996)

PACIFIC JAZZ 1952-53
***

Cualquier cosa podía ocurrir cualquier noche en el club que custodiaba Faustino, el *barman* de mirada expectante y ennoblecido chaleco" (Whisky & Jazz, Madrid). Su director, Jean-Pierre Bourbon, nos relata con su peculiar estilo lo acaecido cierta noche del mes de octubre de 1962:

"El 26 de octubre por la noche nos hallábamos, como de costumbre, en W. Jazz Club. Hablábamos con unos amigos… cuando alguien nos dijo que en la sala estaba Gerry Mulligan. Sonreímos al 'bromista' y seguimos nuestra charla tranquilamente hasta que de nuevo no sabemos quién en la barra hizo el comentario siguiente: 'Cómo se parece ese pelirrojo a Mulligan'. Confieso que, algo nervioso, me dio una vuelta el corazón al ver a Gerry Mulligan sentado tranquilamente y escuchando con mucho interés un solo de Iturralde. Pero no podía ser".

Sacó Faustino unos ejemplares de *Aria Jazz* con la efigie de Mulligan: sí, su parecido era grande, pero el pelo parecía distinto y su cara, más alargada. Se resolvió que aquel no era, no podía ser, Gerry Mulligan, y en estas estaban los presentes, según el pelirrojo en cuestión tomaba las de Villadiego.

"Cuando volvió y lo sacó (el instrumento musical) de su funda nos empezamos a poner muy nerviosos, ya que en las manos del señor pelirrojo se hallaba un SAXO BARÍTONO. Eran muchas coincidencias, pero el pelo, la cara… la cara que se alarga al tomar la embocadura de su instrumento, un balanceo hacia delante, dos notas, sólo dos y… ¡Gerry Mulligan! ¡es Gerry Mulligan!".

Los aficionados volvieron el domingo, último día de la estancia del saxofonista en Madrid; Mulligan fue, pero sólo para despedirse de los amigos, dejando a los presentes en un estado de desolación en grado supino. Tampoco el *jazzman* estaba de mucho mejor ánimo.

Durante la cena, se mostró ausente y cariacontecido. "Gerry –le sugirió su mujer, la actriz y cantante Judy Holliday–, creo que podríamos ir a buscar el saxo al hotel". A los diez minutos, entraba por la puerta del club entre el delirio generalizado.

"Mulligan no esperó ni un segundo; se dirigió hacia la orquesta, se quitó la chaqueta y durante casi dos horas estuvo tocando como no se le puede oír en sus discos. Alguien gritó: '!Viva Gerry Mulligan!'. No le pedí seguir porque no me salió mi voz, pero con mi pluma, con emoción y admiración, escribo: '!viva Gerry Mulligan!'"

"A propósito de una actuación en el Philarmonic Hall, John S. Wilson, del *New York Times*, llamó a Gerry Mulligan –con bastante acierto y más mala idea– el "perenne invitado". Se puede afirmar que su carrera, mejor que la de cualquier otro *jazzman*, puede explicarse a través de los músicos con quienes ha tocado". (José Ramón Rubio).

Gerry Mulligan. Raymond Horricks. Seven Hills Books 1991. Primera edición: 1986.

Jazz Casual - Gerry Mulligan Quartet / Art Farmer & Jim Hall. Idem 2003.

Harry Carney, Cecil Payne, Charlie Parker, Claude Thornhill, Duke Ellington, Serge Chaloff, Johnny Hodges, J. S. Bach...

Bob Brookmeyer, Julius Hemphill, Mel Lewis, Gerald Wilson, Lars Gullin, Jirí Stivín, George Russell, Sahib Shihab, Joao Gilberto...

Pepper Adams Quintet: "10 to 4 at the Five Spot"
RIVERSIDE, 1958

Gerry es un hombre muy agradable, somos buenos amigos, y creo que una de las razones de nuestra amistad es que ambos nos damos cuenta de que no somos comparables en ningún modo. Él toca al "estilo Gerry Mulligan", que es absolutamente suyo, y yo al mío, que es muy particular. Es casi como si tocáramos instrumentos diferentes. Es como comparar a Louis Armstrong con Don Cherry, por ejemplo. Ambos tocan el mismo instrumento y ambos tocan muy bien, pero... parece que ahora la gente empieza a darse cuenta de que, si toco de este modo, es porque quiero hacerlo. Así empezó lo de los premios de *Down Beat* y esas cosas, que no me habían ocurrido antes. No sé qué es lo correcto y lo incorrecto, porque Gerry Mulligan es muy bien intérprete, pero muy diferente a mí. ¿Por qué la gente debe elegir entre él o yo?

Pepper Adams

http://www.gerrymulligan.com/

Sueños de un seductor

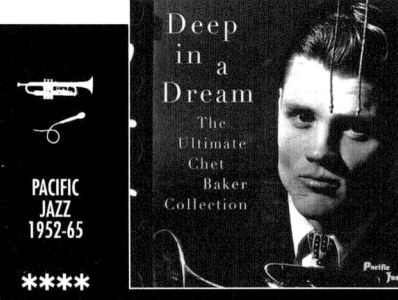

Deep in a dream. The ultimate Chet Baker collection
Chet Baker + Gerry Mulligan (s bar); Russ Freeman (p); Bud Shank (sa)..

Chet Baker (Chesney H. Baker. Yale, Oklahoma 1929 - Amsterdam 1988)

PACIFIC JAZZ 1952-65
★★★★

Lo que más me molestaba era que todos los críticos se habían puesto a hablar de Chet Baker como si fuera Jesucristo redivivo. Y él sonaba simplemente como yo; peor que yo, incluso, pese a que yo era un terrible yonqui. Bien, yo sabía que, entre los músicos jóvenes, Clifford (Brown) sobresalía, que les pasaba a todos hombros y cabeza, o por lo menos ésa era mi opinión. Pero ¿Chet Baker?

Miles Davis

Siempre me ha gustado la gente complicada, y él lo era, y mucho. Todo el mundo tenía su historia sobre Chet y yo quería vivir la mía. Así que un grupo de jóvenes nos pegamos a él y le seguimos por el mundo. Era en sus horas bajas, en su peor momento, y de alguna manera creo que le ayudamos. Para nosotros fue una experiencia vital.

Fue un rodaje loco, no podía ser de otra manera con Chet. A Chet le gustaba la cámara porque para él era como cantar, siempre seduciendo, y por eso la película creció casi sin proponérnoslo. Él no tenía casa y nosotros le seguíamos. Chet no se comportaba como un hombre mayor porque él nunca se sintió mayor. Ante la cámara tenía la misma actitud que cuando era joven y guapo. He fotografiado a mucha gente mayor y nunca he visto a nadie con esa actitud, por eso la cámara le adoraba. Vivir a su lado no era fácil, siempre traía problemas; sin embargo, había algo en él que le salvaba de las peores situaciones. En los aeropuertos, por ejemplo, siempre teníamos problemas con la policía por las drogas. Los perros descubrían la maleta de Chet aunque luego aquellos mismos perros se enamoraban de él. Incluso llegó a adoptar alguno, era increíble. Es lo que él cantaba en *Love and fascination*. Provocaba esa ilusión, puro romanticismo, pura dulzura, pero esa misma ilusión se volvía desilusión porque Chet no podía comprometerse con nada ni con nadie. Era una rueda que no dejaba de girar y que nadie podía sujetar. Sólo valía contemplarle cuando se dejaba, pero no podías pedirle más. Chet provocaba puro romanticismo, pura dulzura, y luego desilusión.

Bruce Weber

"La música de Chet Baker es uno de los lamentos más hermosos del siglo XX". (Marc Danval).

Deep in a dream. La larga noche de Chet Baker. James Gavin, Reservoir Books 2002. Traducido al castellano (Mondadori 2004).

Let's Get Lost. Dirigida por Bruce Weber. RCA 2005.

Miles Davis, Henry "Red" Allen, Dizzy Gillespie, Kenny Dorham, Mel Tormé, Lester Young, Clark Terry…

Enrico Rava, Jon Stevens, Jan Mues, Till Brönner, Chris Botti, Elvis Costello, "Marlango"…

Shorty Rogers Giants: "Courts the Count"
RCA, 1954

Todos los *west coasters,* y él era la cabeza de fila del movimiento, hablaban el jazz moderno que habían inventado Charlie Parker y Dizzy Gillespie, pero también tenían una clara inclinación hacia ese *swing* establecido ya hacía tiempo en Kansas City por Count Basie, ese *swing* alegre, aéreo, ligero y con mucho entusiasmo. Eso es lo que había siempre en el jazz West Coast. El mismo Shorty Rogers fue un hombre de carácter alegre, toda la música que hace es sonriente, luminosa, como el sol de California, exceptuando cuando hace esa niebla en Los Angeles que no se ve nada…

Juan Claudio Cifuentes "Cifu"

http://chetbakertribute.com/

On the sunny side of the street: Jazz & Entertainment

Ella & Louis

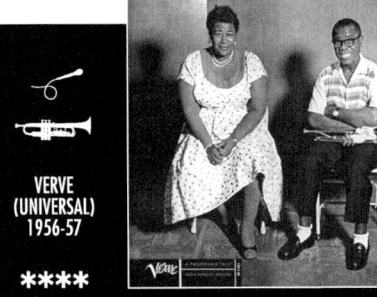

Ella Fitzgerald, Louis Armstrong + Oscar Peterson (p); Herb Ellis (g); Ray Brown (b); Buddy Rich (bt)

Ella Fitzgerald (Ella Jane Fitzgerald. Newport News, Virginia 1917- Beverly Hills, California 1996); Louis Armstrong ("Pops", "Satchmo". Nueva Orleáns ¿1900? -Nueva York 1971)

VERVE
(UNIVERSAL)
1956-57

★★★★

El 11 de agosto de 1956, Ella Fitzgerald y Louis Armstrong se encontraron por primera vez en un estudio de grabación para sellar su unión con una pequeña maravilla que se tituló, lógicamente, *Ella and Louis*. Un monumento para la historia. Las personalidades que se encontraron esa tarde en Hollywood llegaban ya con mucho camino recorrido y cargando con una amplia reputación a las espaldas. Fue un encuentro en la cima del mundo que muy bien podría no haberse realizado nunca porque, en realidad, ninguno de los dos lo necesitaba, pero las grandes cosas suceden, generalmente, cuando nadie las busca.

No fue una sesión prefabricada, largamente preparada en todos sus detalles, ni siquiera habían realizado ensayos previos, ni llegaron al estudio con las partituras escritas y arregladas. Nada de eso, la filosofía de Norman Granz, el gran productor discográfico que tuvo la genial idea de reunirlos (tuvo muchas otras ideas geniales, pero ésa sería ya otra larga, muy larga, historia), era buscar la espontaneidad como piedra de toque, y eso incluía no ensayar nunca antes de la grabación. No hubo ensayos en el estudio, saltó la chispa, o mejor sería decir: la magia.

Ese día Norman Granz había preparado un grupo instrumental a prueba de bombas: el trío de Oscar Peterson, en aquel momento en la cima de su merecida fama, apoyados por uno de los baterías más sólidos del panorama: Buddy Rich, director desde la batería de sus propias *big bands*. El trío incluía a un grande de la guitarra, Herb Ellis, mientras que el contrabajo lo ponía el gran Ray Brown, que, para cerrar el círculo y que todo quedara entre amigos, había estado casado con Ella Fitzgerald hasta 1952 (pocos músicos podían presumir de conocer tan bien a la cantante).

Con esa base cualquier cosa que quisieran hacer "Satchmo" y Ella tenía los resultados totalmente asegurados.

Esa primera toma de contacto se repartió en dos sesiones, y de ellas surgieron algunas de las más bellas interpretaciones de lo que ahora conocemos como estándares (es decir: esas canciones de toda la vida que siguen emocionando a pesar del paso del tiempo). Imposible no conmoverse cuando Ella improvisa sobre las frases de Louis en *Stars fell on Alabama,* una muestra irrefutable del arte sumo del dúo jazzístico. Dos voces perfectamente engarzadas a las que se une, con una presencia reconfortante, la trompeta de "Satchmo".

Miquel Jurado

Un disco mucho más serio de lo que parece a primera vista. John Sinclair.

Fred Astaire: "The Astaire Story"
VERVE (UNIVERSAL) 1952

Además de bailarín, Fred Astaire fue un excelente cantante de circunstancias. Aun cuando se declaraba "incapaz de cantar", tenía "esa suavidad, esa *nonchalance* con que pasaba de andar a bailar, de hablar a cantar", en palabras del crítico José Ramón Rubio. En el año 1952, el bailarín y cantante se reunió con un conjunto *all stars* (con el trompetista Charlie Shavers, el saxofonista Flip Phillips, el guitarrista Barney Kessel y la dirección del pianista Oscar Peterson), para grabar su disco más inequívocamente jazzístico a partir de una selección de las canciones que Astaire dio a conocer en sus intervenciones para la gran pantalla. El resultado fue un verdadero monumento en la historia del *Great American Songbook.* Una oportunidad única para escuchar a un Fred Astaire relajado y *swingeante* como nunca.

Back to the roots: el nacimiento del "hard bop"

Moanin

Art Blakey + Lee Morgan (t); Benny Golson (st); Bobby Timmons (p); Jymie Merritt (b)

Art Blakey & The Jazz Messengers (Art Blakey, Abdullah Ibn Buhaina, "Buh". Pittsburgh 1919 - Nueva York 1990)

Muy pocos músicos de la generación que inventó el *bebop* han llegado a tan respetable edad, y casi ninguno tan intacto. Desde joven, Blakey fue testigo y parte integrante de los mayores acontecimientos del jazz que en la posguerra revolucionaron el lenguaje musical a base de introducir cambios radicales en la concepción y la técnica rítmicas.

En 1944 llegó el momento decisivo en su carrera al entrar en la recién formada banda del cantante Billy Eckstine. Pero el *bebop* no tuvo nunca éxito comercial, y Eckstine luchó en vano para mantener su orquesta. Uno tras otros, sus componentes se vieron obligados a dejarla, Blakey también. La crisis personal que le supuso la muerte repentina de su joven esposa le llevó a África, donde no tardó en tomar contacto con los percusionistas locales. Aquella estancia de varios meses entre Ghana y Nigeria fue de enorme importancia para su educación musical, y muy enriquecido volvió a Nueva York, en posesión de un estilo propio que Thelonious Monk fue el primero en captar. El pianista encontró en Blakey un acompañante ideal, y juntos crearon obras que cuentan entre las realmente trascendentales en la historia del jazz moderno.

En 1952, Art Blakey inicia su colaboración con otro pianista, Horace Silver, y muy pronto empiezan a encontrar los elementos básicos de un nuevo estilo que llevará varios nombres: *soul, funky, hard bop* o *neobop*. Y nace el grupo Jazz Messengers, esta institución que, a lo largo de casi cuarenta años, sin apenas interrupciones, ha sido una auténtica escuela para multitud de jóvenes músicos negros, que bajo la inteligente dirección de Blakey se han transformado, uno tras otro, en destacados líderes a su vez..

El estilo de este tenaz defensor, creador y propulsor de nuevos talentos es muy peculiar. A pesar de tocar fuerte, se mantiene discretamente en una segunda línea, animando constantemente a sus discípulos con un ataque percuciente seco y agresivo y una impetuosa exhuberancia, utilizando a menudo el redoble en crescendo para marcar los cambios, los platos para acentuar los compases y los solos para estimular a sus músicos, que se ven obligados a superarse continuamente.

Ebbe Traberg

"Si conoces a un baterista vivo que lo puede hacer mejor que 'Buh' di su nombre y le daré un beso aquí y ahora". (Kenny Clarke).

Art Blakey: Jazz Messenger. Leslie Gourse. Schirmer Trade Books 2002.

Art Blakey and the Jazz Messengers. Shanachie. Jazz Masters Series 2005.

Jo Jones, Max Roach, Chick Webb, Max Roach, Big Sid Catlett, Cozy Cole, Chano Pozo, Kenny Clarke...

Art Taylor, Louis Hayes, Chico Hamilton, Billy Hart, Elvin Jones, Philly Joe Jones, Tony Oxley, Albert "Tootie" Heath, Larance Marable...

Horace Silver: "Song for my father"
BLUE NOTE (EMI), 1964

Mi padre siempre trató de que adaptara la música de Cabo Verde al jazz, me tocaba una canción de su país y me decía: "Ahora tócala en versión de jazz", pero yo era incapaz. Hasta que Sergio Mendes me invitó a pasar tres semanas en su casa de Rio de Janeiro para ver los carnavales. Me metí a fondo en el asunto de la *bossa nova*, hice contacto con muchos músicos de allí y cuando volví a Nueva York me dije que tenía que componer una pieza con ese ritmo. Me senté al piano y surgió la melodía de *Song for my father*. Lo divertido vino cuando lo escuché en mi reproductor de casete: de repente me di cuenta de que el ritmo era de *bossa nova*, pero la melodía no era brasileña sino que sonaba más al estilo de Cabo Verde. ¡Así que al final mi padre se salió con la suya! Por eso le dediqué el tema.

Horace Silver

http://artblakey.com/

La leyenda de un trompetista

COLUMBIA
(SONY)
1952-56

**

The beginning and the end

Clifford Brown + Billy Roo, Ziggy Vinest (st); Sam Dockery (p); Chris Powell's "Blue Flames"...

Clifford Brown (Wilmington, Delaware 1930 – Pennsylvania 1956)

Sus logros resultan aún más impresionantes si tenemos en cuenta lo joven que era cuando murió (26 años) y el hecho de que cuando desapareció de la escena era ya prácticamente imposible encontrar un trompetista de la nueva generación que pudiera hacerle sombra: si no hubiera sido por aquel desgraciado patinazo que segó su vida y la de Richie Powell (el trompetista falleció tras el segundo de los graves accidentes automovilísticos que sufrió en su vida –el otro, acaecido en 1950, le costó casi un año de paro forzoso), la huella de Clifford Brown en la música de jazz, ya de por sí de gran hondura, le hubiera llevado a lo más alto del Olimpo de los creadores de esta música. En sus grabaciones, como sucede en muchos discos del joven Louis Armstrong, la fuerza impetuosa y la superioridad del talento de "Brownie" hace que la labor de sus compañeros de viaje pase algo desapercibida, cuando casi todos ellos dan aquí lo mejor de sí mismos. Pero por encima de todos está ese joven de expresión tímida, aficionado al ajedrez y a las matemáticas y que, tal vez por ello, convertía cada solo en un consumado y perfecto ejercicio logarítmico, en una ecuación con todas las incógnitas despejadas.

Mario Benso

En junio de 1956, Clifford Brown se mató en un accidente de coche, juntamente con Richie Powell, el pianista, hermano menor de Bud Powell. Macho, qué triste suceso, "Brownie" y Richie: morir de aquel modo, siento tan jodidamente jóvenes. "Brownie" no había cumplido aún 27 años. A todo el mundo había entusiasmado aquel joven trompetista que actuaba en Filadelfia y sus alrededores, y tocaba hasta perder el culo. Me parece que la primera vez que le oí fue cuando estaba en la banda de Lionel Hampton, y supe al instante que iba a destacar. Tenía su estilo propio, y si hubiese vivido habría sido extraordinario. He leído en alguna parte que "Brownie" y yo no congeniábamos debido a la competencia entre nosotros. No es cierto. Ambos éramos trompetistas e intentábamos tocar lo mejor que podíamos. Brown era un tipo excelente, amable, sofisticado, a quien inevitablemente te gustaba tener cerca; un chico de vida limpia, muy poco dado a la parranda. Él me respetaba a mí y yo le respetaba mucho a él. La muerte de "Brownie" jodió completamente a Max Roach, porque éste y "Brownie" habían reunido un buen grupo, que al morir "Brownie" y Richie, Max disolvió. Algo serio debió de ocurrirle a Max, pues yo diría que a partir de entonces nunca volvió a tocar como tocaba. Él y "Brownie" estaban hechos el uno para el otro, debido a la forma en que ambos tocaban; muy rápido, estimulándose mutuamente. Max solía decirme constantemente cuánto le gustaba tocar con Brown. Su muerte le afectó mucho y tardó tiempo en reaccionar.

Miles Davis

"Lo que distinguía a Clifford de todos los trompetistas era su tono, hermoso, profundo, cálido". (Woody Shaw).

Clifford Brown: The Life and Art of the Legendary Jazz Trumpeter. Nick Catalano. Oxford University Press 2000.

Louis Armstrong, Fats Navarro, Dizzy Gillespie, Miles Davis, Roy Eldridge, Charlie Parker...

Ted Curson, Bill Hardman, Rahsaan Roland Kirk, Brian Lynch, Blue Mitchell, Woody Shaw, Louis Smith, Randy Brecker, Donald Byrd, Dusko Goykovich, Tom Harrell, Wynton Marsalis...

Miles Davis All Stars "Walkin'"
PRESTIGE 1954

A finales del mismo mes hice *Walkin'* para Prestige y, macho, aquel álbum cambió por completo mi vida y mi carrera. No nos percatamos del verdadero impacto de aquel álbum hasta que se republicó. Yo quería devolver la música al fuego y las improvisaciones del *bebop*, el género que Diz y Bird habían engendrado. Pero también quería que la música progresara hacia un tipo de *blues* más sensual, hacia el género al que Horace (Silver) nos llevaría. Y conmigo, con J. J. (Johnson) y Lucky (Thompson) en lo alto de aquella parida, teníamos que ir hacia una meta distinta, y la alcanzamos.

Miles Davis

http://cliffordbrown.net/

El lado oscuro del piano de jazz

The Complete Blue Note recordings

Herbie Nichols + Al McKibbon (b); Teddy Kotick (b); Art Blakey, Max Roach (bt)...

Herbie Nichols (Herbert Horatio Nichols. Nueva York 1919 - 1963)

BLUE NOTE
(EMI)
1955-56

***

Los artistas que lloran su postergación podrían tomar en consideración la altura con que el pianista Herbie Nichols asumió una carrera tristísima. De chico tocaba en un combo de la escuela cuando el padre le prohibió el jazz; para liberarse tuvo que demostrar su competencia en la poesía y el ajedrez. Con ese equipaje, en 1937 entró en una orquesta de *dixieland*; ni un día de los veintiséis años siguientes logró ganarse la vida haciendo la música que quería. Acompañó cantantuchos, se juntó con algunas espantosas bandas bailables y, dijo: "Toqué cosas que dan vergüenza". Ya había muerto de leucemia, a los 44, cuando fue canonizado como profeta de la vanguardia. ¿Por qué?. De los bares y el *rythm and blues*, Nichols traía un sonido metálico y cantarín, como de piano vertical. Ubicado a medio camino entre Art Tatum y Thelonious Monk, desintegraba el *bebop* en breves nebulosas en las que podía imaginarse la aportación de Bartók y Villa-Lobos. Frescos diálogos entre el piano y la batería surcaban sus composiciones, en las que rezumaba una rara penumbra armónica. Esto lo sabríamos en 1955, cuando el sello Blue Note produjo al relegado *Nichols en trío*. Aquellas grabaciones secretas se reeditaron hace dos años; y si alguien no pudo costearse la caja, ahora tiene *Love, Gloom, Cash* (Bethlehem), de 1957. Los temas misteriosos de este disco no caducan aunque estén fechados; se expanden constantemente fuera del tiempo, desacreditando la leyenda trágica de su protagonista. "Para llorar –dijo Herbie Nichols– prefiero ir a un rincón. La música es dicha, y es ilimitada."

Marcelo Cohen

La música de Herbie Nichols ha constituido una de mis áreas de estudio favoritas a lo largo de los años. Herbie era un pianista y compositor asombroso, contemporáneo de Thelonious Monk y los *be-boppers*. Dejó una obra sustancial que, hasta muy recientemente, ha pasado demasiado desapercibida. Siempre he admirado su estilo único como compositor, a la vez profundamente elegante y "seriamente humorístico", y de vez en cuando he podido convencer a los miembros de los grupos en los que toco para interpretar sus piezas. Estoy encantado de dedicar este concierto a su obra.

Sheldon Brown

"Uno debía ser el tipo de oyente con los oídos muy abiertos. Si lo eras, su música te arrastraba inexorablemente. Una vez que esto ocurría, estabas atrapado". (Roswell Rudd).

Herbie Nichols: a jazzist's life. Mark Miller. The Mercury Press, 2009.

Simon Nabatov plays Herbie Nichols. PanRrec 2009.

Thelonious Monk, Duke Ellington, Art Tatum, John Lewis, Vladimir Horowitz, Heitor Villa-Lobos...

Mal Waldron, Misha Mengelberg, Sun Ra, Buell Neidlinger, Frank Kimbrough, Duck Baker...

Elmo Hope Trio: "Complete studio recordings"
GAMBIT 1953-1966

Aunque por lo general se mantenía aislado y con escasas oportunidades de grabar, musicalmente dio auténticos pasos de gigante que le aseguraron un lugar en la historia del jazz, gracias a dos discos monumentales: *Elmo Hope Trio;* bajo su liderazgo, y *The fox*, a nombre de Harold Land. Estos discos despertarían finalmente a los críticos ante Hope. La sesión en trío obtuvo una calificación de cinco estrellas en *Down Beat*, donde John Tynan definió "la esencia de Hope" como "una especie de melancolía agridulce que parece hallarse también en el corazón de otros *jazzmen*, así como en el de otros individuos de sensibilidad similar que, como, dicen los ingleses, encuentran a veces el mundo como algo 'un tanto difícil de afrontar'".

David H. Rosenthal

http://home.earthlink.net/~fkimbrough/HNPpage.html
("The Herbie Nichols Project")

Big Band: veteranos en la brecha

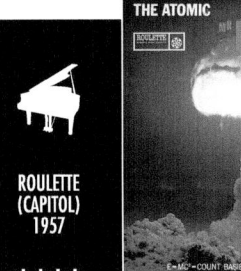

The Atomic Mr. Basie (E=MC2)

Count Basie + Marshall Royal (sa); Frank Wess, Frank Foster, Eddie "Lockjaw" Davis (st); Thad Jones, Joe Newman, Snooky Young (t); Al Grey, Benny Powell (tb); Freddie Green (g); Eddie Jones (b); Sonny Payne (bt

"Count" Basie ("Bill". William Basie. Red Bank, New Jersey 1904 - Los Angeles, California 1984)

ROULETTE
(CAPITOL)
1957

****

Neal (Hefti) vino, tuvimos una charla, y dijo que le gustaría añadir algo al libro de composiciones de la orquesta. Entonces volvió con *Little Pony* y luego con *Sure Thing, Why Not?* y *Fancy Meeting You,* y corrimos hacia ellos, y así es como nos terminamos casando Neal y la orquesta.

Count Basie

A Count Basie no se le discute. Como pianista, es equilibrado, sutil y sin exhibicionismos. No está llamado a alterar el orden. Es serio, enemigo de escándalos, sumamente parco en palabras y escasamente amigo de hablar de sí mismo.

Se puede asegurar que cuando alguien afirme: "Count Basie es el creador del estilo Kansas", él sonreirá por lo bajo. Count Basie no se considera creador de nada. Sólo presume de saber llevar una orquesta. Y admite que la palabra *swing* no le va del todo mal a su estilo.

Ella Fitzgerald, Bessie Smith –la gran "Bessie"– y Sarah Vaughan han estado en alguna ocasión a sus órdenes. Basie nunca lo dirá. Igual podría nombrar a los mejores solistas, desde Nat King Cole hasta Lester Young. Casi todos –repito– han desfilado por sus orquestas.

A condición de estar al día en materia de jazz, es bueno retroceder de vez en cuando y volver a escuchar a Count Basie. Por ejemplo, después de escuchar las últimas novedades de Shepp, Coltrane, Mingus, Ornette Coleman o las rarezas de Giuseppi Logan, es recomendable volver a Count Basie.

Basie elaboraba el jazz más coordinado y livianamente perfecto que se haya hecho nunca. Él hizo crepitar su piano como un aparato de relojería, con una orquesta que fue y sigue siendo inmejorable. Sin moverse de la línea melódica, persistiendo en el ritmo más coordinado, balanceándose en el *swing* más garboso. Hay cosas que están a la vista y quedan para siempre.

Julio Coll

"No es economía: es autoridad. Basie sabe exactamente lo que se precisa… y cómo hacerlo". (Quincy Jones).

Good morning blues: the autobiography of Count Basie. Albert Murray Da Capo 1995. (Reedit. 2002).

Count Basie at Carnegie Hall. Kultur 1981.

Bennie Moten, Jelly Roll Morton, Fats Waller, Fletcher Henderson, Jimmy Blythe, Big Joe Turner, Charlie Parker…

Marty Paich, Pete Jolly, Nat Pierce, Sir Charles Thompson, Charlie Parker, Tito Puente, Burning Spear…

Duke Ellington: "Ellington at Newport"
COLUMBIA (SONY) 1956

Bastaron 27 tórridos coros en medio del solo del saxofonista Paul Gonsalves en *Diminuendo in Blue and Crescendo in Blue,* para que se desencadenara la locura entre los asistentes al Festival de Newport. Aquel solo, y los acontecimientos que le rodearon y siguieron, marcaron el inicio de una nueva etapa para Ellington y su orquesta: "Se trata de una inspirada interpretación con Ellington magnífico al piano, una sección rítmica plena de *swing* y un fogoso trabajo de la banda. Más o menos desde la mitad del solo de Paul Gonsalves (fuera de micrófono, como solía ser habitual), el ruido de la multitud se va elevando y en parte tapa la música. El éxito de esta interpretación y la publicidad que le acompañó hicieron que durante los dos años siguientes *Diminuendo And Crescendo in Blue* se convirtiera en una parada obligada en los conciertos y bailes en los que tocaba Ellington". (Eddie Lambert).

http://www.countbasie.com/

Piano: la herencia de Art Tatum

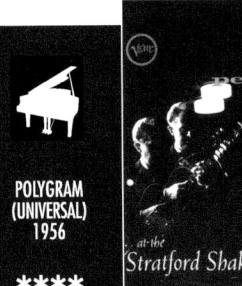

At the Stratford Shakesperean Festival

Oscar Peterson (p) + Herbe Ellis (g), Ray Brown (b)

Oscar Peterson (Oscar Emmanuel Peterson. Montreal (Canadá) 1925. Mississauga, Notario (Canadá), 2007)

POLYGRAM (UNIVERSAL) 1956

****

No es la primera vez que el jazz llega al Teatro Real. Así, de pasada, recuerdo un concierto de Jacques Loussier, una actuación de Ella Fitzgerald y el recital *gospel* de unos Jubilee Singers que hasta se atrevieron a bailar y todo. Pero Loussier está a medio camino de la música clásica, Ella vino a grabar un programa para televisión, y el *gospel* no es exactamente jazz. Con el trío de Oscar Peterson, sin embargo, el Real ha sido marco de un concierto de jazz sin paliativos. No es mal ejemplo y ojalá se repita con frecuencia. Cómo fue el concierto ya es otra cosa. El que suscribe es un "petersoniano" del género de los inquebrantables, y nada sospechoso de desviacionismo. Sin embargo, este concierto me despertó emociones encontradas. Porque, sí, estaba bien mirar hacia el patio de butacas y ver las cabezas moviéndose al ritmo, pero también daba pena ver algunos asientos vacíos, cuando lo normal es que en las actuaciones de Oscar Peterson no se quepa, y cuando, por otro lado, había gente de pie en el anfiteatro, y seguro que algunos aficionados se habrán quedado sin entradas para la repetición del concierto hoy, en el Palacio de Congresos y Exposiciones, a las 10 de la noche.

De igual modo, era una delicia ver a Peterson y los suyos hacer *swing* en el templo más característico de la música seria, pero he de reconocer que lo que mejor resultó fueron las composiciones más reposadas y más claramente "composiciones" –como *Night Child,* donde el bajista Niels Henning Oersted Pedersen hizo un solo primoroso– y los números de piano solo como el fenomenal *Body and Soul* o la parte principal del *medley* de Ellington (o de Ellington-Strayhorn, si nos ponemos en plan computadora).

El trío de piano, bajo y batería es algo así como la célula fundamental del jazz, y su eficacia se basa en un particular equilibrio, que es fácil que se rompa. Fue interesante poder disfrutar de cómo los músicos buscaban ese equilibrio, pero la acústica del Real es traicionera, y cuando el batería, Martin Drew, cogía los palos, allí se desencadenaba un fragor bajo el que sucumbía hasta la majestad de un Bosendorfer tocado por uno de los pianistas mas enérgicos que se conocen. Afortunadamente, Martin Drew es un músico sensible y procuró acompañar con cuidado.

Además, el Oscar Peterson Trío es el Oscar Peterson Trío, y en la segunda parte nos regalaron un *Soft winds* memorable. Para terminar, Peterson se metió al público en el bolsillo con su típico número de despedida, ese en el que, después de mucho saludar mientras los otros músicos siguen tocando, vuelve a sentarse al piano, engancha el tema como si tal cosa y se pone a tocar a dieciocho o veinte manos. Es un monstruo.

José Ramón Rubio

"Se lo debo todo, o casi todo, a Oscar Peterson, y no solo yo. Todo Canadá está en deuda con él". (Diana Krall).

Jazz Odyssey: The Life of Oscar Peterson. Oscar Peterson. Continuum 2002.

The Berlin Concert. Wienerworld 2007.

Art Tatum, Nat King Cole, Fats Waller, James P. Johnson, Hampton Hawes, George Shearing, Erroll Garner, Bill Evans...

Paul Smith, Joe Bushkin, Marty Napoleon, Mike Longo, Toshiko Akiyoshi, Adam Makowicz, Monty Alexander, Michel Camilo, Diana Krall...

Erroll Garner "Concert by the sea"
COLUMBIA (SONY) 1955

A Garner se la acusa de carecer de técnica y, por no saber leer música, de ser incapaz de ejecutar los pasajes complicados. Es una gran injusticia con un pianista "moderno" cuyo estilo difiere del *bebop*. Ha elaborado un sonido muy personal utilizando la mano izquierda de forma que tenga el efecto de una guitarra rítmica. Me agrada porque es original, y porque toca con más sentimiento que ningún otro pianista que conozca. Me pregunto qué hubiera sido del jazz sin Earl Hines, Teddy Wilson, Bud Powell, Thelonious Monk, Art Tatum y Erroll Garner. Sin estos grandes individualistas, muchos de los pianistas de hoy no tocarían nada porque no poseen el poder que otorga el pensamiento creativo. Erroll ha sido un caudal de inspiración para el mundo del jazz.

Mary Lou Williams

http://www.oscarpeterson.com/

**FONTANA
(B.S.O.)
1957
******

"Jazz in film"

Ascenseur pour l'échafaud
(título español: "Ascensor para el cadalso"). Dir: Louis Malle

Miles Davis + Barney Wilen (st); René Urtreger (p); Pierre Michelot (b); Kenny Clarke (bt)

Miles Davis (Miles Dewey Davis. Alton, Illinois 1926 - Santa Monica, California 1991)

Un gran primer plano de Jeanne Moreau. En la pantalla, la imagen desmesurada de Jeanne Moreau, cuya expresión rebota con dureza tras el leve parpadeo de la proyección cinematográfica. Aquellos ojos orlados por relajadas ojeras, que le prestan un aire entre enfermizo y voluptuoso; su carácter irregular, contraída por su afán de triunfo; su forma de expresar con descaro la psicología de tantos y tan siniestros personajes que llaman a la puerta de su vida…

Debajo de ella, a la sombra de la sala de grabación, aparece la solitaria figura de Miles Davis. Está de pie, contemplando en proyección privada la película de Jeanne Moreau, preparándose para "improvisar" su hiriente y dolorido solo de trompeta.

Nunca Miles Davis logró impresionarme tanto como en esa música de fondo. Miles Davis procede del equipo de Charlie Parker, el fenómeno que dividió en dos la historia del jazz. Viene de lejos, de la más profunda soledad humana, de la zona más patética de la sinceridad.

¿Se ha hecho realmente intelectual el jazz?

Sí. El jazz ha entrado ya en las universidades del mundo.

Hace tan sólo quince años la gente se burlaba del jazz y de la pintura abstracta. Hoy, el sonido de la trompeta de Miles Davis, triste aullido de un hombre discriminado y solitario, es un breve escorzo entre las muchas cosas que sorprendieron, se combatieron y cayeron bien en los *campus* de Europa, *campus* culturales en donde se procedió a la revisión de los valores humanos, sociales y culturales, que están transformando visiblemente el mundo.

Julio Coll

(…) fue en el curso de este viaje a París cuando conocí, a través de Juliette Greco, al cineasta francés Louis Malle. Me dijo que siempre había admirado mi música y que le gustaría que le escribiese la banda musical de su nueva película, *L'ascenseur pour l'échafaud*. Accedí a hacerlo y fue una experiencia muy instructiva, porque nunca antes había compuesto música para una película. Miraba las copias de las secuencias y tomaba ideas musicales para luego componer y escribir. Dado que la película trataba de un asesinato y se suponía que era de "suspense", hice tocar a los músicos en el interior de un viejo edificio, oscuro y lúgubre. Pensé que esto daría atmósfera a la música, y así fue. Mi trabajo musical gustó a todo el mundo.

Miles Davis

"*Ascensor para el cadalso* no es una película de jazz. Pero como si lo fuese". "*Cineconjazz*".

Jazz in the movies. David Meeker. Talisman Books. Londres, 1981.

L´ascenseur pour l´échafaud. Avalon, 2005.

Dizzy Gillespie, Clark Terry, Charlie Parker, Louis Armstrong, Freddy Webster, Roy Eldridge, Ahmad Jamal, Gil Evans, Tony Williams…

Gerry Mulligan, Chet Baker, Cannonball Adderley, Art Farmer, Max Roach, Wayne Shorter, Herbie Hancock, Ron Carter, Eddie Henderson, John McLaughlin, Dave Holland, Gary Bartz, Bob Berg, Mike Stern, John Scofield, Mike Stern, Bill Evans…

 John Cassavetes: "Shadows". Música por Charles Mingus (interpretada por Shafi Hadi)
CRITERION (EDICIÓN EN "DVD"), 1957

1957. Louis Malle llama a Miles Davis para poner música a las imágenes de *Ascensor para el cadalso*. Ese mismo año se estrenan dos obras seminales del nuevo cine francés, *Los 400 golpes*, de François Truffaut; y *Al final de la escapada*, de Godard, con música de Martial Solal. Mientras, en Nueva York, un cineasta sin experiencia recorre las calles armado con una cámara de 16 mm en busca de un guión para su película. Cuanto vemos en *Shadows* ha sido esencialmente improvisado por los mismos actores, todos ellos amateurs. El cine por el cine; la experiencia del rodaje convertida en un fin en sí mismo. Para sorpresa de muchos, el film, vuelto a rodar en 1959, con un presupuesto inferior a los 40.000 dólares, mereció el Premio de la Crítica en el Festival de Cine de Venecia, tras lo que pudo encontrar un exhibidor para su distribución en salas comerciales. Más allá de cualquier otra consideración, *Shadows* es "jazz en imágenes". Designado originariamente para interpretar la B. S. O., Charles Mingus fue sustituido por el saxofonista de su conjunto, Shafi Hadi, debido a sus constantes incumplimientos.

http://www.milesdavis.com/es
http://www.plosin.com/milesAhead/
http://www.louismalle.com/

Menos es más

-CHESS/
MCA/VOGUE
1958
****

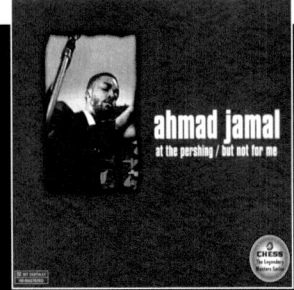

At The Pershing: but not for me
Ahmad Jamal + Israel Crosby (b); Vernell Fournier (bt)

Ahmad Jamal (Frederick "Fritz" Russell Jones. Pittsburgh 1930)

Hubo una época en que Nat Hentoff decía a todo el mundo que Ahmad Jamal era un pianista de cóctel. Poco después de 1952 (año en el que el pianista empezó a ser conocido por el publico), Nat cambió de parecer y se mofó públicamente de su propio patinazo. (...) Si, discos en mano, Miles Davis no hubiera hecho la demostración del talento de Ahmad Jamal a Nat Hentoff y a tantos otros, si no hubiese llevado a los incrédulos a los clubes donde el trío de Ahmad tocaba, si no hubiese multiplicado las declaraciones de estima en las entrevistas, si no hubiese buscado en la forma de tocar de los pianistas el alma y las maneras "jamalianas", si no hubiese incluido en su repertorio algunos temas de Ahmad (por ejemplo *Ahmad's Blues),* nuestro hombre hubiera continuado, sin duda, siendo considerado por los puristas como ese pianista comercial e incapaz de conmover que, tanto en el Spotlite de Washington como en el Pershing Lounge de Chicago, tocaba ante un publico híbrido (y muchas veces sospechoso) éxitos emparentados con los de Erroll Garner.

Alain Gerber

En aquellos días había otro estilo de piano que me gustaba de veras. Me habían seducido la forma de tocar y los conceptos musicales de Ahmad Jamal, sobre quien mi hermana Dorothy me había dado un toque de atención en 1953. Dorothy me llamó desde una cabina telefónica del Pershing Lounge, en Chicago, y me dijo: "Junior (mi familia no me llamó Miles hasta mucho después), aquí hay un pianista a quien estoy escuchando en estos momentos; se llama Ahmad Jamal y creo que te gustará". Fui a oírle en una ocasión, cuando estaba por allí, y me dejó K. O. por su concepto del espacio, la ligereza de su toque, sus reticencias, su forma de frasear notas, acordes y pasajes. Por añadidura, me gustaron las piezas que tocó, como *Surrey with the fringe on top, Just squeeze me, My funny Valentine, I don't wanna be kissed, Billy boy, A gal in Calico, Will you still be mine, But not for me,* que eran estándares, y alguna de sus tonadas originales, como *Ahmad's blues* y *New Rhumba*. Me encantó su lirismo al piano, su estilo de tocar, el espaciado que usaba en la expresión conjunta de sus grupos (el uso del espacio). Siempre he pensado que Ahmad Jamal era una gran pianista que nunca obtuvo el reconocimiento que merecía. En el verano de 1954 su influencia sobre mí no era tan fuerte como lo sería más adelante. Pero sí bastó para inducirme a incluir *But not for me* en el álbum que hice para Prestige.

Miles Davis

"Toda mi inspiración viene de Ahmad Jamal". (Miles Davis).

Considering Genius: Writings on Jazz. Stanley Crouch. Basic Civitas Books, 2007.

Ahmad Jamal live in Baaleck. Dreyfus Jazz 2004.

Erroll Garner, Art Tatum, Nat King Cole, Count Basie, Wynton Kelly, George Shearing…

Miles Davis, Bill Evans, Monty Alexander, Red Garland, Herbie Hancock, Wynton Kelly, Dudu Pukwana, Matthew Shipp, Hiromi Uehara…

Randy Weston: "Sextet Monterey '66"
VERVE (UNIVERSAL) 1966

África es el latido de los tambores, que es el latido de la vida. A través de los ritmos, los tambores evocan el origen sagrado de la vida, de ahí su poderío. Esto se manifiesta en las músicas tradicionales de África y Brasil, Cuba, Jamaica, Haití, en el jazz, en el *blues*, en Marvin Gaye y en Stevie Wonder. Y en Monk, naturalmente. Recuerdo la primera vez que me invitó a su apartamento en la calle 63. Tenía un cuadro de Billie Holiday, el piano y un aparato de radio sonando muy bajo. Estuve no sé cuanto tiempo atosigándole con preguntas del tipo "¿cómo haces esto?" o "¿cuál es el secreto de esto otro?". Y él, sin abrir la boca, hasta que, al final, me dijo: "Escucho todo tipo de músicas". Eso fue todo. Cuando más tarde le escuché tocando *Misterioso* entendí lo que me quería decir. El poder está en la música. Hay que escuchar primero y percibir ese poder antes de adentrarse en los detalles técnicos.

Randy Weston

http://www.ahmadjamal.net/

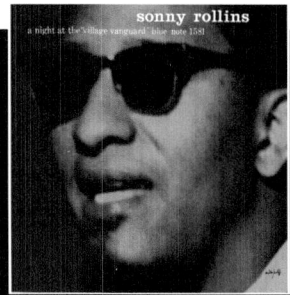

"Saxophone Colossus"

A night at The Village Vanguard

Sonny Rollins + Wilbur Ware, Donald Bailey (b); Elvin Jones, Pete La Roca (bt

Sonny Rollins (Theodore Walter Rollins, "Newk". Nueva York 1930)

BLUE NOTE
(EMI)
1957

***

Habla el "Saxophone Colossus"

P. ... A principios de los años sesenta, y tras una de sus recurrentes desapariciones, fue descubierto tocando el saxo bajo en el puente de Williamsburg, en Nueva York, un lugar que usted introdujo en la mítica del jazz a través de su disco *The Bridge*.

R. Para mí, era un lugar donde practicar. Y no estaba siempre solo, Steve Lacy me acompañó en más de una ocasión. Sucedía que entonces mi mujer y yo vivíamos en un pequeño apartamento próximo al puente. A mí me resultaba muy difícil practicar porque hacía mucho ruido con el instrumento y los vecinos, claro, se quejaban. De pronto, un buen día descubrí el puente, que era un buen sitio porque no había nadie alrededor y, además, debido a las sirenas de los barcos y los cláxones de los coches, había tanto ruido que un poco más ni importaba. Podía ir allí todo el tiempo que quisiera, era un sitio ideal para practicar... y así lo hice. Lo cierto es que llevo toda mi vida trabajando a fondo para engrandecer mi sonido. Mis ídolos, como Coleman Hawkins, se distinguían por su sonido poderoso, tanto que a menudo se veían obligados a prescindir del micrófono. Pero yo nunca he tenido ese don. Por eso acudo a lugares a cielo abierto donde tengo que esforzarme para hacerme escuchar.

P. Escuchándole tocar en directo, se tiene la certeza de que existe un hilo argumental sólido en sus improvisaciones.

R. No es algo de lo que pueda hablar demasiado porque, mientras improviso, las cosas pasan demasiado deprisa y no tengo tiempo de pensar. Improvisar es como vivir un trance espiritual, no es algo que se pueda analizar mediante la razón. La esencia de la improvisación es permitir que la música surja por sí misma. Es un ir siempre adelante: no puedo quedarme tocando cosas que ya sé. El mayor obstáculo con el que me encuentro ahora para desarrollar mis ideas es la edad. No puedo practicar diez horas al día como hacía cuando era joven. Ahora tengo dificultades incluso para soplar a través del instrumento.

P. Dígame qué le impulsa a seguir en la brecha.

R. Lo mismo que cuando empecé: la búsqueda de algo que no creo haber encontrado todavía. Es algo que quiero expresar con mi música. El qué, no lo sé. Sé que está ahí. Quizá sea lo que algunos llaman el "acorde perdido"... sólo sé que trabajo en ello y espero aproximarme poco a poco a mi objetivo. Quizá nunca llegue a conseguirlo, pero sé que estoy en el buen camino. La vida es corta y no puedes pensar en hacerlo todo en una sola vida.

Sonny Rollins

"Sonny Rollins era nuestro colega, pero era algo más que eso: nuestro guía. Miles dijo que era el dios de las nuevas generaciones, y era cierto". (Jackie Mclean).

Open Sky: Sonny Rollins and His World of Improvisation. Eric Nisenson. Da Capo 2000.

Sonny Rollins live at Laren. Efor 2004.

Louis Jordan, Lester Young, Coleman Hawkins, Charlie Parker, Sonny Stitt, Dexter Gordon, Ornette Coleman...

Jackie McLean, George Coleman, Junior Cook, Clifford Jordan, Charlie Rouse, Wayne Shorter, Bennie Maupin, Bennie Wallace, Fred Anderson...

Sonny Rollins, Don Cherry "NY 1962 / Stockholm 1963"
JAZZLIPS, 1962-1963

"Cuando volví a la escena del jazz, en 1961, formé un grupo con Jim Hall que creo recordar se llamaba Sonny Rollins & Co. Un buen día comenzaron los cambios, sobre todo en la sección rítmica. Luego Jim Hall nos dejó porque quería hacer cosas por su cuenta. Yo ya había tocado con Don Cherry anteriormente, en California. No como un trabajo, sino practicando, buscando nuevos caminos... esto era hacia 1956. Por eso, cuando se unió a nosotros en 1961 más o menos, no resultó nada nuevo para mí". (Sonny Rollins).

Escuchar al "saxophone Colossus" en su momento de mayor gloria, junto a Don Cherry a la trompeta (además de Henry Grimes al contrabajo y Billy Higgins, a la batería), en sus conciertos de Nueva York (1962), Estocolmo y Copenhague (1963), constituye una experiencia de una intensidad, a menudo, difícilmente soportable. El resultado es un monumento al jazz en su más alta expresión.

http://www.sonnyrollins.com/

Piano & saxo tenor

RIVERSIDE-
PRESTIGE
1957
****

Thelonious Monk with John Coltrane

Thelonious Monk (p); John Coltrane (st) + Coleman Hawkins (st); Ray Copeland (t);
Gigi Gryce (sa); Wilbur Ware (b); Art Blakey, Shadow Wilson (bt)

Thelonious Monk (Thelonious Sphere Monk. Rocky Mount,
Carolina del Norte, 1917 - Weehawken, Nueva Jersey, 1982)
& John Coltrane ("Trane". John William Coltrane. Hamlet,
Carolina del Norte 1926 - Nueva York 1967)

Me pasaba por su casa (la de Thelonious Monk) y lo sacaba de la cama. Se levantaba, se acercaba al piano y se ponía a tocar. Me interpretaba alguna pieza suya y me miraba. Entonces yo cogía el saxo y me ponía a intentar sacar lo que él tocaba. Lo repetíamos una y otra vez hasta tenerlo ya casi dominado. Si se me presentaba mucha dificultad en algún momento, él sacaba el portafolio y me lo enseñaba escrito. Prefería que la gente aprendiera sin leer porque así se siente mejor y en menos tiempo. A veces sólo sacábamos una pieza por día.

Monk está siempre haciendo algo detrás que suena muy misterioso, pero que no lo es en absoluto una vez que se sabe lo que hace. Igual que las verdades sencillas. A lo mejor te coge, por ejemplo, un acorde menor y omite la tercera. Sin embargo, al tocarlo, queda en su lugar adecuado y te produce la sensación de menor, pero no es un acorde menor. He aprendido mucho con él. Trabajar con un tipo atento a los detalles te ayuda a hacer tú lo mismo. En música, lo que cuenta son las cosas pequeñas. Es igual que cuando se edifica una casa. Se ponen juntas todas las cosas importantes y todo se tendrá en pie. Si se hace una chapuza, no tiene uno nada.

Con Monk siempre tenía que estar alerta porque, como no fueras consciente en todo momento de lo que ocurría, te daba súbitamente la sensación de haberte caído al hueco de un ascensor.

Trabajar con Monk me acercó a un arquitecto musical de primer orden. Me parecía aprender de él en todos los aspectos, tanto por mediación de los sentidos como teórica y técnicamente. Le exponía a Monk problemas musicales y él se sentaba al piano y me mostraba las respuestas tocándolas. Podía verle tocar y descubrir lo que quería saber. Podía también ver muchas cosas que yo ignoraba por completo.

Monk fue de los primeros en mostrarme cómo extraerle al tenor dos o tres notas a la vez. Él "sintió" aquella mecánica sólo con echarle un vistazo a mi saxo.

Pienso que Monk es un verdadero pensador musical.

John Coltrane

"Cualquiera que presenciara la transformación por la que pasó Coltrane tocando con Monk, debe entender la profundidad a la que puede llegar un intérprete bajo la influencia de Monk" (LeRoy Jones).

Coltrane. A biography. C. O. Simpkins. Cuthbert Ormond Simpkins, M. D. 1975. Edición española: *John Coltrane.* Júcar 1985.

The World According to John Coltrane. BMG 2002.

Johnny Hodges, Dexter Gordon, Lester Young, Don Byas, Charlie Parker, Stan Getz, Ravi Shankar, John Gilmore…

Joe Henderson, George Coleman, Charles Lloyd, Joe Farell, Sam Rivers, Billy Harper, Archie Shepp, John Gilmore, Albert Ayler, Pharoah Sanders, Rahsaan Roland Kirk, Charles Tyler, Dewey Redman, David Murray, Michael Brecker, Bob Berg, Bennie Wallace, George Adams, Dave Liebman, Gary Windo, Pedro Iturralde…

"Duke Ellington and John Coltrane"
IMPULSE! (UNIVERSAL) 1962

Llegaba a hacer una pieza doce, quince o veinte veces hasta quedar satisfecho y aunque hiciésemos veinte veces una pieza a lo mejor volvía, o consentía en volver a la segunda o la tercera toma o algo por el estilo. La primera pieza que hicimos con Ellington fue *In a sentimental mood*. La hicimos en una sola toma y nunca se me olvidará la reacción que tuve. Me imaginé, al acabar la canción: "He aquí un buen problema". Ellington, lo sé por experiencia, va a decir: "Eso es, muy bien", y Coltrane dirá: "Yo creo que deberíamos repetirla otras cuantas veces". Debo decir que después de aquel encuentro con Ellington, Coltrane no volvió a invertir tanto tiempo en una toma, en una pieza.

Bob Thiele

http://www.johncoltrane.com/
http://www.coltranechurch.org/

Viajes al más allá: el jazz "modal"

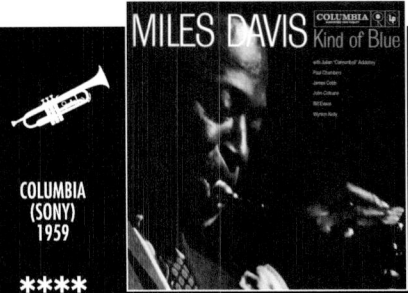

Kind of blue

Miles Davis + John Coltrane (st); Cannonball Adderley (sa); Bill Evans, Wynton Kelly (p); Paul Chambers (b); Jimmy Cobb (bt)

Miles Davis (Miles Dewey Davis. Alton, Illinois 1926 - Santa Monica, California 1991)

COLUMBIA (SONY) 1959
****

Pregunta. El 2 de marzo de 1959 entraba Vd. en el estudio de la discográfica Columbia para grabar la primera de las dos sesiones de *Kind of blue*.

Respuesta. Para mí se trataba de una sesión como cualquier otra. Fui el primero en llegar al estudio, coloqué la batería y esperé a que los demás llegaran. Entonces apareció Bill Evans. "¿Qué hace este tipo aquí?". Porque Miles no nos había dicho nada. Bill era un pianista excelente, pero nosotros queríamos a Wynton Kelly y Miles no nos había dicho nada de Bill, pero es que tampoco se lo había dicho a Wynton. Cuando éste se presentó, hubo un momento de gran confusión.

P. Supongo que eso formaba parte de la estrategia de Miles Davis.

R. Le gustaba jugar con eso. Con él nunca sabías lo que iba a pasar. Le encantaba reunir un grupo de músicos heterogéneo y ver qué pasaba. Nos enfrentábamos a un concepto musical nuevo y era algo que nacía de la forma en que él y Bill tocaban. Puede decirse que la música que se escucha en *Kind of blue* es cosa de ellos dos y no sólo de Miles.

P. ¿Qué tiene de especial la música de *Kind of blue* para gustar, incluso, a quienes no les gusta el jazz?

R. No tengo ni idea. Supongo que estábamos en el lugar adecuado en el momento adecuado. Hay que tener en cuenta lo que estaba ocurriendo cuando lo grabamos. El *bebop* se había convertido en una cosa muy complicada, todo el mundo tocando las mismas piezas. Entonces surgió Miles haciendo exactamente lo contrario, pero así era como él hacía las cosas. Se había pasado media vida tratando de tocar como Dizzy Gillespie hasta que llegó un día en que dejó de hacerlo: "Esto no va a ninguna parte, tengo que llevar la música a otro sitio". Se le ocurrió ver qué pasaría si tocaba menos acordes y terminó por crear un nuevo lenguaje a partir de la sencillez. Pocas notas, una melodía simple, los músicos improvisando sobre una escala... Y todo eso coincidió con un momento en que se suponía que tenía a los mejores músicos del mundo tocando con él. Así que, cuando apareció el disco, se encontró con que el público estaba deseando escucharlo, y resulta que *Kind of blue* es un disco sencillo de escuchar. No hay demasiados cambios de acordes ni nada que no pueda ser entendido a la primera escucha. Lo único que uno tenía que hacer era poner el disco y dejarse llevar.

Jimmy Cobb

"Durante años me he estado preguntando qué le dio a *Kind of Blue* esa magia tan especial". (Bill Evans).

Miles Davis y Kind of Blue. La creación de una obra maestra. Ashley Kahn. Alba Editorial 2002.

The Miles Davis Story. Columbia Legacy 2001.

Dizzy Gillespie, Clark Terry, Charlie Parker, Louis Armstrong, Freddy Webster, Roy Eldridge, Ahmad Jamal, Gil Evans, Tony Williams…

Gerry Mulligan, Chet Baker, Cannonball Adderley, Art Farmer, Max Roach, Wayne Shorter, Herbie Hancock, Ron Carter, Eddie Henderson, John McLaughlin, Dave Holland, Gary Bartz, Bob Berg, Mike Stern, John Scofield, Mike Stern, Bill Evans…

Canonnball Addeley: "Somethin' else"
BLUE NOTE (EMI), 1958

De regreso en Nueva York, Cannonball, que había firmado un acuerdo para grabar un disco para Blue Note, me pidió que tocara en la sesión, cosa que hice como favor. El disco se tituló *Something else* y fue muy bonito.

Miles Davis

Somethin' Else casi es en realidad una grabación más de Miles Davis, publicada bajo el nombre de Cannonball Adderley. Esencialmente el equipo es el de Miles (Cannonball al saxo alto, Hank Jones al piano, Sam Jones al bajo, Art Blakey, nada menos, a la batería) y el método, el control lato de Davis, es el mismo. De hecho en pasajes recuerda las cualidades de fluidez sobrenatural y belleza sobrecogedora de *Kind Of Blue*…

Enrique Martínez

http://www.cannonball-adderley.com/

Un gigante del saxo tenor

Giant Steps

John Coltrane + Tommy Flanagan, Wynton Kelly (p); Paul Chambers (b); Jimmy Cobb, Art Taylor (bt

John Coltrane ("Trane". John William Coltrane. Hamlet, Carolina del Norte 1926 - Nueva York 1967)

ATLANTIC
1959
★★★★

Todo el mundo ha intentado imitarle, calcarle su sonido lo más posible, cosa, por otra parte, muy natural si se tiene en cuenta que revolucionó el jazz.

El estilo de Coltrane posee múltiples facetas. En su sonido hay muchas cosas que observar y sus constantes experimentos y desarrollos de novedades nos hacen concluir que, por muy bien que creamos saber lo que está haciendo, siempre consigue sorprender.

Su maestría con el instrumento es casi increíble. Coltrane parece dotado de poder para levantar a sus oyentes del asiento. He constatado este tremendo impacto suyo en las diversas secciones rítmicas con que ha tocado; las impulsa a seguirle y las hace vibrar también... pongamos que el primer solista es Miles Davis. Se advierte que le falta empuje a la sección rítmica. Detrás de él se la ve relajada. Toma Coltrane el relevo y de inmediato le ocurre algo al grupo: la sección rítmica suena más compacta y más dura. El bajo se vuelve más fuerte y contundente, hasta el piano se porta de manera distinta... no pueden evitarlo, los impulsa Coltrane...

Quizá las ideas armónicas de Coltrane constituyan el aspecto más desconcertante de su estilo, en vista de lo avanzadas que son. Desde luego, sabe muy bien lo que tiene que hacer con los acordes de las piezas que interpreta. Esto es evidente no sólo en la manera de tocar, sino también a la hora de ponerse a componer... es muy sutil, a menudo engañoso, pero siempre está ahí presente.

Podemos hacernos una excelente idea de estos recursos armónicos suyos si reparamos en ese extraño fenómeno al que se ha llamado "capas de sonido", "cintas de sonido", "torrentes de notas" y otras cosas. Se trata de frases muy largas tocadas a un tempo tan extremadamente rápido que las notas que extrae dejan de ser meras notas para fundirse en un flujo continuo de sonido puro. Yo reto a quien sea a que toque escalas de ese modo, con ese fraseo irregular y con frecuencia arrítmico, con esas variaciones en la dinámica y ese fantástico sentido del tiempo. Ejercen un increíble impacto emocional, aparte de dejar un fantástico efecto armónico residual que suele ser tan pronunciado que, en muchos casos, nadie echaría en falta el piano si éste dejase de tocar. De John Coltrane únicamente puede esperarse lo inesperado.

Zita Carno

"Un disco asombroso por su demostración de dominio técnico, por la lógica matemática estricta subyacente en las composiciones, por la energía y la belleza de la música". (C. O. Simpkins).

Coltrane. A biography. (Cuthbert Ormond Simpkins, M. D. 1975). Edición española: *John Coltrane.* Júcar 1985.

The World According to John Coltrane. BMG 2002.

Johnny Hodges, Dexter Gordon, Lester Young, Don Byas, Charlie Parker, Stan Getz, Ravi Shankar, John Gilmore…

Joe Henderson, Wayne Shorter, George Coleman, Charles Lloyd, Joe Farell, Sam Rivers, Billy Harper, Archie Shepp, John Gilmore, Albert Ayler, Pharoah Sanders, Rahsaan Roland Kirk, Charles Tyler, Dewey Redman, Pedro Iturralde, David Murray, Michael Brecker, Bob Berg, Bennie Wallace, George Adams, Dave Liebman, Gary Windo…

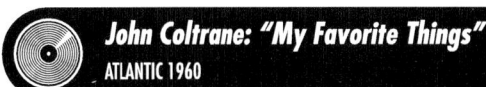

John Coltrane: "My Favorite Things"
ATLANTIC 1960

Cierta noche, un cliente habitual del Gallery, llegó con un montón de partituras y se las enseñó a John (Coltrane). Se refirió en especial a *My favorite things,* diciéndole: "Me parece que esta canción te va a gustar".

Ninguno advirtió que aquella canción inauguraría una nueva área de exploración. John sólo le hizo a la canción unas pocas modificaciones pero, aunque escasas, fueron éstas de capital importancia. La concesión de tanto tiempo a un solo acorde se asemejaba a la música india, en la cual se da forma a múltiples improvisaciones sobre la base de un único acorde. Tras el paso dado con *My favorite things,* llegaron otras composiciones con cada vez menos acordes. Contrastaban éstas con las estructuras llenas de acordes de piezas como *Countdown* o *Giant steps.* Acudió al Gallery el intérprete indio de sitar Ravi Shankar. John, McCoy (Tyner) y él hablaron de hacer un elepé juntos. Pero aquel disco no se llegó a grabar.

C. O. Simpkins

http://www.johncoltrane.com/
http://www.coltranechurch.org/

Jazz orquestal y un toque español

Sketches of Spain

Miles Davis + gran orquesta (director: Gil Evans); Paul Chambers (b); Jimmy Cobb, Elvin Jones (bt)…

Miles Davis (Miles Dewey Davis. Alton, Illinois 1926 - Santa Mónica, California 1991) & Gil Evans (Ian Ernest Green Evans. Toronto 1912 - Cuernavaca, México, 1988)

COLUMBIA (SONY) 1959-60
★★★★

En 1959, Miles Davis escuchó por vez primera, en casa de un amigo, una grabación del *Concierto de Aranjuez*, de Joaquín Rodrigo: "Aquella melodía se me quedó atrapada. No podía quitármela de encima".

Su cerebro se puso en marcha. Tenía que hacer algo con todo aquello. Una llamada a Gil Evans, su arreglista de cabecera: "Escucha esto, a ver qué te parece". Fiel a su fama de trabajador meticuloso, Evans revolvió entre viejos legajos en busca de información en torno al pueblo gitano. Su idea, para entonces, pasaba más por la música de Falla y Ravel que por el cante jondo *estricto sensu*. De sus ulteriores visitas a los comercios de discos neoyorquinos sacó el resto del repertorio: la *Canción del fuego fatuo* de *El amor brujo* (en el disco *Will o'the wisp);* una saeta que escuchó cantar en disco a la Niña de los Peines, una soleá presuntamente anónima… y un tema folclórico del Perú (rebautizado como *The pan piper).* Todos los cuales aparecen en el disco firmados por el propio Evans (excepto las dos primeras). *Sketches of Spain* se grabó en el transcurso de tres maratonianas sesiones entre noviembre de 1959 y marzo de 1960. Para su máximo responsable, "lo más trabajoso fue convencer a los músicos de la orquesta de que no tenían que tocar a la perfección, que lo que contaba era el sentimiento. No necesitas tener el papel delante, es más: mejor no tenerlo" (Miles Davis).

A Miles no le interesa especialmente el flamenco y mucho menos fusionar nada, sino el sentimiento que hay detrás de todo ello: "Vuestro flamenco es nuestro *blues*". Por vez primera, un músico de jazz, y no uno cualquiera, se despoja de su hábito para salir en la persecución de los "sonidos negros" situados más allá de ningún lugar. Su voz, la de su trompeta, es un lamento profundo y doloroso, como un eco doliente. Su trompeta no es su trompeta sino la voz del "cantaor", la del *bluesman,* que habla a través de ella.

Al término de la grabación, Miles se confiesa al entrevistador: "Cuando terminamos sentí que me había vaciado de emociones. No quedaba nada dentro de mí". Fiel a su costumbre, nunca quiso volver a escuchar la grabación.

No por casualidad, *Sketches of Spain* fue el primer gran éxito de ventas en la historia de las "músicas mestizas": "Fue algo totalmente imprevisto", recordaba el trompetista, "todo el mundo en todas partes hablaba del disco". Miles llegó a "sentirse atrapado" por la música de *Sketches...*

"El impacto inmediato de *Sketches of Spain* en el mundo del jazz fue comparable, si no mayor, al de su precedente, *Kind of blue*, considerado por muchos como el mejor disco de jazz de la historia. Ahora los músicos sabían lo que hay que hacer: *Sketches...* nos convenció que la fusión no sólo era posible sino hermosa". (Pedro Iturralde).

"Los flamencos nos empezamos a meter en el jazz gracias a Miles Davis. Y es que Miles era un cantaor flamenco sin saberlo él". (Enrique Morente).

Gil Evans. Raymond Horricks. Júcar, 1986.

Gil Evans live In Paris 1987. Quantum Leap, 2005.

Louis Armstrong, Duke Ellington, Igor Stravinski, Maurice Ravel, Charlie Parker, Jimi Hendrix, Joaquín Rodrigo, La Niña de los Peines…

Toshiko Akiyoshi, Oliver Nelson, Carla Bley, Andre Hodeir, Maria Schneider, Rafael Riqueni, Gerardo Núñez, Juan Manuel Cañizares, Vicente Amigo, Enrique Morente; Joaquín Ruiz, Sara Baras, Chano Domínguez, Joaquín Cortés…

Gil Evans "Out of the cool"
IMPULSE! (UNIVERSAL) 1960

Debió haber vivido en cualquier otro lugar que no fuera este país. De haberlo hecho le habrían reconocido como el tesoro nacional que era y habría recibido subsidios del gobierno o de algún equivalente del Fomento Nacional de las Artes. Debió haber vivido en un lugar como Copenhague, donde sí le habrían apreciado. Mientras estuvo aquí nunca tuvo el dinero que necesitaba para hacer lo que quería hacer. Todavía tiene (dondequiera que sea) cinco o seis canciones que yo compuse, para las cuales debía escribir los arreglos correspondientes. Para mí, Gil no ha muerto.

Miles Davis

http://gilevans.free.fr/
http://www.gilevans.com/

"Third Stream": entre el jazz y los clásicos

European concert

John Lewis (p); Milt Jackson (vb); Percy Heath (b); Connie Kay (bt)

The Modern Jazz Quartet: John Lewis (John Aaron Lewis. La Grange, Illinois, 1920 - 2001); Milt Jackson (Milton Jackson, "Bags". Detroit 1923-1999); Percy Heath (Wilmington, Carolina del Norte, 1923 - Southampton, Nueva York, 2005); Connie Kay (Conrad Henry Kay. Tuckahoe, Nueva York, 1927 - Nueva York 1994)

Vale la pena recordar que el jazz ha ido alejándose de lo popular para convertirse en aristocrático. El jazz ha dejado de ser vulgar y arrabalero. Surge entonces un grupo orquestal de gran categoría, The Modern Jazz Quartet. Los cuatro componentes de este famoso grupo son dignos representantes del jazz más estilizado y ejemplarmente aristocrático.

Ortega y Gasset decía más o menos: "Los libros de caballería aparecen cuando empieza a declinar la caballerosidad. Sólo cuando quedan poco caballeros, surgen los libros de caballería". Eso es lo que puede ocurrirle al jazz en cuanto se descuide. Al dejar de ser lo que fue, ¿se refugiará en las salas de concierto? Y cuando eso ocurra, ¿dejará de ser música viva para convertirse en pieza aristocrática de museo?

El jazz tiene que hacerse con un arranque de vitalidad, con alegría y empuje, en un instante de auténtica creación emocional y artística. ¿Qué ocurre entonces con ese Modern Jazz Quartet?.

Afortunadamente, el grupo cuenta con Milt Jackson, gran vibrafonista. Sus primeros golpes sobre las láminas, la posición física que adopta para tocar y el sonido que arranca de su instrumento es siempre y en todo momento jazz. Y, no obstante, con sólo Milt no habría existido nunca el MJQ como grupo, un grupo que se mantiene desde el año 1951 hasta hoy. Hay que contar, pues, con los experimentos.

Julio Coll

Luego, alternando presentaciones, para que se vea que no hay rencillas entre sus dos principales solistas, ocupó la escena el Modern Jazz Quartet. Los que especulan sobre la naturaleza más o menos híbrida de la música de estos señores no deben estar muy enterados de la historia del jazz, pues, en su momento, el MJQ fue una buena respuesta de los negros a un jazz experimental que se había vuelto mayoritariamente blanco. Pero sobre todo, quienes todavía discuten al MJQ es que no lo han visto. El secreto de este grupo es que, además de ser perfecto, tiene el calor del *blues*. El vibráfono de Milt Jackson lo destila en su más mínima resonancia.

Pero los *blues* están también en la frase más seria de John Lewis, un clasicista al piano. Percy Heath, contrabajo, hasta cuando cumple función de apoyo es otra voz principal en el cuarteto. Volvió a hacer aquí aquel tema que hizo el año pasado con sus hermanos, *Watergate blues,* pero ahora no con el *baby bass,* sino con el contrabajo grande y con un impresionante arreglo. Connie Kay da la impresión de disfrutar muchísimo jugando con la intensidad en una marcha y manejando todos los triángulos, sonajas y demás adminículos que lleva. Pero sobre todo es un batería de jazz. Ni más ni menos. Lo siento. Vuelvo a corregir la información que di como anticipo. Hay que dejarse de nostalgia. El MJQ sabe de jazz más que nadie. Sus músicos saben lo que hay que hacer y, lo más importante, lo que no hay que hacer. Tienen *el swing* por todos lados.

José Ramón Rubio

"John Lewis: una de las mentes más brillantes que jamás se han interesado por el jazz". (Leornad Feather).

Musings: The Musical Words of Gunther Schuller. (Gunther Schuller. Oxford University Press, 1986).

Modern Jazz Quartet 40th Anniversary Tour. (TDK 2006).

Earl Hines, Duke Ellington, Johann Sebastian Bach, Count Basie, Teddy Wilson, Kenny Clarke, Miles Davis, Gil Evans…

Toshiko Akiyoshi, Herbie Nichols, Oscar Peterson, Horace Parlan, Cecil Taylor, Mal Waldron, Ronnell Bright, Ramsey Lewis, Benny Golson…

John Lewis: "Evolution"
ATLANTIC/DRO EASTWEST 1999

La idea argumental es el paso del tiempo. El disco trata de ofrecer algunas pistas acerca de lo que se supone que es el jazz, los maestros, lo que hacen y cómo lo hacen. Hay piezas que he tocado anteriormente, y otras que no, pero forman parte de lo que entendemos por jazz. Es algo que no he hecho en toda mi carrera. Quería conseguir una especie de equilibrio entre la ejecución con el Modern Jazz Quartet, en la que todos teníamos el mismo peso, y algo más a mi aire. Quería ofrecerme a mí mismo una oportunidad de grabar algo más mío. Por supuesto, no es la primera vez que grabo mi música, pero nunca lo había hecho al nivel que me hubiera gustado, y esta fue la ocasión.

John Lewis

La voz revolucionaria

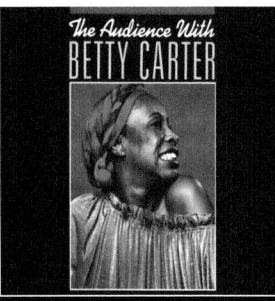

The audience with Betty Carter

Betty Carter + John Hicks (p); Curtis Lundy (b); Kenny Washington (bt

Betty Carter (Lillie Mae Jones. Flint, Michigan, 1930 - Nueva York 1998)

VERVE
(UNIVERSAL)
1979

***

La primera imagen que ofrece Betty Carter es la de la debutante ilusionada y jovial. Con la pasión propia de quien cree que todavía lo tiene todo por demostrar, hizo su aparición en el teatro Alcalá ceñida de rojo intenso y avanzó decidida hasta el mismo borde del escenario para tomar contacto directo con el público. Nadie podría creer que tiene 61 años de edad y que lleva a sus espaldas 45 de carrera profesional. Lillie Mae Jones es su verdadero nombre, y "Betty Be-Bop", el apropiado sobrenombre con que la bautizaron sus compañeros de profesión hace ya mucho tiempo. La voz de Betty Carter no es convencional, tiene otros matices, se mueve a otro ritmo y es el vehículo ideal para expresar otra forma de entender el *swing*. Con los hallazgos del *bebop* circulando por sus venas, está en condiciones de mirar desde otro ángulo las canciones de siempre y renovar el temario con composiciones propias.

En el repertorio que seleccionó Betty Carter para su concierto madrileño hubo de los dos tipos, pero en ambos fue ella la que mandó exclusivamente. Cantó un *The man I love* diferente a todos los demás. *What's new* en su voz reveló facetas inéditas, y lo mismo sucedió en otra interpretación: *The good five o Every time we say goodbye*.

Las variaciones no sólo estaban en los arreglos, sino que también impregnaban las letras. Carter hizo muestra de un gran arte hasta cuando pidió cantando al encargado de la mesa de sonido que subiera un poco el volumen del contrabajo.

Otro de sus méritos, poco reconocido, es el de orientar y proporcionar consejo a músicos que empiezan. En el grupo que presentó el martes en Madrid había tres ciertamente prometedores que apenas deben superar los 20 años de edad.

El contrabajista Jon Ariel hizo comprometidas intervenciones con el arco y cumplió solícito con todas las indicaciones de la cantante; Clarence Penn también acertó a mantener la batería en el plano discreto exigido, y Cyrus Chestnut, un formidable pianista algo más veterano, aportó la fantasía, el espíritu del *blue*s y la riqueza armónica que requieren los precisos arreglos, sólo sencillos aparentemente, que escribe Betty Carter.

Al final del concierto el acuerdo era unánime: había sido un placer, y un privilegio, ver tan de cerca la pura esencia de una gran cantante.

Federico González

"Carter fue la primera cantante de jazz verdaderamente moderna, la más grande, la envidia de todas las que hemos venido detrás. No ha habido otra como ella". (Maria Joao).

Open the Door: The Life and Music of Betty Carter. (William R. Bauer. University of Michigan Press, 2002).

Live in Montreal. (Universal, 2005).

Sarah Vaughan, Leo Watson, Billie Holiday, Dexter Gordon, Charlie Parker, Miles Davis, Ray Charles…

Nina Simone, Leon Thomas, Cassandra Wilson, Nnenna Freelon, Carmen Lundy, Maria Joao, Tierney Sutton, Diana Krall…

Shirley Horn: "I remember Miles"
VERVE (UNIVERSAL), 1992

Es probable que nunca antes se hubiera visto salir a una pianista, aunque sea principalmente cantante, con las manos enguantadas y los enseres de escena guardados en un bolsito de pedrería. Parecía un personaje de otra época, pero así es Shirley Horn, una artista de hoy a quien le divierte moverse a contratiempo. El público que acudió a su esperada presentación en España ya puede contar a sus nietos los placeres sibaríticos que proporcionaba escuchar a una cantante rabiosamente viva que puede compararse sin complejos con las desaparecidas míticas. En efecto, la Horn no es Billie Holiday, ni Ella Fitzgerald, ni Sarah Vaughan; no necesita más que parecerse a sí misma para erigirse en tótem que no impone tabúes.

Federico González

http://www.bettycarter.org/

Soul + Jazz

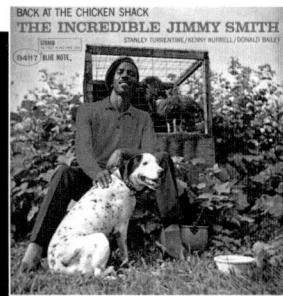

Back at the Chicken Shack
Jimmy Smith + Stanley Turrentine (st); Kenny Burrell (g); Donald Bailey (bt)

Jimmy Smith (James Oscar Smith. "The incredible". Norristown, Pennsylvania, 1928 – Scottsdale, Arizona, 2005)

BLUE NOTE
(EMI)
1960
****

La combinación "Jimmy Smith + Hammond B-3" resultó explosiva. Smith pasó a ser, para el órgano, lo que Charlie Christian para la guitarra: el emancipador del instrumento. "Gracias a su intervención, el órgano se convirtió en un instrumento con igualdad de derechos ante todos los demás instrumentos del jazz" (Joachim Berendt).

Smith había encontrado un lenguaje apropiado para el instrumento adaptable a la práctica del jazz contemporáneo, caracterizado por la ejecución de líneas musicales propias de los instrumentos de viento como el saxo (Charlie Parker) y la trompeta (Dizzy Gillespie). Ello lo compaginaba con la interpretación simultánea de las líneas de bajos utilizando los pedales del instrumento, extremo en el que estuvo considerado como un auténtico virtuoso. Su éxito inicial tuvo que ver con un repertorio en el que tenían cabida tanto las nuevas corrientes del *hard bop* como el *rhythm & blues* y la música *soul*: "Mi música es *hard bop* y es *blues*, es *soul jazz*, es todo ello junto". Con apenas veinticinco años, estaba considerado como la nueva "estrella" en el firmamento del jazz: el mejor organista de la historia: "Entonces todo el mundo empezó a llamarme por el mote por el que soy conocido: 'El Increíble Jimmy Smith'". Un año más tarde, el prestigioso sello discográfico "independiente" Blue Note incorporó a Jimmy Smith a su nómina de músicos en plantilla: "Todo empezó la noche en que un tipo vino a Filadelfia y me escuchó y me presentó a Alfred Lion".

Entre los años 1956 a 1963, "The incredible Jimmy Smith" grabó para Blue Note la friolera de 32 álbumes, lo que da idea tanto de la capacidad creativa del organista en esos años, como de la amplitud de su repertorio.

Tras *New Sound, A New Star: Jimmy Smith at the Organ, Vol. 1,* su disco de presentación en Blue Note, Smith grabó *The champ* y un disco en directo: *Groovin' At Small's Paradise* (1957), junto a Eddie McFadden (guitarra) y Donald Bailey (batería).

El éxito alcanzado por Jimmy Smith con sus grabaciones para Blue Note llevó a que la compañía creara un departamento especial dedicado al artista y al *soul jazz*. Entre su producción de última hora para el sello destacan *Crazy! Baby*

(1960), considerado indistintamente como una obra maestra del soul jazz o como un disco "desalentadoramente racional, una de sus peores grabaciones para Blue Note" *(The Penguin Guide)*.

Ese mismo año, vio la luz *Back at the chicken shack* (1960), una de las indiscutibles obras maestras del organista, para muchos, su disco más emblemático. Smith se muestra en su mejor forma en el tema que da título al álbum y en *On the sunny side of the street,* un clásico que vuelve a la vida gracias a un particularmente inspirado Stanley Turrentine, saxofonista que, aquí, dio lo mejor de sí mismo. Junto a ambos, el guitarrista Kenny Burrell "proporciona un contrapunto sereno a la locura del organista".

"Jimmy Smith fue uno de los músicos más importantes e innovadores de nuestro tiempo". (Joey DeFrancesco).

The Hammond Organ - Beauty in the B: Second Edition. (Mark Vail Backbeat Books-Keyboard Musician's Library 1997. Segunda edición 2002).

Jimmy Smith Trio. (Shanachie-Jazz Scene USA 2001).

Horace Silver, Bud Powell, Milt Buckner, Wild Bill Davis, Fats Waller, Charlie Parker...

Shirley Scott, Richard "Groove" Holmes, Jack McDuff, Jimmy McGriff, Lonnie Smith, Georgie Fame, Steve Winwood, Ray Manzarek, Larry Goldings, Joey DeFrancesco, John Medeski, Lou Bennett...

Ray Charles at Newport"
ATLANTIC (WARNER MUSIC) 1958

Todos hemos escuchado la voz de Ray Charles. Todos hemos visto su cara, con una gran hendidura vertical en la frente, cubiertos los ojos por gafas negras. Su fotografía, sus discos y su biografía han dado la vuelta al mundo. Y es de sospechar que nadie ha dejado de oír alguna vez, aunque solo sea a través de la radio, su voz nasal y profundamente dulce y ronca, con el súbito eco de su ay, tan peculiar y dramático. Al oírle cantar uno ya sabe que detrás de sus palabras hay un mensaje auténtico, una verdad como un templo.

Julio Coll

http://www.orinjj.force9.co.uk/JimmySmith/

El ensueño romántico de un pianista de jazz

RIVERSIDE /FANTASY 1961
***

Sunday at the Village Vanguard

Bill Evans + Scott LaFaro (b); Paul Motian (bt)

Bill Evans (William John Evans. Plainfield, Nueva Jersey 1929 - Nueva York 1980)

El 12 de diciembre de 1979, Bill Evans tocó por primera y última vez en Madrid, en un recóndito sótano convertido en club de jazz del nada jazzístico barrio de Salamanca. Peter Pettinger, en su biografía del músico de reciente aparición, recuerda "aquella actuación sobria" que "hizo las delicias del centenar de personas que abarrotaban el pequeño club". Para entonces, la costumbre del pianista de tocar con la cabeza gacha le había conducido a, casi, rozar con la frente las teclas del instrumento. A su figura descoyuntada se unía ahora la terrible hinchazón de sus manos producto de una hepatitis crónica agravada por el consumo de drogas. Asombrosamente, aquello no parecía afectar en nada a su capacidad musical.

En su paso fugaz por el club Balboa Jazz, el pianista apenas cruzó palabra con nadie que no fueran sus acompañantes. Evans vivía sus años más oscuros, los de su "lento suicidio". Quienes acudían a sus conciertos eran conscientes de que cualquier noche podía ser la última.

Devorado por sus fantasmas familiares y personales, Evans tocaba para sobrevivir a sí mismo. Si la música lo era todo para él, todo lo demás le estorbaba.

En abril de 1958, Miles Davis le llamó para integrarse en su quinteto, con el que Evans grabó el, para muchos, mejor disco de la historia del jazz, *Kind of Blue*. El pianista tuvo contra sí a la mayoría de los seguidores de Davis. Harto de lidiar contra la hostilidad de los unos y el recelo de los otros, en octubre de ese año tiró la toalla. Para entonces, su relación de amistad con el baterista del quinteto, Philly Joe Jones, había hecho de él un consumado heroinómano.

Si Evans pensó en retirarse definitivamente de la vida pública, se lo impidieron los prestamistas que le rondaban. Para su fortuna, al poco de su regreso a la Gran Manzana, recibió el ofrecimiento de Max Gordon, dueño del Village Vanguard, para convertirse en el "músico de la casa".

El 25 de junio de 1961, Evans, junto a sus nuevos acompañantes grabó en dicho local su primer disco en vivo.

Sunday at the Village Vanguard es el testimonio imperecedero de un trío excepcional en el que todos sus integrantes tenían voz, voto y un lugar para expresarse; la piedra angular del trío de jazz moderno y una fuente de inspiración constante para generaciones de pianistas.

Solo 10 días después de grabar *Sunday at the Village Vanguard*, el coche que conducía LaFaro se salió de la carretera y el contrabajista falleció en el acto. Evans regresó a los infiernos. Algunos conocidos suyos afirmaron haberle visto deambulando por las calles de Nueva York vistiendo la ropa de LaFaro…

"Bill Evans es el solo una orquesta. Cuando toca no necesitas nada más". (Tony Bennett).

Vida y música de Bill Evans. (Peter Pettinger. Global Rhythm, Barcelona, 2007).

Bill Evans Trio. The Oslo Concerts. (Shanachie 2007).

Nat King Cole, Art Tatum, Claude Debussy, Lennie Tristano, Horace Silver, Miles Davis, Sonny Clark…

Herbie Hancock, Keith Jarrett, Chick Corea, Brad Mehldau, Tete Montoliu, Bob Brookmeyer, Steve Kuhn, Ralph Towner, Kenny Wheeler, Gordon Beck, Enrico Pieranunzi, Franco d´Andrea, Chano Domínguez…

Bill Evans: "Conversations with myself"
VERVE (UNIVERSAL), 1963

Escuché aquella banda increíble con Miles, Evans, Cannonball Adderley, John Coltrane, Jimmy Cobb y Paul Chambers en el Storyville de Boston, donde yo vivía. Ahora me produce una cierta vergüenza recordarlo, pero lo cierto es que no me sentó demasiado bien cuando me enteré de que venía Evans, porque yo a quien quería escuchar era a Wynton Kelly. Saber que en su lugar iba a estar "ese tipo blanco" fue una decepción. Luego, por supuesto, escuché *Kind of Blue* y sus discos en trío y eso lo cambió todo. Bill ejerció una enorme influencia en mí a través de su sonido, su sentido de la armonía, la emoción de sus interpretaciones. Fue el último poeta del piano y el primer romántico del jazz. Antes que él, los pianistas de jazz tenían que golpear el teclado, los pianos en los clubes eran baratos, la gente hablaba a gritos…, con Bill Evans todo eso cambió. Era un clásico tocando jazz".
Chick Corea

http://www.billevanswebpages.com/
http://www.billevans.nl/
http://home.btconnect.com/beml/

Desde la Vieja Europa...

The music I like to play (vol. 1, 2, 3 y 4)
Tete Montoliu (p)

Tete Montoliu (Vicenç Montoliu i Massana. Barcelona 1933 - 1997)

SOUL NOTE
1986-90
****

En el año 1986, Tete Montoliu conoció a Giovanni Bonandrini, santo patrón de la discográfica italiana Soul Note, y un reconocido fan del pianista. Bonandrini puso su estudio milanés a la entera disposición del catalán sin cortapisas de ningún tipo: Tete iba a poder grabar cuanto quisiera a su entero antojo.

La primera sesión de *The music I like to play* tuvo lugar el 1 de diciembre de 1986. Tete y Bonandrini se reunieron en el estudio de grabación frente al piano... y sin la más remota idea de lo que iba a venir a continuación. Miquel Jurado, ha documentado la sesión en *Tete, casi autobiografía:* "Me presentaron al técnico, probé el piano, me tomé una *grappa* y grabamos sin parar el primer disco". La grabación duró lo que dura el disco: 50 minutos. No hay segundas tomas ni otras interpretaciones que las que salieron editadas. *The music I like to play* resulta ser un compendio de versiones de estándares –*I'll remember April, Whisper not, A time for love...*– o no tanto – *Little B's poem,* original de Bobby Hutcherson– interpretadas al modo espontáneo y torrencial propio del jazzista catalán. Abriendo el cedé, la única composición propia, *Don't smoke anymore,* probablemente, la mejor versión grabada de la pieza por su autor.

Después de escuchar el *master,* Bonandrini propuso al pianista grabar inmediatamente un segundo disco: "Dicho y hecho: me senté al piano, 50 minutos más e hicimos el segundo". Básicamente, *The music I like to play 2* es más de lo mismo. Tete pasa de la balada –*Don't blame me, You go to my head...*– al ejercicio de estilo –*Oleo, Cherokee, Parker's mood...*– a un ritmo vertiginoso. Tampoco falta la pieza propia: *Blues for Nuria.* Será porque el músico había entrado en calor, esta segunda entrega resulta un tanto más coherente que la precedente.

El segundo encuentro entre el pianista y el productor tuvo lugar el 28 de enero de 1990. De aquella segunda sesión doble a piano solo salieron los volúmenes tercero y cuarto de la serie, dedicados al repertorio estándar, el cuarto, y a la música de Thelonious Monk, el tercero; disco, este último, que Tete consideraba el mejor de los cuatro y uno de los mejores de su carrera; resulta difícil no estar de acuerdo con semejante apreciación.

The music I like to play 3 es, en realidad, el fruto de una obsesión casi enfermiza: "hacía mucho tiempo que soñaba con Monk, me preocupaba saber qué desayunaba, qué comía, por dónde paseaba, con quién hablaba, lo que leía... no podía tocar nada más... me sentaba ante un piano y sólo me salían temas de Monk". Montoliu lleva la música de Monk a su terreno, sus versiones tienen poco de escolásticas y mucho de recreaciones a título personal.

"Ecléctico, técnicamente pragmático, doblemente ensimismado por ciego y por *jazzman*, Tete estaba fatalmente llamado a ser algo más que un músico". (Manuel Vázquez Montalbán).

Tete. Quasi autobiografia. (Miquel Jurado. Editorial Pòrtic 1998). Edición en castellano: *Tete. Casi autobiografía.* (Fundación Autor 2005).

Rahsaan" Roland Kirk In Europe 1962-1967 with Tete Montoliu. (Discovery 2006).

Duke Ellington, Charlie Parker, Don Byas, Bud Powell, Thelonious Monk, Bill Evans, Joan Manuel Serrat...

Joanne Brackeen, Albert "Tootie" Heath, Niels-Henning Orsted Pedersen, Bobby Hutcherson, Horacio Fumero, Chano Domínguez, Perico Sambeat, Albert Bover...

Kenny Drew & Niels-Henning Orsted Pedersen: "Duo, vol. 1"
STEEPLECHASE 1973

A los 15 era ya uno de los contrabajistas de jazz más solicitados por los músicos americanos de gira o residentes en el Viejo Continente. Con 16 entró a formar parte del "grupo de la casa" en el Montmartre Jazzhouse de Copenhague. Pedersen tuvo la oportunidad de alternar con los solistas más grandes del género, entre otros, los pianistas Bud Powell y Kenny Drew, y los saxofonistas Dexter Gordon y Ben Webster. Tete Montoliu fue su compañero de sección durante el tiempo en que el catalán residió en Copenhague (años sesenta). Montoliu tomó al joven prodigio como su "hijo adoptivo" y éste a Montoliu como su "segundo padre". La relación entre ambos se mantuvo a lo largo del tiempo. Pedersen nunca ocultó su preferencia por Tete: "Nuestras raíces son las mismas, nos gustan las mismas cosas, no necesitamos decirnos nada para saber lo que va a tocar el otro a cada momento".

Pianos con denominación de origen

Live at the Village Vanguard
Martial Solal (p)

Martial Solal (Argel, 1927)

CAM JAZZ
2008

*****

La música de Solal es un viaje a lo desconocido para el que no es necesario mucho: un piano (a ser posible afinado) y una luz tenue, "para sentirse como en casa". Poco importa que el repertorio lo compongan algunos de los estándares más manoseados de la historia. Solal consigue que suenen a recién cocinados, lo que ya es decir, cuando se está hablando de *Boddy & soul, Tea for two, Autumn leaves...* su imaginación, para la que el término "desbordante" se queda corto, es un doble desafío, a la edad de quien está ahí arriba, sobre el escenario; y a la capacidad del oyente para asimilar cuanto se le viene encima. En las interpretaciones de Martial Solal ocurren tantas cosas que uno termina buscando inútilmente el botón de *rewind* en busca de una segunda oportunidad para asimilar lo escuchado.

La capacidad del pianista para sacarle punta a los viejos temas de siempre parece no tener límites. Lo hemos podido comprobar en su más reciente disco distribuido entre nosotros: a sus, entonces, 81 años, y ante un público que lo ignoraba todo sobre él, el pianista franco-argelino arranca murmullos de asombro entre una audiencia que, por algún motivo, había dado en caer ese día en la "catedral del jazz", el Village Vanguard neoyorquino. Solal da la vuelta a un repertorio hecho a su medida en el que los estándares son mayoría, y los conduce hacia territorios insospechados. Su conocimiento de la materia es apabullante. Escuchándole, da la impresión de que podría arrancarse con cualquier tema de la historia del jazz como con la *Novena* de Beethoven, de corrillo y sin necesidad de mirar ningún papel; y obtener, de ello, una interpretación modélica. Y no es sólo que su mente y sus dedos le respondan como lo hacen, sino que parece disfrutar tocarlo como un niño con zapatos nuevos.

Generoso como en él es costumbre, no abandona la escena sin antes batir algún récord mundial de *bises*. Así es Martial Solal.

Era fácil verle como una especie de arquitecto maníaco, un renovador modernista emergiendo con "expansiones" y "compresiones" en todas partes y, al mismo tiempo, respetando de algún modo el flujo básico y la belleza del edificio... (Ben Ratliff).

"Martial Solal, compositeur de l'instant" (Xavier Prevost. INA et Michel de Maule, 2005).

À bout de souffle (título español: "Al final de la escapada". 1960. dir: Jean-Luc Godard) dvd: Universal Pictures Iberia, 2008SNC (Société Nouvelle de Cinématographie, Francia), Imperia Films .

Teddy Wilson, Earl Hines, Art Tatum, Django Reinhardt, Duke Ellington, Bud Powell, Paul Motian, Claude Debussy, Olivier Messiaen…

Roger Guérin, Daniel Humair, Eric Le Lann, Michel Portal, Didier Lockwood…

Abdullah Ibrahim "Cape Town flowers"
ENJA 1997

Abdullah Ibrahim, el antiguamente conocido como Dollad Brand, lleva exprimiendo las mismas melodías desde hace medio siglo, y lo que le queda. Que si otros lo hacen, él tiene el mismo derecho. El pianista sudafricano es un tipo peculiar. En su reciente actuación en San Sebastián, mandó a los ingenieros de sonido de vuelta a su casa, cualquier cosa antes de que aquello terminara sonando como un concierto rock. Pero así es él. Ya puede estar tocando en una sala sinfónica al aire libre y con el vecindario asomando por entre la ropa tendida, él va a lo suyo. Bajito, bajito. Mérito del artista fue el conseguir acallar la sinfonía de móviles que suele acompañar los conciertos de la Trini y a los que piensan que no hay mejor sitio que un festival de jazz para contar a los amigos las recientes vacaciones en Santo Domingo. Todos callaron ante la música serena y remota del cuasi octogenario jazzista nacido en Ciudad del Cabo. Un jazz con denominación de origen: la de su tierra natal, de donde Ibrahim fue expulsado y adonde ha retornado para tocar su música y difundir las virtudes de las energías alternativas. De la actual versión de Ekaya, su grupo de acompañamiento, poco es lo que puede decirse: ninguno de sus integrantes sobresalió lo suficiente como para reclamar nuestra atención, todos cumplieron con su misión de arropar a la estrella de la jornada. La música –densa, poética– del pianista y compositor surafricano rezuma aromas diversos y sugerentes.

http://www.abdullahibrahim.com/indexf.html
http://www.jean-lucgodard.com/
http://www.carleton.edu/curricular/MEDA/classes/media110/Friesema/intro.html

Dos visiones sobre la guitarra de jazz

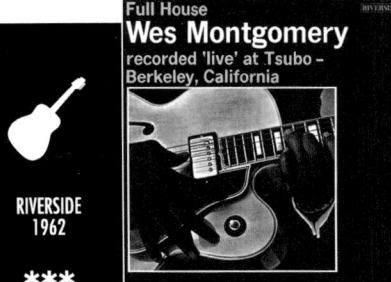

Full house

Wes Montgomery + Wynton Kelly (p); Paul Chambers (b); Jimmy Cobb (bt)

Wes Montgomery (John Leslie Montgomery. Indianapolis 1925 - 1968)

RIVERSIDE 1962
***

"Puede que lo que hago no sea técnicamente correcto, pero la música fluye por sí sola", palabras modestas para definir lo que el resto del planeta consideraba como una pequeña revolución en el mundo de la guitarra y no sólo en el campo del jazz sino en el toda la música en general. "Los que me critican por tocar jazz de forma muy simple están olvidando lo esencial: siempre toco con un concepto jazzístico, pero lo que estoy tocando es música popular y debe ser entendida como tal".

Así era Wes Montgomery, tan sencillo y directo en lo personal como sorprendente y rompedor, mágico a fin de cuentas, con la guitarra en las manos. Revolucionario, primero sin saberlo, después sin pretenderlo, Wes Montgomery ha sido el espejo en el que se han mirado casi todos los guitarristas posteriores. Unos caminar sobre sus pasos, otros para colocarse en la acera de enfrente, pero siempre con su guitarra Gibson L-5CES como referencia inevitable. Nombres tan prestigiosos, y actualmente más populares que el propio Montgomery, han aceptado sin discusión su influencia, casi podría decirse su paternidad: George Benson, Jim Hall, John Scofield, Lee Ritenour o Pat Metheny, entre muchos otros. De su sonoridad clara y transparente pero siempre cálida pueden encontrarse trazas incluso en los últimos trabajos de Andrés Segovia (el maestro lo admitió agradecido).

Miquel Jurado

Entre sus hermanos, Buddy y Monk, vibrafonista el primero y contrabajo el segundo, Wes, el guitarrista, fue el más famoso. Últimamente han aparecido tres de sus mejores grabaciones en España. Ejecutante veloz e inteligente, toca la guitarra directamente con el pulgar, en estilo más bien triste y desalentado. A base de graves consegue un sonido oscuro y pastoso, de larga resonancia. Es su posición de batalla,

Dicen que empezó a tocar con púa y en desmesurados tonos altos. Mas luego, buscándose a sí mismo, e intentando no parecerse a nadie, recurrió al toque directo en tonos quedos.

A nosotros los españoles, acostumbrados al sonido de la guitarra, el toque de Wes Montgomery no nos sorprende tanto. Ni siquiera se parece al sonido de los viejos guitarristas de jazz. Ni siquiera se asemeja al guitarrista más famoso de todos los tiempos, el gitano belga-francés Django Reindhart. Ni siquiera al de las primeras guitarras de jazz, simples instrumentos de ritmo y acompañamiento. Ni siquiera al de Charlie Christian, que estuvo también presente en el Minton's cuando la revolución del 40, con Charlie Parker.

Wes Montgomery se caracteriza por la prodigiosa técnica y la velocidad que puede imprimir con ella a su ejecución y le permite improvisar en octavas. Ese tecnicismo y esa velocidad –tan apreciados– son su actitud de rebeldía: ¿quién me imita?, parece decirles a los blancos.

Julio Coll

"Mi mayor inspiración musical siempre ha sido Wes Montgomery". (Michel Petrucciani).

Wes Montgomery. (Adrian Ingram. Ashley Mark Publishing Company 1993).

Wes Montgomery Live in '65. (Jazz Icons 2007).

Eddie Lang, Django Reinhardt, Charlie Christian, Barney Kessel, Tal Farlow, Elmore James, John Coltrane, Sonny Rollins…

Pat Martino, Kenny Burrell, George Benson, Sonny Sharrock, Jimi Hendrix, John McLaughlin, Terje Rypdal, Kevin Eubanks, Albert Collins, John Scofield, Pat Metheny, Carlos Santana, Joe Satriani…

Jim Hall, Enrico Pieranunzi: "Duologues"
CAMJAZZ 2005

Es uno de los guitarristas de jazz más exquisitos que pueda imaginarse. El perfecto "músico para músicos", tan estimado entre sus iguales como minusvalorado por el gran público. A los cuarenta años de su crucial encuentro con el pianista Bill Evans *(Intermodulation)*, Jim Hall vuelve a citarse a solas con un pianista, el italiano Enrico Pieranunzi, seguidor declarado del primero. El resultado: un relajado diálogo sin palabras de muy altos vuelos poéticos. A destacar el repertorio en absoluto acomodaticio (todo piezas originales).

http://wesmontgomery.com/

La posibilidad de un "Jazz del mundo"

Eastern Sounds

Yusef Lateef + Barry Harris (p); Ernie Farrow (b, rabel); Lex Humphries (bt)

Yusef Lateef (William Emanuel Huddleston Evans. Chatanooga, Tennessee, 1920)

PRESTIGE 1961

****

A sus 87 años Yusef Lateef (Tennessee, 1920) toca, al fin, en Madrid. Nunca es tarde para escuchar al gigante amable del jazz contemporáneo, el hombre que pudo tomar el lugar de John Coltrane: "Fuimos amigos y a veces tocamos juntos; era un ser humano fuera de lo común". Pero William Emanuel Huddleston (su verdadero nombre) prefirió vivir al margen de la corriente jazzística general. A sus 87 años, el viejo león sigue renegando de la palabra jazz: "Yo no toco jazz, toco música autofisiopsíquica, que es la que brota del ser espiritual, físico y emocional".

En los años cincuenta, Lateef dejó ser un saxofonista y flautista al uso para convertirse en un multiinstrumentista, uno de los primeros en la historia del jazz. Desde entonces, su arsenal de instrumentos incluye el shenai, el shofar, el argol y el koto: "Esos instrumentos me ayudaron a encontrar mi propia voz dentro de la música". El tiempo hizo de Yusef Lateef un pionero de lo que hoy se conoce como músicas del mundo: " De repente, me di cuenta de que, si quería continuar en esto, debería encontrar una estética más personal. Por eso comencé a estudiar la música de otras culturas".

En julio de 1992 voló a La Haya (Holanda) para actuar en el "Festival de Jazz del Mar del Norte", tras varias décadas sin viajar al Viejo Continente. La expectación levantada se vio correspondida con un lleno hasta la bandera, al que siguió la deserción en masa de los presentes según el venerable jazzista se adentraba por las aguas de una música lánguida y densa hasta lo impenetrable… Lateef mostraba la auténtica cara del "jazzman" como un ser insobornable y ajeno a cualquier otro interés que no sea su propia obra. Para el "bis", el número de seguidores del saxofonista acaso no superara la veintena. Yusef Lateef había conseguido lo único que, según los manuales, es más difícil que llenar un patio de butacas: vaciarlo por completo.

Quien esto escribe, tuvo la oportunidad de volverse a encontrar con el veterano jazzista otro mes de julio, del año 2009, con ocasión del Festival de Jazz de Copenhague. Yusef Lateef iba a ser nombrado miembro honorario de la Fundación Ben Webster, con sede en dicha ciudad. El acto protocolario, tan anodino y formalista como suelen serlo, tomó otro cariz cuando el saxofonista tomó el micrófono para recordar al amigo (Webster) en su incesante e infructuosa búsqueda de la felicidad, que le trajo hasta estas tierras hace, vasi, medio siglo.

Recompuesto de las emociones vespertinas, Lateef reapareció esa misma tarde-noche sobre la escena del Pabellón de Cristal del parque Tivoli, una ciudad-dentro-de-la-ciudad donde lo demodé y el mal gusto son señas de identidad.

"The Universal Quartet featuring Yusef Lateef" se desplazó con etérea ligereza por un universo "multikulti" de perfiles difusos. Lateef –un hilo de voz– amagando un piano de colores "ellingtonianos" y eran los demás quienes habían de estar atentos al menor gesto del maestro. De algún modo, era él quien llevaba la batuta y quien terminó por reconducir el asunto hacia un final con forma y fondo reconocibles. Todo muy orgánico: el éxito, ésta vez, estaba asegurado.

"Se habla mucho de Coltrane y muy poco de Yusef Lateef. Los dos fueron dos saxofonistas enormes y mis amigos". (Sonny Rollins).

The Gentle Giant. The autobiography of Yusef Lateef. (Yusef Lateef, Herb Boyd. Morton Books, Inc. 2006)

Brother Yusef: A Chamber Film With Yusef Lateef. (Artists in Residence, 2005).

John Coltrane, Don Byas, Bud Johnson, Dexter Gordon, Billie Holiday, Charlie Parker, Sonny Stitt, Dizzy Gillespie…

John Coltrane, Bennie Maupin, Azar Lawrence, Archie Shepp, Albert "Tootie" Heath, Cannonball Adderley, Joe Zawinul…

Stan Getz & Astrud Gilberto
VERVE (UNIVERSAL), 1963

Para el gran público Stan Getz era, sobre todo, el responsable de que el archiconocido tema de Tom Jobim y Vinicius de Moraes, *Garota de Ipanema*, llegara a ser el hit que sigue siendo. La verdad es que su contacto con las melodías y los ritmos de Brasil era bastante más que un *flirt* que empezó con su amistad con el guitarrista de la samba, Charlie Byrd. Fue este quien le inició en música tan atractiva y quien le introdujo a Joao y Astrud Gilberto dando paso a una serie de grabaciones para el sello Verve que, a principios de los años sesenta, barrieron todas las marcas de venta hasta entonces conocidas. Éxitos insuperables que muchos nunca perdonaron a uno de los principales solistas del jazz.

Ebbe Traberg

http://www.yuseflateef.com/

Jazz orquestal: una vuelta de tuerca

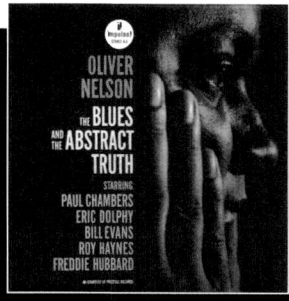

**IMPULSE!
(UNIVERSAL)
1961**

*****

The blues and the abstract truth

Oliver Nelson + Freddie Hubbard (t); Eric Dolphy (sa, fl); George Barrow (s bar); Bill Evans (p); Paul Chambers (b); Roy Haynes (bt)

Oliver Nelson (Oliver Edward Nelson. St. Louis, 1932 - Los Angeles, 1975)

En los créditos de *El blues y la verdad abstracta* tenemos, aparte del propio Nelson, a Eric Dolphy, Bill Evans, Paul Chambers, Roy Haynes y un desconocido George Barrow, un tipo que no ejecuta ni un solo pero que cumple una función esencial armonizando con su saxo barítono los motivos esculpidos por el titular. En fin, casi nada.

Lo curioso es que todos los invitados eran gigantes, figuras del jazz, todos menos el propio Oliver Nelson, un tipo bastante ajeno a las excentricidades y peculiaridades de los prebostes del asunto, y en cambio poseedor de un talento innato, de un sexto sentido sin igual para estructurar la montaña de emociones en las que se convierte un buen tema de jazz. Vamos, un tipo que hace que todo funcione. Y en fin, algo de talento se tiene que tener para lidiar con cosas tan aparentemente diferentes como la sofisticación de Dolphy, la fuerza evocadora, clara, de la trompeta de Hubbard, el toque celestial y ensoñador de Evans o la clase atemporal de Haynes, y acabar entregando una obra mayúscula, grabada en unas pocas horas, a la historia de la civilización occidental. *The blues...* hace casi que el tiempo se detenga, de lo bueno que es.

El argumento principal del disco ya lo indica su título, el *blues*. No nos vamos a encontrar historias del viejo Mississippi, claro, pero sí un viaje alucinante de indagación meticulosa a la razón y el porqué del blues, de su estructura, blues "desatomizado" y vuelto a construir en forma de increíbles momentos de música, consistente y dúctil, maravillosa. Tengo una pieza favorita por encima de las demás, y es que *Stolen Moments* es mucho, amigos. Coged la primera parte de este párrafo y multiplicadlo por mil, y ya tendréis una idea de lo que el genio desbordado de Oliver Nelson fue capaz de organizar, desde el sublime motivo principal escrito por él mismo (como todo el disco, por otro lado) a los solos... ¡uf!, no tengo palabras. Ahora bien, el hecho que sea mi preferida, no significa que el resto del álbum no sea estratosférico y memorable, desde todo el conjunto a la aportación individual (Evans en *Yearnin'*, Haynes en *Cascades*, Dolphy y Chambers en *Teenie's blues*, Hubbard y Nelson en ... todas!). ¡Qué 36 minutos de música, colegas!

Scott St. James

"Un genio. De eso no cabe la menor duda". (Freddie Hubbard).

El sello que Coltrane impulsó: la historia de Impulse Records. (Ashley Kahn. Global Rhythm, 2006).

Alfie. (1966. Director: Lewis Gilbert; música: Sonny Rollins. Orquesta dirigida por Oliver Nelson). Edición en dvd: Paramount Home Entertainment, 2002.

Billy Strayhorn, Duke Ellington, Charlie Parker, George Russell, Gil Evans, John Coltrane, Sonny Rollins, Johnny Hodges, Jimmy Forrest...

Quincy Jones, Jerome Richardson, Ernie Royal, Clark Terry, Jimmy Smith, Barbara Thompson, David Sanborn, Kenny Garrett...

Tadd Dameron: "Fontainebleau"
PRESTIGE 1956

Arreglista que no dispuso de una orquesta regular, Tadd Dameron fue, y continúa siéndolo aún, un músico subestimado. El primero en trasponer a una gran orquesta, de manera enteramente convincente, el lenguaje *bop*. Pianista inclasificable, como Monk o Ellington, su obra en el teclado posee mucho más valor de lo que él mismo afirmaba.

Alain Tomas

A principios de 1949, Tadd y yo llevamos un grupo a París. Fue mi primera gira al extranjero, y cambió para siempre mi forma de ver las cosas. Me encantó estar en París y me encantó la manera en que fui tratado. Me había comprado algunos trajes nuevos, hechos a la medida, así que, macho, me sentía todo un tipo. Allí conocí a Sartre, Picasso y a Juliette Greco. Nos enamoramos.

Miles Davis

http://www.dougpayne.com/nelson.htm

Saxo y voz

John Coltrane & Johnny Hartman

 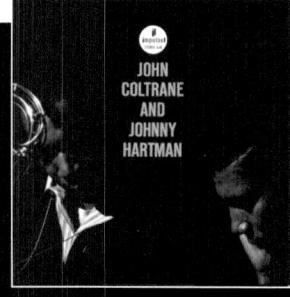

John Coltrane (st), Johnny Hartman (vc) + McCoy Tyner (p); Jimmy Garrison (b); Elvin Jones (b)

John Coltrane ("Trane". John William Coltrane. Hamlet, Carolina del Norte 1926 - Nueva York 1967); Johnny Hartman (John Maurice Hartman. Chicago 1923 - Nueva York 1983)

IMPULSE! (UNIVERSAL) 1962-63
****

Una mañana me encontré con Jimmy (Garrison), con quien compartía apartamento, cargando con su contrabajo. Era bastante temprano. Me dijo: "Me ha llamado Coltrane para una sesión con un cantante desconocido". Para "Trane", aquella sesión con Johnny Hartman fue solo otra sesión de grabación. El tipo de trabajo alimenticio. Por lo que sé, nunca le dio demasiada importancia.

Dave Burrell

Jef Neve y José James en torno a John Coltrane y Johnny Hartman

JJ. Los estándares constituyen un lenguaje universal. Es la lengua natural del jazz, y una especie de ritual por el que pasan todos los músicos de jazz. Temas como *Sweet Georgia Brown*, ¿quién no lo conoce?...

JN. Los estándares constituyen una especie de inconsciente colectivo en el jazz. Todas estas canciones hablan de la vida y de lo que pasa cuando dos seres humanos se conocen. El peligro de los estándares de jazz es que se han interpretado demasiadas veces, incluidas muchísimas versiones horribles. Hablando de las cantantes hay otro tema, y es que las letras de los estándares son de una gran sensibilidad y, muchas veces, las personas son reacias a hacer demostración pública de sus sentimientos.

JJ. No hay que tener miedo a ser sensible. Todo el mundo puede tener su opinión del mismo modo que existen muchos modos diferentes de crear. Pero al final, lo único que importa es que sientas algo en tu interior cuando estás interpretando una canción. En ellas hay algo para todo el mundo, por eso estas canciones siguen siendo válidas hoy. Un tema te lleva a una mañana lluviosa en Nueva York o a una primavera en París. Lo que hay que ser es honesto (…). Mis ídolos siempre han sido John Coltrane y Johnny Hartman. Por él me convertí en cantante de jazz. Eso es el otro aspecto del asunto, la relación entre los saxofonistas y los estándares. Dexter Gordon, Lester Young o Stan Getz se sabían las letras de los temas que interpretaban. Fue Coltrane quien trazó la línea de división entre el "mundo antiguo" y el "nuevo". Ninguno de los que vinieron después se habían leído las letras de los temas que interpretaban: algunos, como Albert Ayler, estaban empeñados en la destrucción de la tradición. Al final, uno no puede esperar de Ornette Coleman que vaya a interpretar un estándar. Con esto no les estoy criticando. La *New Thing* también es *cool*. Las letras te dan la clave. Sin ellas no puedes entender lo que hay que hacer. Se trata de contar una historia. Cada nota, cada palabra tiene un significado preciso.

"Johnny Hartman es quizás el vocalista más inmerecidamente relegado en la historia de la música popular del siglo XX". (Leonard Mustazza).

Black Nationalism and The Revolution In Jazz. (Frank Kofsky. Pathfinder Press, Nueva York 1970).

The Bridges of Madison County. (Los puentes de Madison. Dir: Clint Eastwood. 1995).

Frank Sinatra, Billy Eckstine, The Mills Brothers, Billy Eckstine, Erroll Garner, Earl Hines, Eddie Jefferson, Fats Waller, Billie Holiday…

Brook Benton, Grady Tate, The Platters, Tony Bennett, Bobby "Blue" Bland, Lou Rawls, Marvin Gaye, Carmen Lundy, José James, Kevin Mahogany…

José James, Jef Neve "For all we know"
IMPULSE! (UNIVERSAL) 2010

No pretendemos volver al sonido de los cuarenta o los cincuenta. Eso ya está hecho y no tiene sentido volver sobre lo que ya está hecho. Por supuesto, un cierto aroma retro sí que hay, pero ya está. Vivimos en 2010, la expresión, el fraseo, el diseño, es de hoy; al mismo tiempo, fue una sesión de grabación en la más pura tradición del jazz, todo primeras tomas, sin separación con los micros. Sin embargo, las herramientas que utilizamos no eran las "piezas de museo" que utiliza Rudy Van Gelder en su estudio… En pocas palabras, aunamos la espontaneidad del ayer con la tecnología de hoy. Al final éramos dos desconocidos hasta hace poco que se juntan y hacen música, eso es todo.

José James

http://johnnyhartmanbook.com/

Del contrabajo al infinito (y más allá)

The Black Saint and the Sinner Lady

Charles Mingus + Rolf Ericson, Richard Williams (tp); Quentin Jackson (tb); Don Butterfield (tbb, tu); Jerome Richardson (fl, ss, sbar); Dick Hafer (fl, st); Charlie Mariano (sa); Jaki Byard (p); Jay Barliner (g); Dannie Richmond (bt)

Charles Mingus (Nogales, Arizona, 1922 - Cuernavaca, México, 1979)

IMPULSE!
(UNIVERSAL)
1963
****

Lo que no perdonan al jazz los enemigos del culto a la personalidad es que sea una música cuya historia se escribe con nombres. Uno de esos nombres es el de Charles Mingus. "Contrabajo; ocasionalmente pianista", escriben las enciclopedias. Es cierto. Pero, aunque siguió tocando hasta un año escaso antes de morir, Mingus dejó de ser un intérprete mucho tiempo más atrás, aproximadamente cuando abandonó el trío que formaba con el guitarrista Tal Farlow y el vibrafonista Red Norvo. "Colaboró estrechamente con los fundadores del *bebop*..."; también es cierto, y el concierto de Massey Hall, con Parker, Powell y Gillespie, es buena prueba de ello: pero en la música genuinamente "mingusiana" sería un error destacar la predominancia de algún estilo.

Poco más o menos desde la aparición de su *Pithecantropus erectus*, Charles Mingus empezó a esquivar definiciones y perseguir una gloria paradójicamente codiciable: ver su nombre inscrito en lo que no era más que, según he dicho al principio, una retahíla de nombres.

A muchos de ellos rindió homenaje en sus obras, en las que están presentes Parker, Ellington, el presidente Lester Young, últimamente Scott Joplin. Sin embargo, la simple suma de todo un universo de referencias que invaden muchos otros terrenos –África, Stravinski– no agota todo lo que es la música de Mingus. O acaso ya habría que decir "el arte de Mingus": sus últimas creaciones incluyen la participación de actores, bailarines y artistas plásticos.

Charles Mingus sintió especial predilección por poner su música al servicio de cualquier empeño artístico. De hecho, sus mejores composiciones son piezas para otros medios: *The Black Saint and the Sinner Lady* –un ballet– *Orange was the colour of her dress* –banda sonora de un *telefilm, Song with orange*–, *Self portrait in three colours* –compendio de la música de una película experimental de John Cassavetes, la otrora mítica *Shadows*–, mucho más recientemente la partitura para *Todo modo, de Elio Petri*, sobre la renombrada novela de Sciascia...

El Mingus compositor supo valerse de su poder de sugerencia, ilustrando sus preocupaciones personales e intelectuales. Sólo que, en estos casos, yo les sugeriría que no se lo tomaran muy al pie de la letra: sus títulos, o demasiado evidentes –*Remember Rockefeller at Attica*–, o demasiado alambicados –*All the things you could be by now if Sigmund Freud's wife was your mother*–, dejan entrever una perversa tendencia a reírse de sí mismo, la única persona que en el fondo debió importarle, como demostró sembrando su copiosa producción de estratégicos *self-portraits*.

¿Unególatra? Puede que sí, y qué le vamos a hacer.

José Ramón Rubio

"Trabajar con Mingus era un verdadero calvario. Aparte de eso, era un músico extraordinario" (George Wein).

Menos que un perro. ("Beneath the underdog" Charles Mingus. Mondadori 2000).

Mingus in Greenwich Village. (Efor Distrijazz 2004).

Duke Ellington, Oscar Pettiford, Charlie Parker, Milt Hinton, Jimmy Blanton, Art Tatum, Red Callender...

Dave Holland, Bob Moses, Tommy Potter, George Adams, Don Pullen, Eric Dolphy, Carla Bley, Joni Mitchell, David Murray...

Charles Mingus: "The great concert of Charles Mingus"
AMERICA, 1964

A Mingus le importaba un cuerno la clase de conjunto musical de que dispusiera: sólo quería que sus paridas se tocaran constantemente. Yo discutía frecuentemente con él a propósito de la utilidad de todos aquellos cambios abruptos en los acordes de sus tonadas. Él se contentaba con sonreír y decirme: "Miles, limítate a tocar las cosas tal como yo las he escrito". Y yo lo hacía. Mingus tocaba cosas realmente distintas. Súbitamente, de la noche a la mañana, empezó a hacer aquella música que sonaba tan rara. Yo solía importunarle: "Mingus, ¿por qué tocas así?". Por ejemplo, estaba tocando *My funny Valentine* en tono mayor y se suponía que debía tocarse en re menor. Pero él sólo sonreía, con aquella dulce sonrisa suya, y continuaba haciendo lo mismo. Mingus era un tipo aparte, macho, un perfecto genio. A mí me encantaba. Mingus era como Duke Ellington, se había adelantado a su época.

Miles Davis

http://mingusmingusmingus.com/

El jazz de los heterodoxos

Free fall
JG + Paul Bley (p), Steve Swallow (b)

COLUMBIA (SONY) 1962
★★★★

Jimmy Giuffre (James Peter Giuffre. Dallas, 1921 - Pittsfield, Massachusetts, 2008)

Eventualmente la música debería hablar por sí sola, pero las siguientes notas introductorias pueden explicar una parte de la historia que está detrás.

La grabación contiene cinco solos para clarinete sin acompañamiento, dos duetos para clarinete y contrabajo, y tres tríos para clarinete, piano y contrabajo.

Cuando tenía trece años toqué mi primer solo para clarinete sin acompañamiento en una fogata de noche, en un campamento de la Asociación Cristiana de Jóvenes. Haber tocado sin acompañamiento es para mí algo totalmente natural. El intérprete tiene la oportunidad de parar o seguir como quiera en cualquier dirección y cadencia. Los solos incluidos aquí –*Propulsión, Ornothoids, Man Alone, Yggdrasill* y *Primordial Call*– son completamente improvisados.

Los duetos (o más bien diálogos) son otra cosa. Se debe adoptar otra actitud, pero ningún participante necesita perder su identidad. *Dichotomy* y *Divided Man* tienen una parte compuesta, una parte libremente improvisada y una parte compuesta que se repite.

Una música de "a tres" (tridimensional) es capaz de ofrecer la suficiente variedad, pero no pidan a los intérpretes y al compositor más de lo que pueden dar. Dos de los tríos incluidos, *Threewe* y *Spasmodic*, están abordados de igual forma, pero *The Five Ways* tiene cinco partes compuestas, las cuales fueron interpretadas sólo una vez, con partes libremente improvisadas entre medias y un breve final.

Jimmy Giuffre

En *Free Fall*, el padre de la "revolución microtonal" en el jazz se aproxima al *free jazz* y a la música de Darius Milhaud, Stravinsky, Messiaen, Morton Feldman y Earle Brown. Cuando uno le escucha en su álbum *Free Fall*, piensa que es un visionario, recreando un jazz de cámara tan contemporáneo como lo es la libre improvisación europea actual. Pero esto fue grabado en 1962. ¿Cómo es posible que un músico tan talentoso y visionario pueda pasar inadvertido?

Jazzvision

"La materia bajo sus dedos se depura, se vuelve frágil y perfectamente transparente. La melodía se hace sinuosa, ondulada… hay algo del poeta Mallarmé en este mago de los bibelots sonoros". (Jean-Robert Masson).

Jazz Among The Discourses. (Krin Gabbard. Duke University Press, 1995).

The greatest jazz films ever. (Idem, 2003).

Sonny Rollins, Jimmy Dorsey, James Politis, Fats Waller, Charlie Parker, Claude Debussy, Woody Herman, Gil Evans…

Shelly Manne, Bud Shank, Carla Bley, "Rahsaan" Roland Kirk, Steve Swallow, Gianluigi Trovesi, Hal Russell, Julius Hemphill, John Zorn, Willem Breuker, Louis Sclavis, Ken Vandermark, "Atomic"…

Dave Brubeck "Time out"
COLUMBIA (SONY) 1959

"La respuesta ante el 'fenómeno Brubeck' en México fue similar a lo sucedido en Estados Unidos. El público para jazz se incrementó y se consiguió resolver algo que al parecer era una constante preocupación entre los jazzistas de aquellos amos: hacer del jazz algo 'decente'. Esto explicaría por qué en entrevistas periodísticas o en cualquier oportunidad los jazzistas hablaban sobre su música como algo cercano a, y tan válido como, 'la música seria, la música de concierto'. Las reacciones de público, músicos y críticos se orientaron hacia el mismo lado (estos últimos, por ejemplo, destacarán siempre que Brubeck fue alumno de Darius Milhaud). El problema con Brubeck surge con los que en las corridas de toros llaman 'villamelones' y que antes exigían que todo jazzista tocara 'Take five', la pieza de Desmond que el pianista californiano tomó como sello particular". (Alain Derbez). El disco más vendido en la historia del jazz –incluyendo la célebre *Take five*– ha podido ser un "completo fiasco", a juicio de una buena parte de los aficionados, o "una obra maestra", si quien hablaba era Charles Mingus. Cuarenta años después, se mantiene viva la controversia entre quienes reivindican la figura de su autor, y quienes le valoran como pianista y compositor pero niegan su condición de jazzista ("Brubeck no tiene *swing).*

http://www.davebrubeck.com/live/
http://www.pacific.edu/Brubeck-Institute.html

El nacimiento del "Free Jazz"

ATLANTIC
1959
***

The shape of jazz to come

Ornette Coleman + Don Cherry (trompeta de bolsillo);
Charlie Haden (b); Billy Higgins (bt)

Ornette Coleman (Fort Worth, Texas, 1930)

En el 45 pensaba que Charlie Parker era dios. En aquellos tiempos el bop era "la música", y Parker, Monk, Bud Powell y Dizzy Gillespie sus sumos sacerdotes. Aprendí a tocar esa música, el problema es que tenía la sensación de hacer algo que ya habían hecho otros antes que yo. Para mí, era una música muy repetitiva, tú puedes tocar de una manera o de otra pero siempre es la misma melodía. Pensé: "No necesito seguir un mapa para equivocarme, puedo equivocarme yo solito". Entonces fue cuando empecé a tocar directamente mis ideas sin preocuparme del acorde o la clave en que estuviera escrita la pieza.

Las ideas tienen imagen y sonido y salen ya completas del cerebro. Yo escucho música de la misma manera en que el cerebro piensa. La principal diferencia es que la idea es algo concreto y el sonido no lo es. Si me pregunta qué es el sonido le diré que no tengo ni idea. Es algo que se te mete dentro por los oídos, pero eso podría ser también la sífilis. Y no es que necesite una definición, pero me gustaría encontrarla.

Estaba deseando que me escuchara Parker tocando, pero le tenía demasiado respeto para pedírselo, aparte de que yo ya tocaba totalmente *free*, mi música no tenía nada que ver con lo que hacían Parker, Powell o Gillespie. Yo no tenía pensado crear ningún estilo de música, me limitaba a tocar una idea y a reflexionar acerca de la forma de la música, que es lo que sigo haciendo hoy en día.

Descarté seguir una educación musical formal cuando vi que no me era útil desde el momento en que yo era consciente de que las ideas y el sonido son dos cosas diferentes. Igual que cuando tocas una nota al saxofón, esa misma nota al piano tiene un sonido diferente. Eso me llevó a preguntarme por qué toda la música está interpretada con las mismas notas pero no con los mismos sonidos. Y pensé: si el piano toca un "do", lo que yo tengo que hacer es tocar una nota diferente con el saxo para obtener el mismo sonido. Una vez que me di cuenta de que el sonido es más importante que las notas, decidí que iba a dedicarme a improvisar a partir del sonido; iba a tocar "libre", lo que quiere decir que debía aprender a fiarme de mis ideas; no se trata de que uno toque lo que venga en gana, sino que se sienta libre haciéndolo. Más tarde me enteré de que lo que yo hacía es "arte", pero, para mí, era sólo una cuestión de supervivencia.

Mi objetivo es expresarme en total libertad. La libertad es algo que tienes que trabajarte y no algo que te encuentres sin más. La libertad no se regala, es una lucha que lleva toda una vida.

Ornette Coleman

"Ornette es uno de los mejores ejemplos posibles de lo que una persona con una visión potente del sonido y de la música puede llegar a realizar". (Pat Metheny).

Ornette Coleman: A Harmolodic Life. (John Litweiler. William Morrow & Co 1993).

Ornette Coleman Trio. (Efor 2004).

Louis Armstrong, Louis Jordan, Arnett Cobb, Charlie Parker, Thelonious Monk, Stan Kenton...

John Tchicai, Jimmy Lyons, Marion Brown, Roscoe Mitchell, Oliver Lake, Henry Threadgill, Dudu Pukwana, John Zorn, Gato Barbieri, Charlie Haden, Joachim Kühn, Noah Howard, The Velvet Underground, Pat Metheny...

"Ornette Coleman Trio At the Golden Circle, Stockholm vol. 1 y 2"
BLUE NOTE (EMI), 1965

Para servidor, este disco es y será el de la sección rítmica que redefinió la palabra *swing;* el de un Ornette Coleman rapsoda, cantor de la desolación en una forma que no se ha conocido desde Miles Davis; el resultado de un fascinante choque de egos, de encuentros y desencuentros, de convergencias y divergencias, donde los caminos de la música buscan destinos separados y al oyente corresponde la facultad de comunicarlos entre sí. A lo que vamos: un clásico del jazz de los sesenta, de cuando al jazz lo llamaban *free* (semejante redundancia). Imprescindible.

http://www.ornettecoleman.com/

Tribulaciones de un batería de jazz

"Money Jungle"

Duke Ellington (p); Charles Mingus (b); Max Roach (bt)

UNITED ARTISTS
(BLUE NOTE
-EMI)
1962
★★★★

Duke Ellington (Edward Kennedy Ellington. Washington DC, 1899 - Nueva York, 1974); Charles Mingus (Nogales, Arizona, 1922 - Cuernavaca, México, 1979); Max Roach (Maxwell Lenard Roach. New Land, Carolina del Norte, 1924 – Nueva York, 2007)

"El uso de la palabra 'jazz' es una incorrección. La expresión exacta es 'música afroamericana'".

Max Roach

Fue el último de los creadores del *bebop* en mantenerse activo, y el más innovador de los bateristas de jazz de la historia. Max Roach recorrió los *night clubs* de la Calle 52 de la mano de Charlie Parker, Dizzy Gillespie y Miles Davis. Con este último grabó el crucial *Birth of the Cool*. En 1954, se convirtió en líder de su propio quinteto, en unión del trompetista Clifford Brown. El éxito del conjunto, del que formó parte durante un tiempo el saxofonista Sonny Rollins, fue inmediato. Por un lado, estaba la brillantez técnica de quien vino a consolidarse como un serio aspirante a suceder a Dizzy Gillespie entre los trompetistas del *bebop*; por el otro, las numerosas novedades formales aportadas por el conjunto.

Durante la década de los cincuenta, Roach desarrolló una frenética actividad como líder y *sideman*. Entre sus acompañantes del momento figuraron, además de Rollins, los también saxofonistas Eric Dolphy y George Coleman, y los trompetistas Donald Byrd y Kenny Dorham. En 1952, ayudó al contrabajista Charles Mingus a fundar su propia compañía discográfica, Debut. La relación entre Mingus y Roach se prolongó en el tiempo a través de los *Newport Rebels*, un intento de autogestión por parte de los músicos que llevó a la realización de un festival paralelo al "oficial" de Newport, y la grabación de *Money Jungle*, en 1962.

"Al escuchar este *Money Jungle* uno duda que el disco tenga como fecha 1962. El pasado aquí es presente, incluso mucho más avanzado en el lenguaje que el presente de algunos nombres propios actuales. Lo que aquí escuchamos es un "pique" musical de altos vuelos. Tres grandes maestros alejados del conformismo de su propia fama. Una "jungla del dinero" que se convierte aquí en una salvaje convivencia entre tres fuertes personalidades de la historia del jazz. Y digo salvaje porque en el discurso del disco se percibe una sana (¿?) provocación sonora entre los tres. Dicha convivencia parece ser –se oye, se dice, se comenta– que fue tensa.

Motivos aparte, la verdad es que *Money Jungle* es un conglomerado de grandes sorpresas. Música con inusitada fuerza e intensidad que llega por momentos a flirtear con detalles del *free-jazz* –un ejemplo en el tema *Money Jungle*– o incluso con impresionismos sonoros –*Fleurette Africaine*–. Incluso los sonidos más "clásicos" del piano de Ellington se ven sorprendidos por un contrabajo en ocasiones percusivo de un siempre rompedor Mingus. (Carlos Pérez Cruz).

"Me acerco al jazz con reverencia, respeto, temor y ansia. He tenido la suerte de aprender con un maestro como Max Roach. Max y yo somos hermanos en la música. No necesitamos las palabras para entendernos porque el sentimiento no tiene fronteras". (Enrique Morente).

Swing to bop: an oral history of the transition in jazz in the 1940s. (Ira Gitler Oxford University Press, 1987).

How to Draw a Bunny. (dir: John W. Walter, 2002).

Jo Jones, Kenny Clarke, Jimmie Lunceford, Chick Webb, Big Sid Catlett, Duke Ellington, Fletcher Henderson, Chano Pozo, Babatunde Olatunji...

Sonny Rollins, Art Blakey, Jack DeJohnette, Elvin Jones, Dannie Richmond, Milford Graves, Albert "Tootie" Heath, Sunny Murray, Roy Haynes, Bob Moses, Ramón López...

Duke Ellington, Charles Mingus, Max Roach "We insist! Freedom now suite"
CANDID, 1960

En 1960, Max Roach publicó su disco-manifiesto *We Insist! Freedom Now Suite*, un feroz alegato en contra de la clase dirigente en los Estados Unidos y a favor de los derechos de las minorías raciales. Aunque no fue un éxito de ventas, su repercusión en un momento de máxima convulsión social le permitió alcanzar un nuevo estatus en la primera línea de los movimientos sociales y redirigir su carrera en una nueva dirección, como agitador de conciencias. Junto al baterista Max Roach y la que, por entonces, era su mujer, la cantante Abbey Lincoln, en *We insist!...*, puede escucharse a un elenco de instrumentistas de primer orden y probada eficacia: Julian Priester, al trombón; Booker Little, a la trompeta; los saxofonistas Coleman Hawkins y Walter Benton; y Ray Mantilla y Michael Olatunji, a las percusiones.

http://cliffordbrown.net/

Jazz & ciencia ficción

SAVOY
1961
**

The futuristic sounds of Sun Ra

Sun Ra + Ricky Murray (vc); John Gilmore (st, cl b); Marshall Allen (sa, fl);
Pat Patrick (s bar), Ronald Boykins (b)...

Sun Ra ("Le Sony´r Ra". Herman "Sonny" Blount ¿Lee?.
Birmingham, Alabama, 1914 (¿1915?) - 1993)

Sobre el escenario, doce seres adultos ataviados con ropajes "galácticos" caminan en procesión "de planeta en planeta". En algún momento, la Arkestra en pleno abandona el escenario para hacer la conga entre la audiencia: *Next stop, Jupiter!* "¿Quién es de verdad Sun Ra? Se lo voy a decir: soy un ángel". En el cumplimiento de su misión, Sun Ra contaba con un aguerrido grupo de fieles acólitos a los que sometía a periódicas terapias de adoctrinamiento musical y espiritual: "Cuando yo digo 'toca como un niño' quiero que entienda que mi música es un reflejo del orden intergaláctico y, como éste, tiene sus propias reglas: lo blanco es negro, dos es uno, lo equivocado es correcto. Lleva mucho tiempo enseñar a tocar 'mal del modo correcto'".

Sun Ra y sus seguidores ocupaban un vetusto edificio destartalado en el número 5626 de Morton Avenue, en Filadelfia. "Cuando se está allí, uno duerme donde puede", recordaba el saxofonista John Gilmore, miembro de la Arkestra. "Nunca se sabe cuándo te va a convocar Sun Ra a un ensayo". A cambio de su total entrega a la causa, el músico podía aspirar a una comida al día, en el mejor de los casos. Primera lección: "La pobreza mantiene al músico despierto".

Tras su paso por Nueva York, a comienzos de los años sesenta, la Arkestra pasó a contar con su propia editora musical –Enterplanetary Koncepts, su productora –Infinity Ind.– y un sello discográfico –Saturn Records–. Todo el proceso era gestionado por los propios interesados. Los discos Saturn, con la cubierta en negro y sin información de ningún tipo ni *copyright*, eran despachados por los propios miembros de la Arkestra a la entrada de los conciertos. A menudo, el propio Sun Ra vendía los derechos de una cinta sobre la marcha para pagar los vuelos de retorno de la banda tras un concierto. Si la supervivencia de la Arkestra estaba de habitual en el albero, nada de esto amedrentaba a los miembros históricos de la orquesta –Gilmore, Pat Patrick, Marshall Allen...–, cuya fidelidad estaba más allá de toda duda. "Yo sólo les pido a los músicos una cosa: que toquen lo imposible".

En el año 1985, Sun Ra y su séquito estelar viajaron a Madrid desde Frankfurt empleando el menos galáctico –y el más económico– de los medios de comunicación terrestres: el autobús. Tras día y medio de viaje, el director de orquesta confesaba estar "parcialmente agotado: "En realidad, sólo una parte de mí está agotada", declaraba a quien suscribe tras su concierto en el Teatro Alcalá. "Ocurre que tengo dos caras, mientras una hace una cosa, la otra descansa. Una parte de mí se preocupa, la otra duerme. Una parte de mí dice, 'levántate y ayuda al mundo', la otra dice, '¿por qué vas a hacerlo?, ellos no se lo merecen y no van a ayudarte'. Pero a veces mis dos partes están ocupadas y entonces es cuando caigo enfermo".

"Se me dice que toco como se tocaba hace veinte años. Sin embargo, los músicos de *avant garde* también tocan como hace veinte o veinticinco años. Sun Ra ya lo hacía en los años cincuenta, así que no me vengan con esas". (Wynton Marsalis).

Sun Ra. Entrevistas y ensayos. (John Sinclair. Libertos, Suances –Cantabria–, 2011).

Sun Ra: A Joyful Noise. (direct: Director: Robert Mugge. Winsor 2003).

Fletcher Henderson, Duke Ellington, Fats Waller, Art Tatum, Herbie Nichols, Gerry Mulligan, Tadd Dameron…

Marshall Allen, John Gilmore, Clifford Thornton, "Art Ensemble of Chicago", "Hannibal" Marvin Peterson, George Clinton, MC5, Terry Adams…

George Russell "Jazz in the space age"
DECCA (GRP), 1961

La raíz del jazz es el blues básico. Ahí está el cimiento, y para poder explorar otras ideas hay que sentirlo. Hay quien oye un ritmo y enseguida coge onda. Después se escucha una melodía de la cual se pueden sacar ideas. Para entonces se intuye una dirección y casi puede predecirse hacia dónde avanzan las ideas del músico. Teniendo la base fundamental del blues resulta bastante fácil. A partir de ahí se puede improvisar y alejarse todo lo que uno quiera del tema original sin perder la idea básica.

George Russell

http://www.elrarecords.com/
http://www.the-temple.net/sunra/
http://outerspacewaysinc.com/

El sonido de la sorpresa

The straight horn of Steve Lacy

Steve Lacy + Charles Davis (s bar); John Ore (b); Roy Haynes (bt)

Steve Lacy (Steven Norman Lackrit. Nueva York 1934 - Boston 2004)

CANDID
1960
***

Pasó mucho tiempo antes de que nadie en este país se enterara de que existía un músico de jazz que se llamaba Steve Lacy, que empezó tocando *dixieland* y terminó acompañando a Thelonious Monk y, *mutatis mutandi*, a Cecil Taylor, o a un extraviado percusionista hindo–japonés, a un bailarín sordo de *avant garde*...; que tocaba el saxo soprano, instrumento del que llegó a ser especialista consumado y sin igual en el mundo del jazz (puede hablarse de él como el único saxofonista soprano *full time* de la historia del jazz); que fue un compositor de fuste y una cabeza pensante como no ha habido muchas en el género, un investigador...

Conviene insistir en ello: Lacy fue el primero, o uno de los primeros, en reivindicar la obra de Thelonious Monk cuando nadie se atrevía a ponerle la mano encima a la música del pianista. Y, también, uno de los primeros en pasar del *dixieland* al *free jazz* (Cecil Taylor) directamente y sin paradas intermedias. Como Coltrane antes que él, Lacy utilizó la música de Monk para indagar en la arquitectura musical del jazz. Y cuando lo creyó oportuno, voló por su cuenta.

Provisto de una mentalidad analítica nada común entre los músicos de jazz, Lacy edificó en torno a sí un universo musical autónomo y tan preciso que parece la obra de un relojero suizo. Un creador meticuloso, casi estoico, su originalidad procede no tanto de las herramientas que utilizaba sino de la fascinación que generaba en el oyente su *modus operandi* hasta cierto punto antijazzístico. Los términos rigor, desnudez y pureza no son ajenos al mismo.

Si Lacy fue riguroso o metódico, si se entregó a un proceso de "deconstrucción" metodológica del temario jazzístico con paciencia de relojero, todo ello le condujo a cualquier lugar menos a una música que pudiera calificarse de introspectiva/cerrada en sí misma. Pocos músicos más desconcertantes que S. L., de quien nada podía esperarse, sino lo inesperado. Una frase –el jazz como "el sonido de la sorpresa"– le situó al margen de tendencias y modas, contra ellas.

The straight horn of Steve Lacy –posiblemente, su obra maestra– procede de la época en que el jazzista aún vivía en los Estados Unidos. El repertorio lo dice todo: tres piezas de Monk –*Introspection, Played Twice, Criss Cross*–; dos de Cecil Taylor y una de Charlie Parker (o Miles Davis, dependiendo de la fuente), *Donna Lee:* "Para entonces ya llevaba unos tres años interpretando piezas de Monk y, de hecho, llegué a formar parte de su conjunto, coincidiendo con la grabación de este disco, más o menos. Entonces, nadie se atrevía con Monk. A la mayoría, su música le daba miedo. Y lo mismo con Cecil Taylor. Ahora todos dicen: "Oh!, fantástico", y todo el mundo graba discos con la etiqueta *Plays Monk* o *Tribute to Monk* y hablan de Taylor como un clásico. Pero entonces era todo lo contrario. Nos llevó veinte años transformar el no en sí".

"La obra de Steve Lacy permanece como modelo de una música rigurosa, rugosa e intelectualmente inquisitiva, única en su especie, siempre en vigor". (Ángel Gómez Aparicio).

Steve Lacy: Conversations. (Jason Weiss. Duke University Press 2006).

Steve Lacy - Lift the Bandstand. (Rhapsody 2006).

Sidney Bechet, Thelonious Monk, Cecil Taylor, Duke Ellington, Pee Wee Russell, Sonny Rollins, Miles Davis…

John Coltrane, Evan Parker, Roswell Rudd, Kenny Wheeler, Franz Koglmann, Lol Coxhill, Kevin Norton…

Ornette Coleman Double Quartet: "Free Jazz: a collective improvisation"
ATLANTIC 1960

Free Jazz fue grabado el 21 de diciembre de 1960 de una sola vez y sin interrupciones. El líder de la sesión reunió dos cuartetos distintos en el estudio de grabación con, entre otros, los trompetistas Don Cherry y Freddie Hubbard y el clarinetista Eric Dolphy. Las interpretaciones se grabaron en estéreo, con cada cuarteto sonando de forma completamente aislada en un canal y en otro: "Ornette nos dio unas indicaciones de adónde quería conducir la música desde el punto de vista melódico y rítmico y, a partir de ahí, era cosa nuestra" (Hubbard).

Para Lacy, *Free Jazz* ejerció una influencia positiva y negativa sobre el jazz: "Positiva, porque liberó al jazz de la esclavitud del *bebop*. Negativa, porque atrajo hacia el jazz a muchos que, simplemente, no sabían tocar, amparados en la falsa apariencia del "todo vale".

http://senators.free.fr/

La música de los pájaros

Out there

Eric Dolphy + George Duvivier (b); Ron Carter (cello); Roy Haynes (bt)

Eric Dolphy (Eric Allan Dolphy. Los Angeles, 1928 - Berlín, 1964)

PRESTIGE 1960
****

Con relación a la afirmación de que Eric Dolphy sonaba a pájaros, yo mismo estoy convencido de que la música de los pájaros tiene sentimiento y belleza reales. Pienso que lo que Eric intentaba hacer era expresar cosas que ha observado en su entorno circundante. Puede que se haya criado en una zona en la cual estén siempre presentes los pájaros. En consecuencia, su estilo puede evidenciar la influencia de los pájaros en él. No se le puede pedir a quien haya crecido hablando determinado idioma y viviendo en determinada sociedad que hable otra lengua y se adapte a otras normas sociales. Puede que, asimismo, haya estado Eric intentando expresar un determinado estado de ánimo en que sea necesario el sonido de los pájaros como en *Africa,* del elepé *Africa/Brass* de la casa Impulse.

Que un crítico pregunte qué intenta hacer un músico al tocar, demuestra o falta de entendimiento o estrechez de miras. Ambas cosas equivalen a una sola: estar a oscuras.

Lo que yo creo que intentan hacer los músicos es describir sus sentimientos íntimos. Expresan la manera de componer una melodía o de un contar una historia. Por ejemplo, la melodía puede titularse *Giant steps, Africa, Oleo* o lo que sea. El músico explicará al oyente aquello que ve y escucha.

En realidad, para comprender lo que intentan hacer los músicos hace falta introducirse con ellos en la música. Estar en la onda ayudará a comprender lo que tratan de decir. Si es profano, eso puede resultar algo difícil.

La manera en que tocan sus instrumentos los músicos es reflejo de su personalidad, la cual refleja parte de las influencias e ideas que se les viene a la mente. Es como mantener una charla prosaica con alguien. Ya toque jazz, música de pájaros o canciones infantiles, se comunica con el oyente de ese modo. Es su modo de expresarse. Ningún músico obliga al público, críticos inclusive, a acudir a oírlo a los locales de jazz o a comprar sus discos.

George Russell

"De repente aquel chico se puso de rodillas ante mí, como si me fuera a adorar. Y todo porque alguien le había dicho que yo había escuchado una vez a Eric Dolphy en un club de Copenhague". (Ebbe Traberg).

Eric Dolphy: A Musical Biography and Discography. (Vladimir Simosko, Barry Tepperman. Da Capo 1979).

Stockholm 1964. Antibes 1960. (Impro-Jazz 2007).

Charlie Parker, Ornette Coleman, Buddy Collette, John Coltrane, Charles Mingus, Olivier Messiaen...

Anthony Braxton, Hamiet Bluiett, Arthur Blythe, Dave Holland, James Newton, Evan Parker, Don Pullen, Bennie Wallace, Frank Lowe, Michel Portal, Rudi Mahall...

Eric Dolphy: "Last date"
LIMELIGHT - VERVE (UNIVERSAL) 1964

"Si escuchamos música, una vez que ésta termina, se va con el aire. Nunca puede ser capturada otra vez". Las palabras de Eric Dolphy resuenan como un eco del más allá en el instante final de *Last Date*, esa suerte de obra póstuma, su última grabación (no autorizada, por supuesto) que recoge una actuación en Hilversum, Holanda, junto a un grupo de jóvenes músicos entre los que estaban el pianista Misha Mengelberg y el baterista Han Bennink. Es de imaginar que un músico con influencias tan variadas lograría cristalizar un sonido original. Eso fue lo que ocurrió con Dolphy, que ahondó como pocos en la investigación del timbre instrumental y del fraseo en la improvisación. Sus ejecuciones tenían un sesgo expresionista, casi declamatorio, a veces de una profundidad desgarradora.

Guillermo Bazzola

http://adale.org/Eric.html

Free jazz: los pianistas

Unit structures

Cecil Taylor + Eddie Gale (t); Jimmy Lyons (sa): Ken McIntyre (sa, cl b, oboe); Henry Grimes, Alan Silva (b); Andrew Cyrille (bt)

Cecil Taylor (Cecil Percival Taylor. Nueva York 1929 (¿1933?)

BLUE NOTE
(EMI)
1966

*****

Vi a Taylor en 1983 en el Palacio de los Deportes de Madrid pero me impresionó mucho más su participación en el Homenaje a Carmen Amaya en 1989 en Bagur. Saltó al escenario vestido de blanco y poseído por el recuerdo de la bailaora; tras unos minutos de una danza-trance indescriptible, cayó sobre el piano convocando los pies y la furia de Carmen, como un volcán abrasador que lo engullía todo, el *swing* y el compás. Luego acarició el piano..., pero eso debía ser el recuerdo de las sardinas que asaban Carmen y su *trouppe* en el somier de la suite del hotel Waldorf Astoria.

José Manuel Gómez

Cecil tenía una formación clásica y tocaba el piano técnicamente, pero a pesar de todo no me gustaron sus planteamientos. Era sólo un montón de notas tocadas por las notas mismas, es decir, porque sí: un tipo que demostraba cuánta técnica poseía. Recuerdo una noche que alguien nos llevó a Dizzy (Gillespie), a Sarah Vaughan y a mí al Birdland para oír tocar a Cecil Taylor. Yo me marché después de escuchar una mínima parte de lo que estaba haciendo. No porque le detestara ni nada parecido, como tampoco lo detesto hoy: no me gustó lo que tocaba, eso es todo.

Miles Davis

Algunas cosas sí y otras no tanto; lo que no me gusta es que llamen jazz a lo que es música improvisada. Es lo que hablábamos antes, si cojo un poco de arroz y le echo una salsa, será cualquier cosa pero no una paella. Ahora, si usted me dice que Cecil Taylor es jazz, yo le pregunto: "Entonces, ¿qué es el jazz?". El jazz no es eso.

Wynton Marsalis

"Esperaba que Cecil hubiera aprendido algo acerca de la necesidad de medirse en sus actuaciones. Estaba equivocado. En el Carnegie Hall, él y su grupo tocaron durante una hora sin parar. Fue agotador". (George Wein).

Four Lives in the Bebop Business. (Cecil Taylor, Ornette Coleman, Jackie McLean, Herbie Nichols) (A. B. Spellman. Limelight Editions 1985).

Cecil Taylor: all the notes. (direct: Christopher Felver. Edición limitada a cargo del director *chris@chrisfelver.com).*

Thelonious Monk, Duke Ellington, Coleman Hawkins, Bud Powell, Oscar Peterson, John Lewis, Sidney Bechet, Erroll Garner, Louis Armstrong, Horace Silver...

Stanley Cowell, Anthony Davis, Steve Lacy, Jimmy Lyons, Archie Shepp, Sirone, Yosuke Yamashita, Tony Oxley, Giorgio Gaslini, Keith Tippett, Matthew Shipp, Ken Vandermark...

Andrew Hill: "Point of departure"
BLUE NOTE (EMI), 1964

Alfred Lion y Francis Wolff -fundador y su socio de Blue Note– eran dos tipos encantadores y lo suficientemente amables como para invitarme a que me incorporara al *staff* regular de los músicos a los que se llamaba para las grabaciones. Me dijeron que no habían querido contratarme antes porque todavía estaba demasiado reciente el *bebop,* y su poso se dejaba sentir en la mayoría de los músicos, no en mi caso. Pero llegó un momento en que la música se dirigió de una forma espontanea a algún otro sitio, y esa fue mi oportunidad. A mí me incluyeron en la llamada *avant garde,* aunque yo no consideraba que mi música lo fuera. Así que, de vez en cuando, les preguntaba por qué se empeñaban en catalogarme como avant garde, y ellos me contestaban que era lo que me correspondía, que lo que yo tocaba era algo nuevo y que mi música no iba a ser apreciada hasta quizá dentro de veinte años. La mayor parte de mis discos con *Blue Note* fueron grabados en los tres primeros años porque soy un escritor prolífico.

Andrew Hill

http://www.andrewhilljazz.com/

Años sesenta: veteranos en plena forma

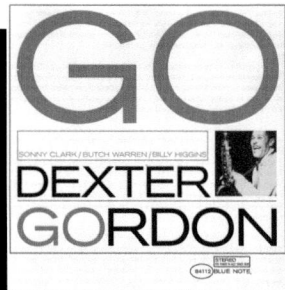

BLUE NOTE
(EMI)
1962
*****

Go!

Dexter Gordon + Sonny Clark (p); Butch Warren (b); Billy Higgins (bt)

Dexter Gordon (Dexter Keith Gordon. Los Ángeles 1923 - Filadelfia 1990)

A medida que las imágenes de la película de Bertrand Tavernier *Round midnight* van avanzando comprendemos que Dale Turner no es otro, no puede se otro que Dexter Gordon.

Dexter Gordon fue durante algún tiempo Dale Turner, pero ahora, en julio de 1987, vuelve a ser Dexter Gordon. En el film de Tavernier el saxofonista muere en algun lugar de su reencontrado Nueva York, pero en la vida real, Dexter Gordon ha resucitado, y no parece dispuesto a dejarse engullir por las sombras.

Cuando ya todos hablaban de él como de una cita enciclopédica en la historia del jazz, el saxofonista californiano se ha empeñado en demostrar la necedad de aquellos que ya habían puesto el punto final a su trayectoria musical. Y ahora Dexter Gordon regresa bajo los focos por todo lo alto y hasta le eligen como candidato para un Oscar de la Academia de Hollywood por interpretarse magistralmente a sí mismo bajo la identidad de un tal Dale Turner.

Por una vez, y sin que sirva de precedente, los aficionados al jazz han de estarle mucho más que agradecidos a una película. Dexter Gordon ha vuelto a los escenarios gracias a *Round midnight,* y lo ha hecho en perfecta forma física y psíquica, con su buen humor de siempre, su andar cadencioso, su vocalización lenta, ronca y matizada y su gesticulación entrañable.

Pero lo más importante sucede cuando Dexter Gordon cierra los ojos, encoje los hombros, desliza sus dedos por las llaves de su viejo Selmer y sopla. Sopla de forma escalofriante y sensual, con un deseo de supervivencia capaz de romper cualquier barrera idiomática. Y es entonces cuando el público, jazzistico o no, se deja envolver entre susurros y arrullos por un *swing* sin límites ni horizontes.

Y en estos instantes Dexter Gordon sonríe e irradia felicidad, la felicidad de un niño al que acaban de regalarle su primer saxofón. Y es que, en el fondo, Dexter es un niño, siempre ha sido un niño en un cuerpo de gigante, con una dulce mirada azul y una reconfortante sonrisa imperturbable.

Dexter Gordon, un niño bueno y malicioso que cuando, al llegar a San Sebastián, se enteró de que pasaban *Round midnight,* pidió, antes que cualquier otra cosa, asistir a la proyección de la película.

Porque a los niños, por grandullones que sean, les gusta verse retratados y recordar, aunque todavía tengan, como la tiene el bueno de Dexter, toda una vida por delante.

Miquel Jurado

Cada vez que Gordon, magnífico en su papel de músico maltratado por la vida, levantaba su saxo tenor para soplar, como sólo él lo sabe, penetramos en la verdad. Hombres como Dexter no pueden morir. A lo sumo en las películas y bajo pseudónimo. (Ebbe Traberg).

Dexter Gordon: A Musical Biography. (Stan Britt. Da Capo, 1989).

Dexter Gordon - Live in '63 & '64. (Naxos 2007).

Charlie Parker, Lester Young, Dizzy Gillespie, Coleman Hawkins, Chu Berry, Ben Webster, Claude Debussy…

Gene Ammons, Allen Eager, Booker Ervin, Sonny Rollins, John Coltrane, Diego Rivera, Branford Marsalis, Eric Alexander, Grant Stewart…

J. J. Johnson "Proof Positive"
IMPULSE! (UNIVERSAL), 1964

J. J. Johnson es un señor que toca el trombón como los ángeles. Quienes pasamos por entendidos sabemos que su nombre se pronuncia "Jay Jay", pero el resto de la afición de aquí le llama "Jota Jota". Fue uno de los padres del *be bop*. Le llamaron "el eminente J. J. Johnson", y formó un dúo célebre con su colega Kai Winding. Años más tarde redujo el número de sus actuaciones y se dedicó a lo que le daba dinero, trabajar de músico de estudio, componiendo y arreglando partituras principalmente para películas de televisión.

José Ramón Rubio

http://www.dextergordon.com/

Más allá de ningún género

CANDID
1961
***

Out front

Booker Little + Eric Dolphy (sa, cl b, fl); Julian Priester (tb); Ron Carter, Art Davis (b); Max Roach (bt, prc, vb); Don Friedman (p)

Booker Little (Memphis 1938 - Nueva York 1961)

Es muy posible que Booker Little naciera en el momento y en el lugar equivocados. Miles Davis recuerda su llegada al mundo del jazz: "En los primeros sesenta hubo un joven trompetista llamado Booker Little. Se parecía mucho a Wynton Marsalis. Tenía estudios de conservatorio, pero, sobre todo, tenía su propio sonido, su propio estilo que derivaba del de Clifford Brown. Poca gente sabe que Booker Little tuvo una influencia muy profunda en (Freddie) Hubbard. Lee Morgan me contaba historias de rivalidad entre Freddy y Booker".

La nueva estrella efímera del *hard-bop* se reveló en toda su intensidad en un disco que desbordaba de lejos un supuesto ideario estético "conservador". Como Freddie Hubbard, Little se vio abocado por necesidades del guión a interpretar una música que, supuestamente, se hallaba muy lejos de su gusto. Algo que no termina de cuadrar con cuanto sabemos de quien llegó a declarar: "No existen para mí lo que se da en llamar 'notas malas'".

En *Out front,* el trompetista se las vio con algunos de los músicos que, por los años en que se grabó el disco, marcaban los nuevos rumbos del jazz: Max Roach –quien figura en los créditos como "estrella invitada"–, Eric Dolphy –una presencia que no pasa desapercibida– y Ron Carter, quien en poco tiempo se incorporaría al segundo quinteto de Miles Davis. Milagrosamente, la mezcolanza de estilos y géneros funciona de un modo inescrutable, potenciando las cualidades interpretativas del virtuoso trompetista y compositor y la de sus acompañantes. Si cada intérprete parece tirar de la música en una dirección distinta, semejante disparidad de puntos de vista enriquece lo que, de otro modo, hubiera sido una sesión de *hard bop "au pied de la lettre"*. En último término, la música habla por sí misma.

A todos los efectos, *Out Front* no sólo es la obra magna de Little sino, también, el magnífico canto del cisne a una carrera truncada no bien había comenzado a dar apenas sus primeros frutos. También es uno de los últimos discos que grabó Dolphy. La muerte los esperaba a ambos a la vuelta de la esquina: a Booker ese mismo año, como consecuencia de la uremia; y a Dolphy tres años más tarde, por una cetoacidosis diabética.

"Le vi en el Birdland hacia 1964. Sus frases eran tan rápidas y precisas que me costaba trabajo creer lo que estaba escuchando" (Woody Shaw).

Hard Bop: Jazz and Black Music 1955-1965. (David H. Rosenthal. Oxford University Press, 1992).

Clifford Brown, Miles Davis, Max Roach, Charlie Parker, Dizzy Gillespie...

Woody Shaw, Kenny Wheeler, Wadada Leo Smith, Mongezi Feza, Lee Morgan, Freddie Hubbard, "Hannibal" Marvin Peterson, Russell Gunn...

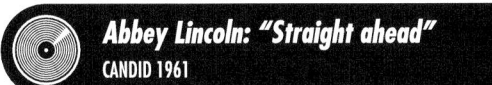

Abbey Lincoln: "Straight ahead"
CANDID 1961

Abbey Lincoln –la belleza indómita de sus primeros años como actriz de cine reconvertida en activista antisistema y en una de las cantantes más singulares que ha producido el jazz en su historia– se fue sin decir adiós a quienes durante tres años han esperado en vano verla de nuevo subida a un escenario. Abbey no era una cantante más: "Canto lo que yo misma escribo, mis letras hablan de cómo soy, de mi vida, de dónde vivo...", argumentaba la autora de *Throw It Away* y *People In Me;* "No necesito hurgar en la vida de nadie que no sea yo misma para inspirarme". En su madurez, la inconformista cantautora pareció regresar a sus años de gloria en los que compartió vida y música con el baterista Max Roach. De entonces los que, para muchos, son sus mejores discos, los más incendiarios: *That's him, We Insist!, Freedom Now Suite, Straight Ahead...*

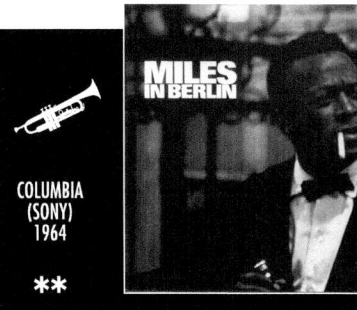

Miles Davis (como siempre), a su aire...

Miles in Berlin

Miles Davis + Wayne Shorter (st); Herbie Hancock (p); Ron Carter (b); Tony Williams (bt)

Miles Davis (Miles Dewey Davis. Alton, Illinois 1926 - Santa Monica, California 1991)

COLUMBIA (SONY) 1964

**

Miles nunca te decía lo que tenías que hacer ni daba órdenes, y siempre procuraba mantener fuera de nuestro círculo a los que venían para aprovecharse de nuestra escasa experiencia. Recuerdo una ocasión en el Plugged Nikel de Chicago; alguien del público protestó porque, supuestamente, Tony Williams estaba tocando demasiado fuerte. Miles cogió el micrófono y con su voz de ultratumba, dijo: "!Dejen al baterista en paz de una puñetera vez!". El tipo no volvió a abrir la boca. Luego esto lo cortaron del disco, o no se grabó, no lo sé. Para mí, tocar con Miles fue, sobre todo, muy divertido. De hecho nunca lo he pasado mejor en mi vida, con excepción de algún momento puntual con Weather Report, y con el grupo que tengo ahora. En los seis años que estuvimos juntos, no hubo una discusión. Y luego estaban los "consejos" de Miles. Recuerdo una vez, a poco de incorporarme al grupo, que estaba ansioso por demostrarle lo mucho que podía tocar. Había terminado mi solo y Miles se acercó a mí y me susurró al oído: "¿Has pensado alguna vez que no tienes por qué tocar TODO lo que sabes en cada uno de tus solos?". Por supuesto, capté el mensaje. El reto para mí consiste en crear una música que inspire a percibir la vida como un proceso eterno. Lo contrario es ese pensamiento tan extendido de "solo se vive una vez", lo que sirve para justificar el asesinato, el robo, la violación, lo que sea. Porque solo se vive una vez, uno está autorizado a hacer cuanto está a su alcance. La violencia viene de la inmediatez, de lo demasiado obvio. Solo el arte es eterno. Por eso, yo me procuro rodear de artistas no conformistas, como Milton Nascimento, Joni Mitchell, Danilo Pérez, John Patitucci y Brian Blade, los miembros de mi actual cuarteto. Entre nosotros, hablamos de llegar a un punto semejante con la música, que no todo sea ir de "A" a "B" y vuelta. Es algo que también solía decirme Miles: "Tío, ¿no estás harto de tocar música que suena como música?". Se trata de tocar una música que no suene a conocido, que no resulte familiar. Una música que tenga que ver con algo que sea constante y no temporal. Algo así como la "antimúsica". De hecho, ese es el nombre que le puso Tony (Williams). Y no es nada concreto, sino una especie de impulso que te obliga a no bajar la guardia e ir siempre un paso más allá de tus propias posibilidades. Es un concepto que va más allá de la música; es como si te retaran a ver si eres capaz de entender el sentido de la vida y el de la muerte. Por eso mi música no tiene principio ni final, porque no creo en las palabras "comienzo" y "final". A veces, la maquinaria parece que se para porque dejamos de tocar, pero debes ser consciente de que es algo momentáneo.

Wayne Shorter

"Cada noche aparecían Wayne, Ron y Tony y tocaban algo diferente. Y cada noche tenía yo que reaccionar". (Miles Davis).

Miles Davis. La biografía definitiva. (Ian Carr. Global Rhythm, 2005).

Miles Davis Quintet / European Tour 1967. (Impro-Jazz 2006).

Dizzy Gillespie, Clark Terry, Charlie Parker, Louis Armstrong, Freddy Webster, Roy Eldridge, Ahmad Jamal, Gil Evans, Tony Williams…

Gerry Mulligan, Chet Baker, Cannonball Adderley, Art Farmer, Max Roach, Wayne Shorter, Herbie Hancock, Ron Carter, Eddie Henderson, John McLaughlin, Dave Holland, Gary Bartz, Bob Berg, Mike Stern, John Scofield, Mike Stern, Bill Evans…

Lee Morgan "The sidewinder"
BLUE NOTE (EMI), 1963

Junto con Miles Davis y Freddie Hubbard, Lee Morgan fue el trompetista más destacado en la década de los sesenta. Sólo su temprana muerte en circunstancias particularmente melodramáticas –fue cosido a balazos por su propia mujer mientras actuaba– impidió que gozara del prestigio de sus dos colegas. *The sidewinder* –el tema– fue uno de los primeros éxitos del *crossover* y una piedra angular en el movimiento expansivo del *boogaloo* entre los músicos de jazz. En cuanto a *The Sidewinder* –el disco–, en él, Morgan muestra su preferencia por los tiempos rápidos en detrimento de las baladas. La consecuencia es que no hay tregua para el oyente.

http://www.milesdavis.com/es
http://www.plosin.com/milesAhead/

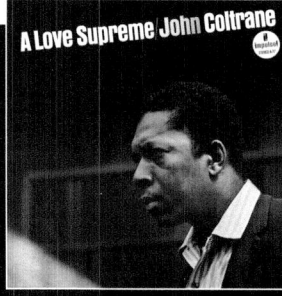

IMPULSE!
(UNIVERSAL)
1964

****

Dedicado a Dios

A love supreme

John Coltrane + McCoy Tyner (p); Jimmy Garrison (b); Elvin Jones (bt)

John Coltrane ("Trane". John William Coltrane. Hamlet, Carolina del Norte 1926 - Nueva York 1967)

Para *A love supreme,* Coltrane, caprichoso como de costumbre, optó por otra forma muy consolidada de realizar las notas (de contraportada): las escribiría él mismo. Dividió sus ideas en dos partes: una carta en prosa dirigida al oyente y un poema que cumplía un doble cometido: como plegaria al Divino y como libreto para la última sección musical de *A love supreme.*

El texto de Coltrane explicaba la clásica historia de redención personal, pero con un añadido musical: un hombre caído, un hombre salvado, un hombre que se dedica a Dios a través de su saxofón. Coltrane ofrecía la fecha genérica –durante el año 1957– de su renacer, cuando el experimentó, "por la gracia de Dios, un despertar espiritual que me iba a conducir hacia una vida más rica, más plena, más productiva".

Si "la misericordiosa mano de Dios" sólo hubiera obrado entonces, Coltrane ya se hubiera sentido satisfecho. Pero "en señal de gratitud", y con una ambición mesiánica, explica a su oyente que él pidió humildemente que se le dieran los medios y el privilegio de hacer felices a los demás a través de la música. La simple y única razón de ser de *A love supreme* era que esa capacidad le había sido concedida "por la gracia de Dios". El álbum era su "humilde ofrenda a Él. Un intento de decir 'GRACIAS A TI, DIOS' a través de su obra".

Ashley Kahn

Es terriblemente difícil encontrar las palabras que expresen lo que el músico tiene en mente, y cuando el músico sabe expresarse, ya tienes algo ganado. Es una palabra que hoy en día se usa con mucha ligereza, pero Coltrane era un intelectual a su manera, una especie de teosofista, supongo. Es decir, pensaba a todas horas. Por eso las notas que tenían más sentido eran las simples entrevistas.

Nat Hentoff

Los textos influyeron en mi manera de escuchar el disco. Recuerdo la experiencia de escuchar la música, con la funda del disco en las manos y leyendo sus convicciones profundas en las notas. Para mí todavía hoy son inseparables de la experiencia musical del disco.

Joshua Redman

A Love Supreme no es jazz, es una declaración de principios. (Ravi Coltrane).

A Love Supreme y John Coltrane. La historia de un álbum emblemático. (Ashley Kahn. Alba–Trayectos, 2004).

John Coltrane live in '60, '61 & '65. (Jazz Icons 2007).

Johnny Hodges, Dexter Gordon, Lester Young, Don Byas, Charlie Parker, Stan Getz, Ravi Shankar, John Gilmore…

Joe Henderson, Wayne Shorter, George Coleman, Charles Lloyd, Joe Farell, Sam Rivers, Billy Harper, Archie Shepp, John Gilmore, Albert Ayler, Pharoah Sanders, Rahsaan Roland Kirk, Charles Tyler, Dewey Redman, Pedro Iturralde, David Murray, Michael Brecker, Bob Berg, Bennie Wallace, George Adams, Dave Liebman, Gary Windo…

Charles Lloyd: "Forest flower: Live in Monterey"
ATLANTIC, 1966

El cuarteto del saxofonista, con Keith Jarrett, al piano, fue el primer grupo de jazz en actuar en el legendario Fillmore East Auditorium de San Francisco: "Actuamos delante de Jimi Hendrix, Janis Joplin, Jefferson Airplane, Grateful Dead… nos mezclábamos con ellos y ellos tomaban nota de cuanto hacíamos". El 18 de septiembre de 1966, Lloyd y su conjunto se presentó en el Festival de Jazz de Monterey cosechando un éxito sonado entre una audiencia en la que se mezclaban los aficionados al jazz con los amantes del "rock progresivo". George Avakian, productor y manager del conjunto, aprovechó la ocasión para grabar cuanto sucedió sobre el escenario: "Todavía hay quien piensa que todo estaba planificado ¡cuando yo ni siquiera sabía que estaban grabándonos! Me enteré cuando terminamos de tocar y vino George a decírmelo. No le di la menor importancia: "ah, pues bueno…"". En la comercialización de *Forest Flower: live at Monterey* se utilizaron las técnicas de marketing empleadas en la música pop. El resultado: el disco se convirtió en el primero en la historia del jazz en vender un millón de copias.

http://www.johncoltrane.com/
http://www.coltranechurch.org/

Jazz y esoterismo

BLUE NOTE
(EMI)
1964

****

Speak no evil

Wayne Shorter + Freddie Hubbard (t); Herbie Hancock (p);
Ron Carter (b); Elvin Jones (bt)

Wayne Shorter (Newark, Nueva Jersey, 1933)

La temática del disco habla de las inclinaciones esotéricas de su autor: "Cuando escribí estas piezas imaginé un mundo de paisajes brumosos con flores silvestres y extrañas formas entrevistas, el tipo de lugares donde nace el folklore y las leyendas, y en cosas como la quema de brujas y los cuentos de hadas". Por contradictorio que pueda parecer, si *Speak no evil* fue criticado en su momento, se debió, precisamente, a su apariencia "demasiado convencional" para los gustos de algunos críticos que podían haber esperado algo distinto de Shorter. En tiempos como aquellos, muchos no entendieron el empeño del saxofonista en someterse a las convenciones melódicas y formales del *hard-bop,* en la medida en que sus composiciones siguen invariablemente el mismo esquema "melodía-solos-melodía" con una breve introducción, y los tiempos para la improvisación están estrictamente tasados: "En realidad, lo que hace Shorter es continuar la labor de Bud Powell y Thelonious Monk, quienes empezaron a componer al margen de los habituales cambios de acordes" (Bruno Råberg). En último término, el saxofonista pretende romper con los cambios de acordes convencionales sin perder el *swing:* "Debajo de estas melodías cantables y sencillas descansan unas progresiones armónicas enormemente complejas. El resultado es un equilibrio perfecto entre complejidad y lirismo" (Råberg).

Más allá de las apariencias, nada hay en *Speak no evil* que resulte obvio ni fácil de asimilar en una primera escucha. Si acaso, el espíritu del disco podría definirse como sombrío, elusivo, siniestro incluso. Las mismas interpretaciones del saxofonista devienen un tanto austeras y lacónicas. Hoy como ayer, "el maestro actúa sin prisa, sopesa cada nota como si se tratase de la última. Medita el contenido de las frases y las suelta con una dicción perfecta. Sin más ni menos que lo necesario. Fragmentado y difícil de seguir, Shorter pone a prueba la capacidad de concentración del público. O conectas con su trance o te quedas mirando el festín por el ojo de la cerradura" (Eduardo Tébar).

En *Speak no evil*, Shorter se insinúa como el "organizador de sonidos" de sus años de madurez. Como en el caso del también saxofonista Steve Lacy, nuestro héroe apuesta por una sonoridad químicamente pura, carente de artificios y adornos de ningún tipo. La exacta antítesis del sonido del jazz arquetípico: "Será por eso que a veces me preguntan si me considero un músico de jazz... Para mí, la palabra jazz es sinónimo de creatividad".

"Wayne andaba por ahí en su propio aeroplano, dando vueltas alrededor de su propio planeta". (Miles Davis).

Footprints: The Life and Work of Wayne Shorter. (Michelle Mercer. Jeremy P. Tarcher 2007).

Footprints. (Synergie Logistics 2007).

John Coltrane, Miles Davis, Antonio Carlos Jobim, Sonny Rollins, Coleman Hawkins, Lester Young, Miles Davis, Eric Dolphy, Dexter Gordon, Charlie Parker...

Dave Liebman, Carlos Garnett, Azar Lawrence, Joe Farrell, Tony Williams, Freddie Hubbard, Steve Grossman, Azar Lawrence, David Liebman, Bennie Maupin, Milton Nascimento...

Jackie McLean: "Destination Out!"
BLUE NOTE (EMI), 1963

Recuerdo que una noche "Bird" (Charlie Parker) estaba entre el público y que aplaudió todo lo que Jackie tocaba, incluso los errores. En una ocasión, corrió al estrado y besó a Jackie en el cuello o en la mejilla, no sé. Sin embargo, en todo aquel tiempo no me dijo nada, por lo cual supongo que debí sentirme afectado, aunque me cuesta creerlo; fue raro, porque nunca había visto comportarse a "Bird" de semejante manera. Me habría gustado saber por qué hacía aquello, si para intimidarme psicológicamente o para que la gente me considerase malo mediante el procedimiento de vitorear a Jackie e ignorarme. No obstante, la circunstancia de que "Bird" aplaudiese de aquel modo condujo a que gran número de críticos empezaran a prestar mayor atención a Jackie. Aquella noche en particular situó realmente a Jackie en el panorama musical.

Miles Davis

http://www.wayneshorter.com/

Jazz y poemas tonales

Maiden voyage

Herbie Hancock + Freddie Hubbard (t); George Coleman (st);
Ron Carter (b); Tony Williams (bt)

Herbie Hancock (Chicago 1940)

BLUE NOTE
(EMI)
1965
****

Sus composiciones son un modelo de capacidad descriptiva; están impregnadas de una delicadeza melódica que cobra fuerzas en un concienzudo trabajo armónico; recoge los hallazgos de Bill Evans y los proyecta hacia un *pianismo* quizá no tan intenso pero igualmente sólido.

Federico González

Había conocido a Herbie Hancock cuando el trompetista Donald Byrd le trajo a mi casa de la calle 77 Oeste. Le pedí que tocara algo en mi piano y de inmediato comprendí que tenía gran futuro.

Herbie era como una esponja. Cualquier cosa que tocaras le convenía: la absorbía, y en paz. Un día le dije que sus acordes eran demasiados densos, y él replicó: "Macho, parte del tiempo no sé qué tocar". "Pues entonces, Herbie, si no sabes qué tocar, no toques. Mira, simplemente déjalo correr: ¡no necesitas estar tocando todo el rato!". Era como el tipo que bebe, bebe y bebe hasta vaciar la botella, sólo porque la tiene delante. Herbie, al principio, era así: tocaba, tocaba y tocaba, porque podía, porque nunca se le acababan las ideas y porque le gustaba tocar. Fíjate, hasta tales extremos le daba al piano que, al terminar mis solos, me acercaba a él y simulaba que iba a amputarle las manos.

Cuando vino a la banda, le dije a Herbie: "Metes demasiadas notas en el acorde. El acorde ya ha sido establecido, lo mismo que el sonido. Por lo tanto, no es necesario que toques todas las notas. Ron (Carter) las toca en el bajo". Pero fue la única observación que le hacía, salvo, a veces, que tocara más despacio. Y que no se excediera, que no "sobretocara"; que de vez en cuando, simplemente, no tocase nada, aunque estuviera toda la noche ante el piano, que no tocase por el hecho de tener delante 88 teclas a su disposición. En muchas ocasiones Herbie no tocaba acordes, sino un simple solo en el registro medio, con el bajo dándole soporte, y aquella mierda sonaba a gloria, pues Herbie era excepcional y sabía qué tenía entre manos. Mira, Herbie venía a estar como un paso más allá de Bud Powell y Thelonious Monk, y aún hoy no he oído a nadie que le sobrepase.

Miles Davis

"Empyrean Isles y *Maiden Voyage* se encuentran entre los pocos "poemas tonales" convincentes que ha producido el jazz, Duke Ellington aparte. Se habla de dos "pinturas tonales del mar" comparables a *La Mer* de Debussy en la música de concierto". (Joachim Berendt).

Miles Davis. La biografía definitiva. (Ian Carr. Global Rhythm 2005).

Future 2 Future Live. (MX-Columbia Legacy 2002).

Igor Stravinski, Sun Ra, Horace Silver, Ahmad Jamal, Red Garland, Bud Powell, Bill Evans, Miles Davis, Wayne Shorter, James Brown…

Richie Beirach, Joe Bonner, George Duke, Bob Mintzer, Kazumi Watanabe, Gordon Beck, Brian Jackson, Matthew Shipp…

Chick Corea "Now He Sings, Now He Sobs"
BLUE NOTE (EMI), 1968

Now He Sings, Now He Sobs (título tomado de un poema del propio Chick Corea basado en el I Ching) se grabó en tres sesiones, los días 14, 19 y 27 de marzo de 1968, en los "A&R Recording Studios de Nueva York. En su edición original incluyó cinco interpretaciones, todas ellas originales del líder: *Steps - What Was, Matrix, Now He Sings, Now He Sobs, Now He Beats The Drum, Now He Stops* y *The Law Of Falling And Catching Up.* A éstas se sumaron, para su reedición en cedé: *Samba Yantra, Bossa, I don't Know, Fragments, Windows, Gemini*, también originales, y dos versiones: *Pannonica* (Thelonious Monk) y *My One And Only Love* (Robert Mellin. Guy Wood). Tanto *The Law of Falling and Catching Up* como *Fragments* fueron improvisadas directamente en el estudio.

Que *Now He Sings…* sea considerada aún hoy como la obra maestra indiscutible del pianista y compositor no deja de resultar sorprendente, teniendo en cuenta que su autor contaba apenas 26 años cuando se grabó: Chick Corea nunca ha tocado mejor que en *Now He Sings…* (Ebbe Traberg). Con una "agravante": "*Now he sings…* es cualquier cosa, menos un disco 'fácil': he necesitado muchos años para entenderlo y darme cuenta realmente de lo extraordinario que es este disco". (Paula Shocrón). El segundo disco de Chick Corea como líder contiene una música sin concesiones al oyente de ningún tipo: "Uno toca para sí mismo y sólo en última instancia, para el oyente". (Chick Corea).

www.herbiehancock.com

Nuevos caminos para el piano de jazz

Open, to love
Paul Bley (p)

Paul Bley (Montreal, Canadá. 1932)

ECM
1992
*****

Es difícil hablar de Paul Bley y no caer en los tópicos: genio, innovador, único...

Es más difícil aun definir musicalmente a Paul Bley porque lo que hace él es y no es jazz, es y no es *free jazz* (entendidos ambos de una manera canónica), y tampoco es improvisación libre. Aunque su música tiene elementos de los tres estilos mencionados, y ha sido pionero en todos ellos, su música es auténticamente original, única y poderosa, la música de un auténtico innovador. Técnica y artísticamente es único y posee un sonido absolutamente reconocible. Paul Bley lo hace todo como un genio. Incluso cuando se equivoca, se equivoca de manera brillante.

Paul Bley ha cambiado, si no la historia del jazz, ciertamente la manera de entender y tocar el piano. Bley es el rey absoluto de la improvisación al piano, el que lo ha abierto a la infinitud de direcciones y facetas que posee actualmente. Ha sido y es el ejemplo donde se han mirado varias generaciones de pianistas. Todo lo que hacen los pianistas surgidos después de él, él ya lo había hecho con anterioridad. Tanto es así que se puede reconocer la influencia de Paul Bley incluso en pianistas que no le conocen y que ni tan siquiera han oído hablar de él.

Como explorador infatigable, no hay ninguna faceta del piano que él no haya descubierto o inventado. Ha abierto puertas que dan a nuevos espacios, espacios que más tarde otros han explotado con profundidad y minuciosidad. Pero es que Paul Bley no está interesado en la taxonomía, sino en el descubrimiento de nuevos territorios vírgenes, como el auténtico aventurero que es. Salvando las distancias, en esto se parece al compositor norteamericano John Cage cuando decía que él no era compositor sino "inventor" de música. Igualmente, Paul Bley no es un compositor/pianista de jazz al uso, sino un prolífico inventor de variantes alternativas. En este sentido, y observado desde fuera, su "mínima máxima" parecería ser: "¿Y si...?". Bley siempre tiene una idea diferente, un enfoque original, a partir de cualquier tema, por banal que pudiera parecer y casi nunca lo son.

Desde su colaboración con Charlie Parker a principios de los cincuenta, pasando por Ornette Coleman a finales de esa década, hasta sus aportaciones al cuarteto de Sonny Rollins en su etapa más fiera y cruda de los sesenta. Desde *Open, to Love*, su primer disco de piano solo, hasta el último *Solo in Mondsee*, la historia de Paul Bley es una aventura constante sin parangón en la historia del jazz.

Escuchar a Paul Bley es una lección continua, un aprendizaje sin parar. Cualquier tema suyo es una lección integral de técnica, estética, improvisación, reflejos, soluciones perfectas, opciones alternativas, originalidad y visión. En este sentido, cada disco suyo es una emocionante aventura.

Gracias, Paul, por existir, y por hacer posible que existamos los demás.

Agustí Fernández

"Célebres son sus quejas maniáticas que le muestran a este canadiense como un perfecto maniático con rasgos de sádico y de cínico que no dejan de fascinar". (Ebbe Traberg).

"Time Will Tell: Conversations with Paul Bley" (Norman Meehan. Berkeley Hills Books 2003).

"Paul Bley Solo Piano" (IAI 2004 (?)).

Ornette Coleman, Jimmy Giuffre, Bill Evans, Charles Mingus, Lennie Tristano, Thelonious Monk, Charlie Parker...

Keith Jarrett, Richie Beirach, Carla Bley, Ralph Towner, Marilyn Crispell, Arild Andersen, Steve Swallow, Charlie Haden, John Taylor, Myra Melford...

Krzysztof Komeda: "Astigmatic"
POLISH JAZZ "VOL. 5" (POLSKIE NAGRANIA/ POWER BROS), 1966

Apenas valorado por la crítica de jazz ni por la cinematográfica, el antiguo colaborador de Roman Polanski combinaba en su música las influencias de Bill Evans, Eric Dolphy y John Coltrane de una forma, cuanto menos, original. Han tenido que pasar varias décadas para que la opinión pública volviera sobre la aportación singular de Komeda al desarrollo de un jazz europeo con denominación de origen. Junto al pianista, alguna de las estrellas emergentes del jazz polaco, como Zbigniew Namyslowski (saxo alto) y Tomasz Stanko (trompeta).

http://www.improvart.com/bley/

Gritando por la libertad...

 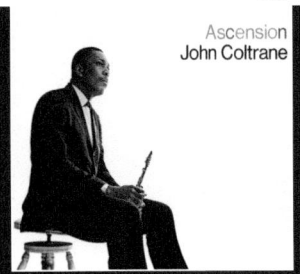

Ascension

John Coltrane + Pharoah Sanders, Archie Shepp (st); Marion Brown, John Tchicai (sa); Freddie Hubbard, Dewey Johnson (t); McCoy Tyner (p); Art Davis, Jimmy Garrison (b); Elvin Jones (bt)

John Coltrane ("Trane". John William Coltrane. Hamlet, Carolina del Norte 1926 - Nueva York 1967)

IMPULSE! (UNIVERSAL) 1965
★★★★

9 + 1 opiniones sobre *Ascension*

He tenido un sueño. En él, se me apareció una banda de quince o veinte músicos tocando *free*.

John Coltrane

Nadie sabía lo que podía ocurrir con Coltrane, adónde iban a llegar él y su música.

Charles Lloyd

Ahí estaba una persona creativa que se había hecho vegetariano, que estaba estudiando yoga y leyendo el Bhagavad-Gita: sin embargo en su música yo seguía oyendo un gran desorden.

Ravi Shankar, intérprete de sitar

Con *Ascension*, fue como si el santo patrón de todos los que estábamos tratando de encontrar nuestro propio camino en la música dijera: "Está bien... esto es válido".

Dave Liebman

¿Qué le estaba diciendo al público? ¿Qué cosas nuevas y valiosas les enseñaba su música?

Martin Williams

Suena como un hombre encadenado... gritando por su libertad.

Un psiquiatra tras escuchar a Coltrane

Hicimos dos tomas y ambas tenían en sí eso que impulsa a chillar. La gente que estaba en los estudios chillaba.

Marion Brown

La música envuelve el cuerpo y comunica deseos de actuar.

C. O. Simpkins

La idea se parece a lo que hacen los pintores "de acción" al crear diversas superficies de color que penetran unas en las otras.

Archie Shepp

Una de las realizaciones más controvertidas del jazz moderno (piedra angular o caos absoluto, según las opiniones). Cualquier oyente capaz de apreciarlo puede considerarse plenamente iniciado en el nuevo jazz.

Miguel Saenz

"Este disco contiene el más poderoso sonido humano que se ha grabado nunca". (Bill Matthieu).

Jazz de hoy, de ahora. (Miguel Sáenz. Siglo Veintiuno de España 1971).

Jazz Casual. (Rhino Home Video. 2003).

Johnny Hodges, Dexter Gordon, Lester Young, Don Byas, Charlie Parker, Stan Getz, Ravi Shankar, John Gilmore…

Joe Henderson, Wayne Shorter, George Coleman, Charles Lloyd, Joe Farell, Sam Rivers, Billy Harper, Archie Shepp, John Gilmore, Albert Ayler, Pharoah Sanders, Rahsaan Roland Kirk, Charles Tyler, Dewey Redman, Pedro Iturralde, David Murray, Michael Brecker, Bob Berg, Bennie Wallace, George Adams, Dave Liebman, Gary Windo…

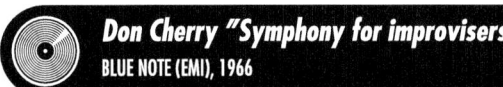

Don Cherry "Symphony for improvisers"
BLUE NOTE (EMI), 1966

Cherry toca la trompeta de bolsillo, una especie de juguete feísimo de sonoridad también fea, pero que él sabe utilizar muy bien para sus objetivos, consiguiendo, por supuesto, lo primero que debe perseguir un músico de este género: que se le reconozca inmediatamente. De los creadores del *free,* Cherry es uno de los pocos que se toma la libertad al pie de la letra, Cherry va siempre hacia adelante y no acaba de salir de un berenjenal cuando ya está metiéndose en otro.

José Ramón Rubio

http://www.johncoltrane.com/
http://www.coltranechurch.org/

Soul + Jazz

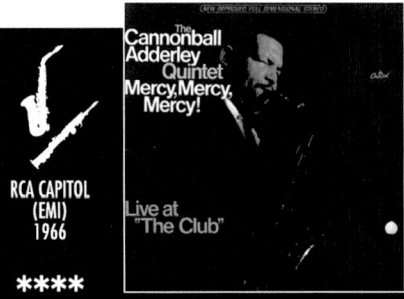

Mercy, Mercy, Mercy! Live at "The Club"

Cannonball Adderley + Nat Adderley (corneta); Joe Zawinul (p); Victor Gaskin (b); Roy McCurdy (bt)

Cannonball Adderley (Julian Edwin Adderley. Tampa, Florida, 1928 - Gary, Indiana, 1975)

RCA CAPITOL
(EMI)
1966
****

Mi idea básica respecto al trabajo del sexteto era conservar lo que ya había funcionado con "Trane" (John Coltrane), Red (Garland), Joe (Philly Joe Jones), Paul (Chambers) y yo mismo: añadir la voz de blues de "Cannonball" Adderley a la mezcla y después llevarlo todo al límite. Presentía que el saxo alto de Cannonball, arraigado en el blues, enfrentado a la forma de tocar de "Trane", a sus planteamientos formalmente más libres, crearía un nuevo tipo de sentimiento, una nueva clase de sonido.

Aquella primera noche en Chicago empezamos con blues, y Cannonball se quedó plantado en el estrado con la boca abierta, escuchando a "Trane" tocar con su manera característica. Finalmente vino a mí y me preguntó qué tocábamos, y yo respondía: "Blues". Él replicó: "!Vaya, nunca había oído tocar los blues así!". Mira, por muchas veces que tocara una tonada, "Trane" encontraba siempre un camino para que cada noche sonara diferente. Cuando el turno terminó le dije que se llevara a Cannonball aparte y le aclarase lo que estaba haciendo. Lo intentó, pero habíamos sustituido tantas cosas en el modo de los doce intervalos que si no estabas al tanto del momento en que empezaba, de dónde entraba el solista, cuando prestabas atención probablemente no entendías lo que había pasado. Cannonball me había dicho que lo que "Trane" tocaba sonaba a blues, pero que en realidad no lo era, que era algo totalmente distinto. Esto le había jodido, porque Cannonball era precisamente un intérprete de blues.

Sin embargo, "Cannoball" aprendía deprisa y descubrió el intríngulis en un abrir y cerrar de ojos. Era como una esponja: lo absorbía todo. Con respecto a los blues, yo debía haberle advertido previamente que aquélla era sólo la manera que "Trane" tenía de tocarlos, puesto que Cannonball era el único del grupo que no había actuado anteriormente con él. Pero en cuanto Cannonball comprendió lo que ocurría, se metió en ello de cabeza y tocó hasta perder el culo. Él y "Trane" eran intérpretes distintos, aunque geniales los dos. Cuando Cannonball se incorporó a la banda gustó inmediatamente a todos porque era un tipo jovial, grandote, que siempre reía, verdaderamente amable, un caballero, y listo donde los haya.

Miles Davis

"Al morirse Charlie Parker pensé que por fin iba a conseguir trabajo. Y de repente alguien me habló de ese tipo, Cannonball Adderley. Cuando le escuché, sólo pude decir una cosa: '¡Oh, mierda!'". (Phil Woods).

A Bio-Discography of Julian Cannonball Adderley. (Chris Sheridan. Greenwood Press 2000).

Jazz Scene USA - Cannonball Adderley Sextet/Teddy Edwards Sextet. (Shanachie 1999).

John Coltrane, Charlie Parker, Lou Donaldson, Miles Davis, Louis Jordan, Benny Carter…

Vincent Herring, Fred Lipsius, Tom Scott, Carlos Ward, Bobby Watson, Nathen Page, The Crusaders, Maceo Parker…

Les McCann, Eddie Harris "Swiss movement"
ATLANTIC 1969

Eddie Harris es un gigante del saxo tenor a la altura de los más grandes. Su sonido y su fraseo redondo le emparentan con los más grandes representantes del instrumento, desde Coleman Hawkins a Gene Ammons o Dexter Gordon, aunque su enfoque está más relacionado con el blues que el de los anteriores. A lo largo de su carrera ha grabado todo tipo de música, aún así, nunca nos ha defraudado. Escuchar a Eddie Harris es una obligación para todo aficionado al jazz.

Ebbe Traberg

http://www.cannonball-adderley.com/

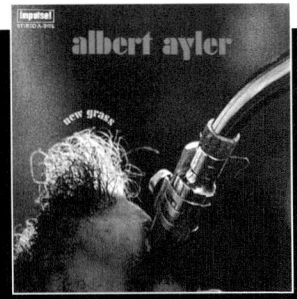

"From Ancient to the Future"

"New grass"

Albert Ayler + Call Cobbs (p, org, clavicordio); Bill Folwell (b); Bernard "Pretty" Purdie (bt), "The Soul Singers"...

Albert Ayler (Cleveland, 1936 - Nueva York, 1970)

RCA
IMPULSE!
(UNIVERSAL)
1969
★★★★

Albert Ayler es uno de esos raros músicos que han encontrado su aceptación en Europa antes de abrirse paso en América. Su lanzamiento lo debió a una grabación hecha en Dinamarca –*My name is Alber Ayler*– posteriormente editada en los Estados Unidos. Hay que esperar a los discos que graba para la firma ESP –una extraña sociedad que comenzó editando discos en esperanto; de ahí su nombre, que corresponde también a las iniciales de *extrasensorial perception*– para comprender que se trata de un artista con un mundo propio. Sus tiempos rapidísimos, la fragmentación de los temas, la emisión de sonidos terroríficos o ridículos, y tantos otros recursos que han convertido luego en monótonos clisés otros músicos de jazz, están subordinados en Ayler a un poderoso lirismo. Albert Ayler, sin embargo, no vacila en utilizar temas viejos o archiconocidos, marchas militares, músicas de circo, nanas, cantos de pieles rojas, melodías antillanas, valses, polkas y otros materiales dispersos que deforma y modela. Esas armonías fáciles son depósitos de energía a los que acude para cobrar nuevas fuerzas, ya que, como ha hecho notar Jean-Louis Chautemps, Ayler parece guiarse únicamente por el aforismo de Sade: "Todo es bueno cuando es excesivo".

Uno de sus mejores críticos –Henry Woodfin– ha descrito con exactitud las condiciones que Ayler necesita para crear: "Le hace falta una sección rítmica que no lleve el compás, sino que le suministre un espeso fondo de percusión en torno al cual pueda tejer una línea cantante con sus *vibrato* y sus timbres de violonchelo…"; pero ha señalado también sus limitaciones: muchas veces sus sonidos heterodoxos, chillidos y resoplidos vienen a cumplir una función equivalente a la que desempeñaban los gratuitos arpegios del *bop*, es decir, servir de relleno para ocultar una atmósfera falta de ideas. Hace algunos años, si hubiéramos tenido que apostar por el futuro de uno solo de los músicos del free jazz, habríamos puesto nuestro dinero, a pesar de todo, en el "primitivo" Albert Ayler, creyendo que tenía madera de ganador. Hoy, después de escuchar sus últimas grabaciones… nos lo pensaríamos dos veces.

Miguel Sáenz

"Ayler es lo más malo, lo más horrendo, lo más espantoso tocando que he oído en toda mi vida. Toca tan mal, pero tan mal, que no se puede aguantar. No hay derecho. Es la antimúsica. Horroroso". (Tete Montoliu).

Albert Ayler Holy Ghost. (Ben Young –supervisor–. Revenant, sin fecha).

My name is Albert Ayler. (Kasper Collin. Suecia, 2008).

John Coltrane, Wardell Gray, Sonny Rollins, Lester Young, Sidney Bechet, Charlie Parker, Louis Jordan, Arnett Cobb, Dizzy Gillespie, Big Jay McNeely…

Henry Grimes, Sunny Murray, Donald Ayler, Norman Howard, Pharoah Sanders, Courtney Pine, David Murray, Charles Tyler, Captain Beefheart, Jan Garbarek, Peter Brötzmann, Yoko Ono…

Rahsaan Roland Kirk: "Voluntereed slavery"
ATHLANTIC JAZZ 1969

Tocaba tres instrumentos de viento a un tiempo, muchos de ellos en desuso, caso del "manzello" y el "stritch, utilizados por las bandas militares españolas de finales del siglo XIX, y en cada uno interpretaba una frase distinta, "como si se estuviera leyendo dos libros a la vez, uno con cada ojo "(Joachim Berendt). Durante un tiempo, Rahsaan Roland Kirk fue tenido por una atracción de feria y un músico de jazz de segunda fila.

El apetito musical de Roland Kirk no tenía límite, tanto como su energía desbordante. El multisaxofonista era una auténtica batidora musical capaz de dejar sin resuello a los músicos que le acompañaban. Cada una de sus interpretaciones era un recorrido apresurado por el árbol de las músicas afroamericanas, del *spiritual* al *free jazz* y vuelta. Si Kirk heredó semejante concepto omnívoro de la interpretación musical de Charles Mingus, su antiguo patrón, él lo transmitió a las generaciones venideras en el jazz. Y fueron estas las que le dieron forma y un nombre: el de *Great Black Music*. Es posible que *Voluntereed slavery* no sea el mejor disco de Kirk, pero es el que mejor refleja cuanto fue y quiso ser el músico. Un disco de jazz con la apariencia de un disco pop, que incluye las versiones delirantes de algunos éxitos de la música popular –*My Cherie Amour, I Say a Little Prayer*– y el jazz –*Afro Blue*–. Un puro delirio.

http://www.ayler.co.uk/
http://www.albert-ayler.de/index.html

Jazz y Revolución

Charlie Haden Liberation Music Orchestra

Charlie Haden + Dewey Redman (sa, st); Gato Barbieri (st); Don Cherry (crn, fl); Roswell Rudd (tb); Carla Bley (org); Sam Brown (g)...

Charlie Haden Liberation Music Orchestra (Charlie Haden. Charles Edward Haden. Shenandoah, Iowa. 1937)

IMPULSE! (UNIVERSAL) 1969

***

... En un momento de su actuación en Cascais, Charlie Haden se acercó al micrófono para dedicar el tema *Song for Che* a los movimientos de liberación de Angola y Mozambique: "La gente se levantó de sus asientos y todo el mundo levantó el puño haciendo el saludo comunista", recuerda João Braga (coorganizador del Festival de Jazz de Cascais).

La prensa "oficial" ignoró por completo el incidente, a excepción del *Diário de Lisboa*, donde, entre líneas de un artículo de José Jorge Letria (que había entrevistado a Haden antes de su actuación y le había preguntado acerca de las posibilidades del jazz como forma de actuación política), se dejaba ver que algo había pasado en el "Dramático", además de un concierto de jazz.

El suceso fue difundido los órganos clandestinos, como Rádio Portugal Livre y el diario *Portugal Democrático*, según el cual "en el Festival de Jazz de Cascais uno de los músicos americanos dedicó un número a los movimientos de liberación de Angola y Mozambique. A pesar de hablar en inglés, sus palabras fueron traducidas por quienes entendían el idioma y la sala casi se vino abajo con los aplausos. Al final del espectáculo, al regresar a su camerino, estaban esperándole los agentes de la PIDE."

Haden fue "invitado a declarar si había sido bienvenido a Portugal y si había encontrado un ambiente favorable a su visita", a lo que Haden respondió afirmativamente, y, "toda vez que había sido bien recibido, cuál era el motivo por el que, durante su actuación, dedicó una canción escrita por él mismo titulada *Cançao para o Che* a los movimientos africanos de independencia". De acuerdo con el auto de procesamiento, Haden se mostró "arrepentido por el hecho que llevó a cabo al desconocer que afectaba al país donde se encontraba". Sin embargo, mientras permaneció en la sede de la DGS, guardó algo en el bolsillo... como recuerda Paulo Gil: "Haden me dijo que en el bolsillo de la gabardina que llevaba cuando fue detenido por la PIDE, se encontraba la grabación de *Song For Che*, realizada en Cascais aquella noche". El hecho de que la gabardina fuera colgada de un perchero en el despacho donde iba a ser interrogado el músico, antes de que los policías procedieran a cachearle, impidió a la PIDE confiscar la grabación. Y fue así que, en 1976, pudo incluirse parte de la misma en el disco *Closeness*.

El lunes 22, Haden fue conducido al aeropuerto de Lisboa, de donde partió en el vuelo de las 9:00 h. de la TAP en dirección a Londres. En cuanto a Villas-Boas y João Braga (organizadores del festival), a las 13:00 h. abandonaban las instalaciones para asistir al partido de fútbol Portugal-Bélgica acompañando a Dizzy Gillespie, que había exigido ver jugar a Eusébio. Después de varias horas de discusiones con los agentes de la DGS, el Festival de Jazz de Cascais siguió con su programa previsto.

Joao Moreira dos Santos

"Charlie Haden toca por la existencia del oyente. Esta sola razón lo hace un gurú musical". (Ornette Coleman).

Jazz de hoy, de ahora. (Miguel Sáenz. Siglo XXI de España. 1971).

Charlie Haden And The Liberation Music Orchestra - Live In Montreal. (Universal 2004).

Ornette Coleman, Scott LaFaro, Wilbur Ware, Paul Bley, Red Norvo, Percy Heath, Ray Brown…

Mark Dresser, Steve Swallow, Scott Colley, Peter Epstein, Don Cherry, Ed Blackwell, Pablo Aslan, Kurt Elling, Barry Guy, Jack Bruce…

Carla Bley: "Dinner music"
ECM 1976

La apuesta de Carla Bley por un jazz a contracorriente –irónico– le ha conducido hasta la "descentralización". En su propuesta musical hay cabida para el tango y las composiciones de Nino Rota, los espirituales y la música de salón decimonónica. *Dinner music* es su primera excursión en los ritmos *funky*. Fiel a la tradición impuesta por quienes la han precedido, Carla Bley eleva su personalidad indiscutible y polémica sobre el material que interpreta. Suyo es el poder y la gloria. La *jazzwoman* es persona inteligente que sabe reírse de sí misma, lo que constituye uno de sus rasgos característicos. Su capacidad para continuamente sorprender al oyente es otro.

http://www.charliehadenmusic.com/
http://www.wattxtrawatt.com/ (Carla Bley)

De Chicago para el mundo: el jazz como "aformación"

20 estándares (quartet)

Anthony Braxton + Kevin O'Neil (g); Andy Eulau (b); Kevin Norton (bt)

Anthony Braxton (Chicago 1945)

LEO RECORDS 2003
****

Podremos volver sobre Beethoven, pero nunca volveremos a tomarle en serio. El pasado no necesita que le amemos.

Anthony Braxton

Siempre he tratado de tener algún tipo de experiencia trabajando con el material tradicional mientras ello no se interponga en el camino de mi trabajo habitual. Yo no he construido mi sistema musical como una reacción a la tradición, sino como una "aformación" del sistema... "Aformación" es "lo amo", lo respeto", y porque lo amo, quiero dar lo mejor de mí mismo para crear mi propia música a partir de Bach, de Schönberg, de Albert Ayler, de John Coltrane o Charlie Mingus o Liza Minelli.

Mi interés consiste en crear música, no como una experiencia idiomática sino "transidiomática". Lo que pretendo es promover los cambios e ir descubriendo las distintas posibilidades que existen para construir algo nuevo y fresco a partir de un nuevo tipo de composición. Pero, de vez en cuando, cada diez años, aproximadamente, vuelvo al material tradicional que más me gusta. Es importante, cada cierto tiempo, ser capaz de salir de uno mismo y del material propio y tocar material tradicional. Es como tener al "otro".

Hay tantas posibilidades por explorar que puedo afirmar que soy apenas un "estudiante profesional de música"; de este modo me puedo permitir el continuar aprendiendo. Así que, cuando tomo la decisión de tocar estándares, no es porque me sienta sólo, sino porque los estándares constituyen un material diferente que me permite seguir creciendo, siempre y cuando sea capaz de mantener una conexión con la tradición. Solo así se puede sacar provecho de ello. A veces se hace necesario plantearse un reto, tener un surtido de desafíos, y tocar la tradición proporciona precisamente ese tipo de desafío de un corte diferente al habitual. La tradición es creatividad, la tradición es ser honesto y hacerlo lo mejor que puedas; la tradición es no contemplarte desde una perspectiva que no es adecuada a ti. Por eso, cuando digo tradición, hablo de un concepto que abarca el gran trabajo de Johann Sebastian Bach, Schönberg, Karlheinz Stockhausen, Fats Waller, James P. Johnson y John Philip Sousa.

En el pasado, la música de Beethoven y Mozart le encantaba a todo el mundo. Eran improvisadores y eran compositores, escribían parte de la música e improvisaban la otra parte, y su música era libre porque el aspecto técnico no era más importante que la misma persona y sus vivencias.

Nosotros nos aproximamos el repertorio tradicional en el mismo sentido que Charlie Parker, John Coltrane y Dave Brubeck, lo que quiere decir que, cuando Charlie Parker toca, escuchas una profunda comprensión de la estructura de las armonías, pero, más importante, escuchas a un artista interpretando su propia vida.

Anthony Braxton

"Uno de los músicos que a finales de los sesenta comenzaron a adentrarse en territorios desconocidos. Y todavía sigue en ello". (Francesco Martinelli).

Forces In Motion: The Music and Thoughts of Anthony Braxton. (Graham Lock. Da Capo, 1989).

9 Compositions (Iridium/+DVD). (Rastacan-Firehouse 2007).

Cecil Taylor, Eric Dolphy, John Cage, Karlheinz Stockhausen, Jackie McLean, John Coltrane, Ornette Coleman, Warne Marsh, Lee Konitz, Paul Desmond, Muhal Richard Abrams, Arnold Schoenberg, Liza Minelli, The Platters, Frankie Lymon, Bill Haley and the Comets, Little Richard…

Ray Anderson, Leroy Jenkins, Kenny Wheeler, Fred Hess, John Zorn, Dave Holland, Chick Corea, John Lindberg, Woody Shaw, Joëlle Léandre…

Roscoe Mitchell: "Composition/Improvisation Nos. 1, 2 & 3"
ECM 2004

Yo miro el mundo que me rodea con el misterio que lo envuelve todo. Al final, es el hombre inocente luchando contra el mundo. Me atrae la idea de la facultad que tenemos para construirnos nuestras propias experiencias usando la imaginación en este mundo indescifrable e incomprensible más allá del tiempo. Cada uno de nosotros es un paquete lleno de energía. Somos un edificio pequeñito y estrecho dentro del Universo. Pero también, cada uno tenemos nuestro lugar en él, aunque sea una parte mínima dentro de la inmensidad del cosmos.

Roscoe Mitchell

http://tricentricfoundation.org/

Jazz & "world music"

Eternal rhythm

Don Cherry + Albert Mangelsdorff, Eje Thelin (tb); Bernt Rosengren (st, oboe, cl, fl); Sonny Sharrock (g); Karl Berger (vb, p, prc); Joachim Kühn (p); Arild Andersen (b); Jacques Thollot (bt, prc, voc)

Don Cherry (Donald E. Cherry. Oklahoma City 1936 - Alhaurín El Grande, Málaga 1995)

SABA 1968
***

Para muchos, Don Cherry fue el motor en la sombra de los cambios que sacudieron al jazz en los años sesenta y subsiguientes. Hay quien, incluso, llega a situar su aportación en un nivel superior a las de Coltrane, Cecil Taylor u Ornette Coleman...

Don Cherry fue un creador polivalente y, si se quiere, desconcertante. En su música se combina la sofisticación y la elegancia con una apariencia inocente, casi infantil. No solo es que el trompetista, formado en la dura disciplina de la música de Ornette Coleman, renunciara a la versión convencional de la trompeta a favor de un instrumento de juguete, o casi; además, afirmaba preferir la compañía de los músicos anónimos e iletrados musicalmente, a la de los "astros" del jazz. Más de una vez, hemos podido escucharle acompañado por quienes acababa de conocer de camino al hotel... en tiempos particularmente convulsos, Cherry devolvió la inocencia perdida a la música de jazz con un estilo interpretativo que ensalza la grandeza oculta en las cosas sencillas y hermosas.

El protagonista de "una de las biografías estéticamente más dinámicas, auténtica turbamulta artística y psíquica" (Christian Karting) fue, también, un acendrado improvisador multicultural. La "multiculturalidad" de Cherry es el testimonio de la coexistencia de diversas culturas musicales en un corto espacio que el trompetista parecía poder abarcar en un extender de sus brazos. El orbe terráqueo, para Cherry, fue su patio de recreo: "solo soy un músico mundial que hace música primaria", solía repetir. El trompetista –"un niño jugando a músico de jazz"- viajó por los cinco continentes ligero de equipaje y el ánimo siempre dispuesto para el encuentro fortuito. Su música "tiene por horizonte una expresión única, profundamente arraigada en la idea (incluso política) de comunidad. Este deseo "totalizante" y humanista de Cherry, esta búsqueda de una música "anterior a Babel"..." (Christian Tarting). Resultado de todo ello es "Eternal rhythm", un canto a la diversidad cultural, pero también el punto de encuentro entre las dos facciones, europea y americana, de la "New Thing". En el disco se escucha "blues" y ritmos tomados de la tradición musical africana y un remedo de "gamelán" indonesio volcado al lenguaje del jazz. Con tales hierros, Cherry compone una música libre y espontánea que lo es todo y es nada en concreto; una música ajena a las fórmulas y a los sistemas sonoros preconcebidos. El verdadero sonido de la "aldea global" mucho antes de que el término se pusiera de moda. Para Joachim Berendt, pero no solo para él, "Eternal Rhythm" representa una gran oportunidad perdida: si solo alguno de los pálidos y fútiles subgéneros que hoy engrosan las conocidas como "Músicas del Mundo" hubiera seguido este modelo…

"Nunca le oí decir nada malo de ningún ser humano. Y podía tocar tan maravillosamente… Don Cherry era único, un ángel". (Orette Coleman).

Free Jazz (The Roots of Jazz). (Ekkehard Jost. Da Capo 1994).

Don Cherry's Multikulti. (Kultur 2005).

King Oliver, Louis Armstrong, Bix Beiderbecke, Ornette Coleman, Fats Navarro, Miles Davis, Art Farmer, Ravi Shankar, Pandit Faquir Pran Nath, Dizzy Gillespie, Dexter Gordon, Sun Ra…

Gato Barbieri, Carla Bley, Jan Garbarek, Chris McGregor, Enrico Rava, Jon Stevens, Wadada Leo Smith, Tiziano Tononi, Markus Breuss, Jai Uttal, Ed Blackwell, Collin Walcott, Sonny Rollins, Dewey Redman, Billy Higgins, Nana Vasconcelos…

Charlie Mariano & Karnataka: "Jyothi"
ECM 1983

Charlie Mariano se adentra con reverencia y humildad en el universo de la musica clásica hindú. Semejante capacidad para integrarse en un contexto ajeno al propio y enriquecerlo, respetando su esencia, constituye un privilegio reservado a los creadores versados en el supremo arte de la improvisación entre los cuales, los músicos de jazz constituyen la elite: "gracias a que soy capaz de improvisar puedo moverme por dónde quiero y tocar con quien me da la gana. Me siento como un "Superman" de la música" (Charlie Mariano). Muy pocos entendieron en su momento la verdadera grandeza y el significado de este excepcional disco.

http://www.eagle-eye-cherry.com/
http://www.nenehcherry.de/neneh_bio.htm

Los tiempos del jazz-rock

Bitches Brew

Miles Davis + Wayne Shorter (ss); Benny Maupin (cl b); John McLaughlin (g); Joe Zawinul, Chick Corea (teclados); Dave Holland (b); Jack DeJohnette (bt)...

Miles Davis (Miles Dewey Davis. Alton, Illinois 1926 - Santa Monica, California 1991)

COLUMBIA (SONY) 1969
★★★★

Dije a los músicos que podían hacer lo que quisieran, tocar cualquier cosa que les sonara, pero que yo debía tomar lo que hiciesen como un acorde. Luego les entregué los bocetos musicales que ninguno de ellos había visto, exactamente como había hecho en *Kind of blue* y en *In a silent way*. Empezamos a primera hora de la mañana en el estudio de la Columbia, en la Calle 52, y grabamos el día entero durante tres días de agosto. Yo había advertido a Teo Macero, que era quien producía el disco, que se limitara a dejar correr las cintas y captar todo lo que tocáramos; insistí en que lo grabase todo y no viniese a interrumpirnos ni a preguntar nada.

Así pues, cuando empezamos a tocar, yo actuaba como un director de orquesta tradicional, y además escribía alguna partitura para alguien, o le decía que tocara diferentes cosas que oía a medida que la música se desarrollaba y se cohesionaba. Era un proceso al mismo tiempo suelto y bien amarrado. Era informal pero ágil, todos permanecían alerta ante las diversas posibilidades que iban apareciendo en la música mientras ésta se desarrollaba; yo oía, por ejemplo, algo que me parecía que podía ampliarse, o quizá que convenía cortar. Por lo tanto, la grabación era un despliegue del proceso creativo, una composición viviente. Era una especie de fuga, o de motivo en el que todos irrumpíamos y volvíamos a salir de un salto. Tenía que haber pensado grabar en vídeo la sesión completa, porque habría sido un documento excepcional y me habría gustado poder ver posteriormente y en detalle lo que sucedió, como cuando en un partido televisado de fútbol o baloncesto se repiten las jugadas. Lo que hicimos en *Bitches Brew* nunca podrá nadie escribirlo para que lo toque una orquesta. La sesión se basaba en la improvisación, que es lo que hace del jazz algo fabuloso.

Miles Davis

"Un sol menor y un la aumentado... a ver qué haces con esto". (John McLaughlin).

Miles Beyond: Electric Explorations of Miles Davis, 1967-1991. (Paul Tingen. Watson-Guptill Publications 2001).

Miles Electric - A Different Kind Of Blue. (Eagle Rock Entertainment 2004).

Dizzy Gillespie, Clark Terry, Charlie Parker, Louis Armstrong, Freddy Webster, Roy Eldridge, Ahmad Jamal, Gil Evans, Tony Williams...

Gerry Mulligan, Chet Baker, Cannonball Adderley, Art Farmer, Max Roach, Wayne Shorter, Herbie Hancock, Ron Carter, Eddie Henderson, John McLaughlin, Dave Holland, Gary Bartz, Bob Berg, Mike Stern, John Scofield, Mike Stern, Bill Evans...

Miles Davis: "In a Silent Way sessions"
SONY (COLUMBIA), 1969

Yo había llamado a Joe Zawinul para decirle que trajese alguna música al estudio. Trajo una pieza titulada *In a silent way*. En los ensayos la habíamos tocado como Joe la había escrito, pero yo no me adaptaba bien a aquello porque tantos acordes me estorbaban. Oía que la melodía sí era absolutamente bella. Cuando grabamos, pues, descarté simplemente las páginas de los acordes y dije a todos que tocaran nada más que la melodía, sólo a partir de aquello. Les sorprendió trabajar de aquella forma, pero yo sabía que si tienes unos buenos músicos, resolverán la situación y tocarán mucho más allá de lo que les has dado y muy por encima de lo que ellos mismos se consideran capaces. Fue esto lo que hice en *In a silent way*, y aquella música salió fresca y hermosa.

Miles Davis

http://www.milesdavis.com/es
http://www.plosin.com/milesAhead/

Nuevos aires para la guitarra de jazz

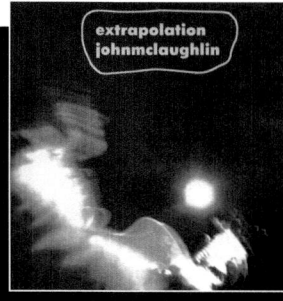

POLYDOR
(UNIVERSAL)
1969

***

Extrapolation

John McLaughlin + John Surman (ss, s bar); Brian Odgers (b); Tony Oxley (bt)

John McLaughlin (Yorkshire, Inglaterra, 1942)

Mi vida siempre ha sido una aventura, un ir y venir, pero entonces estaba apenas empezando. En aquellos tiempos andaba por el circuito del jazz de Londres, tratando de hacerme escuchar. También estaban Dave Holland, John Surman, Evan Parker y Tony Oxley... tocábamos con los veteranos de la escena inglesa, gente como Gordon Beck o Stan Tracey, tipos así. Pero nosotros tratábamos de hacer algo diferente, más en la onda de lo que entonces hacían los jóvenes músicos de jazz en los Estados Unidos, Miles Davis y todo eso...

Mi primer trabajo estable, o uno de los primeros, fue con Gordon Beck, el pianista. Grabé algunos discos con él que tuvieron un relativo éxito. Gracias a ello, me surgió la oportunidad de grabar un disco a mi nombre. John Surman está ahí, y Tony Oxley, que hoy toca *free jazz* con Cecil Taylor y gente así. Holland también tenía que haber estado, pero justo unas semanas antes de entrar en el estudio le llamó Miles Davis, así que cogió sus cosas y se metió en el primer avión con rumbo a Estados Unidos. Le sustituí con Brian Odgers, un buen músico, pero sin su personalidad, claro está. La sustitución, creo, no afecta al resultado. Tengo un especial cariño por este disco, y más teniendo en cuenta que fue mi despedida de mi país. Al poco de grabar *Extrapolation*, también yo me fui a Estados Unidos para tocar con el batería de Miles, Tony Williams. Luego resultó que el propio Miles andaba buscando un guitarrista y Dave le habló de mí. Así que, en muy poco, yo también estaba con el nº 1.

Miles fue mi maestro y mi amigo. Con él lo aprendí todo, también a sobrevivir en el competitivo mundo del jazz. Eran los días en que Miles se pasaba el tiempo escuchando a James Brown y a Slide & the Family Stone, todo música negra. Durante un tiempo, yo era el único "blanquito" de la banda.

Comparado con todo cuanto he vivido desde entonces, el jazz de hoy, tan lleno de clichés, me aburre mortalmente. Esto no es el verdadero jazz. El verdadero jazz tiene el mismo sabor que el verdadero flamenco: hay sangre por todos los lados. Como con Shatki, mi actual grupo. Cada concierto lo afrontamos como un viaje hacia lo impredecible. Nunca estamos muy seguros de lo que vamos a tocar y no tenemos ni idea de cómo vamos a terminar. Es lo que tiene este tipo de música, que te da la oportunidad de descubrir en escena algo que está dentro de ti mismo y tú mismo desconocías.

Somos como un grupo de funambulistas caminando sobre la cuerda floja. Para mí, ése es el verdadero espíritu del jazz.

John McLaughlin

"Me decían: '¿Por qué tienes a ese chico blanco tocando la guitarra?', y contestaba: '¡Mierda! Nadie toca tan bien como él. Tráeme a uno de esos negros que toque como él y los contrato a los dos". (Miles Davis).

Innovations in British Jazz. volume 1 1960-1980. (John Wickes,. Soundworld 1999).

Mahavishnu Orchestra - Live At Montreux 1974/1984. (Eagle Rock 2007).

Graham Bond, Ian Carr, Miles Davis, John Coltrane, Tal Farlow, Thelonious Monk, Ravi Shankar, Jimi Hendrix...

John Abercrombie, Philip Catherine, Egberto Gismonti, Paco de Lucía, Al DiMeola, Kevin Eubanks, Steve Vai...

Larry Coryell: "Spaces"
VANGUARD 1974

Sendos homenajes al guitarrista belga Rene Thomas –*Rene's Theme*– y al contrabajista Scott LaFaro –*Gloria's Steps*– marcan los dos momentos álgidos de un disco esencialmente "acústico" (lo que hoy denominamos "desenchufado"), marcado por las personalidades de sus dos protagonistas, los guitarristas Larry Coryell y John McLaughlin. Con ellos se hallan el contrabajista Miroslav Vitous (doblando el violonchelo), el baterista Billy Cobham y Chick Corea, al piano eléctrico, en dos de los números.

http://www.johnmclaughlin.com/
http://jmarc.co.nr/
http://johnmclaughlinbyotaciliomelgaco.vilabol.uol.com.br/

Del jazz-rock a ninguna parte

Mwandishi

Herbie Hancock + Julian Priester (tb); Eddie Henderson (t); Bennie Maupin (cl b, fl); Buster Williams (b); Billy Hart (bt)

Herbie Hancock (Chicago 1940)

WARNER BROTHERS 1970
****

Este 2008, el pianista ha logrado un Grammy al mejor disco (a secas) del año por *River: the Joni letters* (Verve / Universal). Es, además de un emocionante y delicado homenaje a la cantautora canadiense Joni Mitchell, el primer disco de jazz que obtuvo el máximo reconocimiento de la industria en 44 años *(Getz / Gilberto,* de Stan Getz, fue el último, gracias a un fenómeno llamado *The girl from Ipanema).*

Estos meses han sido también los de su elección como uno de los 100 personajes más influyentes de la revista *Time,* o su distinción como artista del año por la Universidad de Harvard. Dos días después de la entrevista ingresó como "leyenda viva" en la Biblioteca del Congreso, y en mayo, su disco *Headhunters* (su álbum más vendido, de 1973) fue incluido por esa institución en un lote de 25 grabaciones que "deben ser preservadas para siempre" (desde un discurso de Harry Truman de 1948, hasta el disco que se envió al espacio con el transbordador "Challenger" en 1977 o el *Thriller* de Michael Jackson). Lo cierto es que Hancock reúne las cualidades necesarias para tanto reconocimiento. Después de todo es, muy probablemente, el artista de jazz que más muescas le ha hecho a la historia de eso que llaman "cultura pop". Como decía la campaña publicitaria de cierta banda australiana de pop, seguramente conozca más canciones de Herbie Hancock de las que cree. Es autor de la banda sonora de *Blow up* (1966), obra maestra de Michelangelo Antonioni y pieza fundamental del movimiento *mod.* En los setenta abanderó la "bastardización" del jazz con *Headhunters,* que marcó época con su millón de copias vendidas. Y si en los ochenta popularizó el *scratch,* técnica empleada por los *disc jockeys* de *rap,* en *Rockit,* un tema que asaltó por la fuerza a la generación MTV, en los noventa vio cómo su trabajo para el sello Blue Note en los inicios de su carrera fue apropiado por el *hip-hop* y el *acid jazz* para conquistar a una nueva clase de oyentes.

De aquellos días, este camaleónico artista, miembro del inolvidable segundo quinteto de Miles Davis a finales de los sesenta, acaso la mejor formación jazzística en pisar la tierra, conserva las manos finas que atraían el foco en la elegante y lejana portada de su primer disco como líder, de 1962. Fue entonces cuando el mundo descubrió a un prodigioso pianista de Chicago de formación clásica. Un improvisador infatigable capaz de introducir a Debussy en el más arraigado discurso de la música negra.

Por lo demás, aún viste de oscuro y luce una envidiable forma física dos días antes de su 68 cumpleaños. Mata el tiempo con revistas de divulgación científica y dobla la chaqueta del visitante como un *jazzman* de los de antes. Pobres, pero bien planchados.

Iker Seisdedos

"Herbie había publicado un álbum de gran éxito y gustaba mucho a los chicos negros. Acordamos que nosotros actuaríamos como obertura del espectáculo. En el fondo, hacer de telonero me fastidió". (Miles Davis).

Miles Davis, Quincy Troupe: *Miles. La autobiografía.* (Ediciones B. Barcelona, 1991).

Future 2 Future Live. (MX-Columbia Legacy 2002).

Igor Stravinski, Sun Ra, Horace Silver, Ahmad Jamal, Red Garland, Bud Powell, Bill Evans, Miles Davis, Wayne Shorter, James Brown...

Richie Beirach, George Duke, Bob Mintzer, Hubert Laws, Larry Willis, Gordon Beck, Brian Jackson, Carlos Santana, Onaje Allan Gumbs, Matthew Shipp...

Chick Corea: "Light as a feather"
POLYDOR (UNIVERSAL), 1972

Una multitud de fans se agolpa a las puertas de los camerinos situados en el piso superior del Blue Note Jazz Club, en Nueva York, a la espera del encuentro necesariamente fugaz con el artista. Entre ellos está Fred, de Boston, quien lleva esperando cuarenta años para ver la firma de Chick Corea estampada en un viejo ejemplar de *Light as a Feather:* "Hay discos que le persiguen a uno..." *Light as a Feather*, con Airto Moreira, Flora Purim, Joe Farrell, Stanley Clarke, acaso sea el disco más popular de cuantos ha grabado el pianista en su carrera. Su puesta en circulación, principiando los años setenta, marca el inicio de Corea como ídolo de masas en la medida en que alguien pueda serlo tocando jazz. La música de este disco, fresca, ligera y "swingeante", con un acusado toque brasileño, marcó a toda una generación de aficionados al llamado "jazz de fusión" (no necesariamente eléctrico).

www.herbiehancock.com

El último "trumpet hero"

Straight life

Freddie Hubbard + Joe Henderson (st); George Benson (g); Herbie Hancock (teclados); Ron Carter (b); Jack DeJohnette (bt)

Freddie Hubbard (Frederick Dewayne Hubbard. Indianápolis, 1938 – Sherman Oaks, California, 2008)

COLUMBIA (SONY) 1970

*****

Fue excesivo en todo. Como ser humano y en su forma de entender la profesión; sobre un escenario y fuera de él. Freddie Hubbard, el último *trumpet hero* de la historia del jazz, falleció el lunes en el hospital Sherman Oaks, California, a los 70 años. Llevaba un mes internado tras haber sufrido un ataque cardíaco.

Hubbard tomó su inspiración de todos los que le precedieron, desde Clifford Brown y Lee Morgan a Dizzy Gillespie y Miles Davis. En 1958, se trasladó a Nueva York. Dos años después paseaba por la Gran Manzana como la "estrella emergente" del jazz. En 1960 grabó su primer disco para el sello Blue Note, *Open Sesame*, al tiempo que entraba a formar parte de los Jazz Messengers de Art Blakey.

Los más grandes se le sorteaban. Sin ser un vanguardista, el trompetista participó en tres grabaciones seminales del *new jazz: Free Jazz*, de Ornette Coleman (1960); *Out to Lunch*, de Eric Dolphy (1964) y *Ascension*, de John Coltrane (1965). Que aquella fuera la corriente principal en el jazz explica que, al cambio de década, decidiera buscarse una fuente de financiación más fiable en lo que entonces se conocía como *muzak*, una música confeccionada a la medida de los gustos del gran público. En el año 1972, el trompetista obtuvo su único Grammy por *First Light*.

Si el mundo del jazz le dio la espalda, Hubbard estaba dispuesto a asumir el hecho como una suerte de "daño colateral": Tenía que elegir entre morirme de hambre tocando jazz o ganar dinero. Y elegí". El trompetista se curaba en salud haciendo de Miles Davis en *VSOP*, junto a Shorter, Hancock, Ron Carter y Tony Williams. Pero ni por esas. Su prestigio en el mundo del jazz se había venido abajo y la situación empezaba a escaparse a su control: "Estaba harto de tocar esa música, necesitaba desesperadamente volver a lo mío". Y supo rectificar a tiempo.

En los ochenta, el mundo del jazz saludó el regreso del hijo pródigo con la misma algarabía como lo había hecho algunos años antes con Miles Davis en su vuelta a los escenarios. Hubbard estaba de vuelta en el *hard bop* que le vio nacer, volvía a disfrutar tocando y las huestes del jazz con él. Hasta que sus labios dijeron basta. Una úlcera en el labio superior apartó al trompetista de la vida pública durante tres interminables años. El último de los *trumpet heroes* de la historia volvió a la escena por segunda vez en unas condiciones inaceptables para ningún trompetista, mucho menos para él. La imagen del rey del salto mortal sin red convertido en una caricatura de sí mismo durante su actuación en el Northsea Jazz Festival, en el año 2000, fue más de lo que algunos podíamos soportar. Su incapacidad para, siquiera, sostener una nota en el registro medio, le llevó a buscar refugio en el fliscornio, primero, y en la composición, después, sin éxito. Poco a poco, su imagen se desvaneció hasta desaparecer por completo.

"Esa mezcla entre unas ideas muy avanzadas y un sonido al viejo estilo puede ser considerada la esencia del sonido Blue Note". (Peter Keepnews).

Hard Bop: Jazz and Black Music 1955-1965. (David H. Rosenthal. Oxford University Press 1993).

Freddie Hubbard Quartet: live at the Village Vanguard vol. 1. (Immortal 2004).

Hot Lips Page, Booker Little, Clifford Brown, Louis Armstrong, Eric Dolphy, Booker Little, Count Basie, Dizzy Gillespie, Fats Navarro…

Joe Bonner, Woody Shaw, Eddie Henderson, Randy Brecker, Charles Tolliver, Tom Harrell, Terence Blanchard, Wynton Marsalis, Terell Stafford, Franco Ambrosetti, Terumasa Hino…

Woody Shaw "Lotus flower"
ENJA 1982

Fue uno de los grandes trompetistas de la historia. También uno de los más olvidados. A diferencia de muchos de sus sucesores, Woody Shaw rechazó convertirse en un mero papel de calco interpretando la música de quienes le precedieron entre los trompetistas de jazz de la historia. Por el contrario, supo reconducir el respeto reverencial que profesaba hacia las grandes figuras del pasado hacia la consecución de un lenguaje enteramente personal y propio. Su amplísimo conocimiento de la materia –Shaw era una verdadera enciclopedia del jazz viviente– lo vertió en el enriquecimiento de su propia experiencia creativa, un hecho que le valió el respeto del mismísimo Miles Davis. Woody Shaw podría ser un tradicionalista en su esencia, pero su música miraba decididamente al futuro.

http://www.freddiehubbardmusic.com/

Jazz-rock: los años dorados

ART OF GROOVE 1978
****

Live in Offenbach 1978

Wayne Shorter (st ss); Joe Zawinul (sint); Jaco Pastorius (b); Peter Erskine (bt)

Weather Report (1970-1985) (Wayne Shorter - Newark, New Jersey, 1933-; Joe Zawinul - Josef Zawinul. Viena 1932 - 2007-)

La soledad viene cuando estás escalando la cima y estás entregado a la misión que te has encomendado a ti mismo de romper con el tipo de música delezanable que rodea al ser humano las 24 horas del día; ése es el tipo de trabajo que te lleva a vivir a contracorriente. Luchas contra tu familia, a la que apenas ves; contra la compañía discográfica que te presiona para que hagas esto o aquello; contra tus compañeros, cuando te niegas a hacer cosas que suelen hacerse los días libres en una banda de rock and roll... eso es algo que viví durante los catorce años que pasé con Weather Report. Ese ritmo frenético, quizá dé una idea romántica del proceso creativo, pero sólo le resulta rentable al manager.

Wayne Shorter

En vida, el grupo que lideraron el pianista Joe Zawinul y el saxofonista Wayne Shorter grabaron dos únicos álbumes en vivo: *Live in Tokyo*, perteneciente a la primera época del conjunto, y *8:30*, único testimonio, hasta ahora, del paso del contrabajista Jaco Pastorius por el mismo fuera del estudio de grabación. Su valor, empero, queda notoriamente devaluado por el hecho de que varios temas de la cinta original fueron borrados por accidente y el disco, para su edición, hubo de completarse con sobrantes de otras sesiones de grabación.

Así las cosas, *Live in Offenbach 1978* se nos ofrece como el testimonio inapreciable, y puede que único, de una de las bandas más salvajes que se han movido nunca por el planeta del jazz (y del rock), tal cual sonaban en vivo y en directo, sin cortes ni añadidos. Shorter y Zawinul + Pastorius (¡y Peter Erskine, a la batería!) manejan un potro desbocado. En más de una ocasión, se tiene la impresión de que las interpretaciones escapan a su control, sin que en ello haya falta, sino todo lo contrario.

La energía desplegada por el cuarteto ante un auditorio particularmente vocinglero –WR entonces tocaban en estadios de fútbol y similares– llega a extremos, casi, angustiosos. Uno no encuentra muchos puntos de comparación en la historia del jazz, si acaso, alguna de las bandas eléctricas de Miles Davis, o la *big band* afrocubana de Dizzy Gillespie & Chano Pozo. En el repertorio, momentos hay para el lirismo –*Thanks for the memories*– y para la locura –*Teen Town*–, con Jaco Pastorius rompiendo la barrera del sonido. Y, por supuesto, la enésima versión de *Birdland*, ...

"La música de Weather Report es un *tour-de-force* orquestal, un banquete para los oídos". (Neil Tesser).

Jaco Pastorius. La extraordinaria y trágica vida del mejor bajista del mundo. (Bill Milkowsky. Alba editorial. Barcelona, 2007).

Live at Montreux Jazz Festival 1976. (Eagle Rock 2007).

Miles Davis, Duke Ellington, Charles Mingus, Cannonball Adderley, Horace Silver, Antonio Carlos Jobim...

Frank Zappa, "Mahavishnu Orchestra", "Soft Machine", "Return to Forever", "Spyro Gyra", "Brand X", "Dolores", "Música Urbana", "Living Colour"…

Jaco Pastorius: "Jaco Pastorius"
EPIC (SONY), 1976

Es la noche del 17 de julio de 1983, en Vitoria-Gasteiz. La Word of Mouth Band en el escenario de Mendizorroza con su líder, Jaco Pastorius, correteando y saltando con su bajo eléctrico inalámbrico entre el publico, vestido únicamente con un pantalón corto negro. La sensación de asombro se apodera del público, que aguanta tocando palmas la catarata de soul y funky que despliega la banda. La personalidad de Pastorius fluye a medio camino entre el diablillo y el músico neurótico; quizás esa noche los músicos estén muy en función de los impulsos de su líder. El pulgar derecho se mueve a gran velocidad entre las cuatro cuerdas. El resto de la banda le sigue sin chistar mientras él canta sus fraseos con el bajo y grita con total apasionamiento.

Juan Carlos Tascón

http://www.threeviews.com/wr.htm
http://membres.multimania.fr/synoc/weather.htm
http://www.zawinulmusic.com/

Ensoñaciones pianísticas

Enlightenment

McCoy Tyner + Azar Lawrence (st, ss); Juney ("Jiunie", "Junie", "Junius", "Joony", "Juini") Booth (b); Alphonse Mouzon (bt)

McCoy Tyner (Alfred McCoy Tyner, Saud Sulaiman. Filadelfia, 1938)

MILESTONE
1973

*****

McCoy tiene la rara habilidad de coger cualquier cosa y conseguir que suene maravillosamente.

John Coltrane

A las dos semanas de haber comenzado la serie de actuaciones en el Gallery, ocupó McCoy (Tyner) el asiento del pianista. Se le dio al instrumento un concepto distinto. En lugar de dedicarse a improvisar copiosamente mientras hacia John (Coltrane) su solo, como acostumbraba (Steve) Kuhn, McCoy le proporcionaba una plataforma desde la que podía emprender el vuelo. Después del solo de John, añadía McCoy sus propias exploraciones, haciendo gala de una técnica soberbia, de una gran imaginación y de cierto efecto percusivo debido a la fiereza con que tocaba los acordes. Una de las peculiaridades de su estilo era su destreza con la mano izquierda, que mantenía en la música el constante sonido de los acordes rítmicos. Expresaba McCoy su parecer sobre la relación del solista con el resto del grupo en los siguientes términos: "Se supone que una sección rítmica debe apoyar e inspirar a un solista y todo es cuestión de sensibilidad… a veces, cuando está haciendo John su solo, yo me estoy completamente callado. Se trata, en mi opinión, de algo muy importante. El pianista suele tocar acordes que, de todas maneras, el solista ya sabe que van a venir. Normalmente, lo único que hace el pianista es darle algún empujoncito en el acompañamiento y, posiblemente, sugerir nuevas ideas. Cuando no está el piano, el solista se puede concentrar exclusivamente en lo que tiene en mente, imponiéndose muchas menos limitaciones. De lo contrario, lo que toca el pianista puede apartar su atención de la idea original que tuviera. De manera que no es otra acosa que darle al solista más libertad para explorar armónicamente".

Decía John de McCoy que le gustaba su "… buen sentido de la forma y la frescura de su sonido pianístico debida a su manera de atacar los acordes. McCoy tiene un bello concepto del lirismo que resulta esencial para completarnos a los demás".

–Nuestras ideas se encuentran y se mezclan. Trabajar con McCoy es como ponerse un guante a la medida.

C. O. Simpkins

"McCoy no es un pianista, es una orquesta en sí mismo". (Gary Bartz).

Coltrane: historia de un sonido. (Ben Ratliff. Global Rhythm Press. Barcelona, 2010).

McCoy Tyner - Jazz Festival Warsaw 1991. (Naxos 2002).

Art Tatum, Bud Powell, John Coltrane, Thelonious Monk, Jimmy Witherspoon, Count Basie, Duke Ellington, Gil Evans, Ike & Tina Turner...

Elvin Jones, Jimmy Garrison, Freddie Hubbard, Hal Galper, Onaje Allan Gumbs, Steve Turre, Enrico Pieranunzi, Chick Corea, Don Pullen, Hilton Ruiz, Richie Beirach, Eddie Palmieri, Alice Coltrane, Geri Allen, John Hicks...

Keith Jarrett: "The Köln Concert"
ECM 1975

Curiosamente, la grabación se hizo en unas condiciones muy difíciles. Primero, el Steinway que habíamos encargado nunca llegó debido a una huelga, y Keith se vio obligado a tocar con un instrumento más pequeño. Al final, "invirtió" su forma de tocar. Normalmente, tiene la costumbre de aproximarse mucho al instrumento para explorar todos sus matices, pero el hecho de encontrarse con este piano de menos calidad le llevó a la música de una forma más libre y menos pendiente del sonido. Se dejó llevar y el concierto terminó convirtiéndose en una sola canción compuesta de muchas melodías... trabajé durante tres días con mi ingeniero Martin Wieland hasta que llegamos a ese sonido tan particular, y el disco se convirtió en un fenómeno mundial, y Henry Miller y Marguerite Duras escribieron sobre él...

Manfred Eicher

http://mccoytyner.com/

Bach & jazz

ERVE
(UNIVERSAL)
1995
★★★★

Music from Die Dreigroschenoper, L'Opera de Quat'sous, the Three penny's opera

Joachim Kühn (p); Jean-François Jenny-Clark (b) ; Daniel Humair (bt)

Joachim Kühn (Leipzig, 1944) ; Jean-François Jenny-Clark (Toulouse 1944 - París 1998) ; Daniel Humair (Ginebra, 1938)

Un sobrio y luminoso edificio en granate de acusado sabor ibicenco acoge al jazzista en el último paraíso hippy sobre la tierra. Desparramado por el jardín en desnivel, se extiende un variado surtido de artilugios pictóricos –pinceles, paletas, lienzos a medio terminar, una rama de árbol con forma de mujer llamada "Angelina"...– otorgando al lugar el aspecto de un jardín encantado. El azul velado del Mediterráneo asoma a lo lejos por entre la arboleda. En los días buenos, asegura con orgullo el dueño de la casa, puede adivinarse el perfil de la costa peninsular.

El imperio ibicenco de Joachim Kühn abarca el cercano hostal-restaurante Mar y Sal, establecimiento en el que se venera al pianista y al que ha dedicado una de sus más celebradas composiciones, así como las numerosas calas recónditas semivírgenes donde es posible encontrarse con el susodicho tocando el tambor al amanecer. El aspecto de Kühn en su refugio ibicenco es el de "un hombre que lleva la vida al estilo de los nómadas", tal como lo describiera el inolvidable Ebbe Traberg en su retrato del artista publicado en la revista *Cuadernos de Jazz*. Un náufrago varado en tierra firme, acaso un derviche sobreviviendo al margen de los acontecimientos, adelantándose a los mismos.

Quien ha sido reconocido como "una de las voces más poderosas del jazz contemporáneo" lleva una existencia al margen de los acontecimientos sin horario, sin teléfono móvil, sin televisión, ¡sin Internet!... el piano gran cola, una caja de amplificación para guitarra-bajo decorada por él mismo, discos, cientos de ellos (Kühn es un comprador compulsivo de música) dispuestos sin ningún orden preciso. Un Ornette Coleman y, a su lado, la *Chacona de la Partita para Violín nº 2 en Re menor, BWV 1004* de Johann Sebastian Bach; música instrumental gnaua de Marruecos junto a una reedición de rock *underground* (Captain Beefheart). Entre las montañas de cedés, un cesto con frutas para un desayuno que puede tener lugar a las doce de la mañana o a las seis de la tarde, porque las musas no tienen horario.

Una cosa está clara: el "plácido retiro" de este sexagenario incansable es cualquier cosa, menos plácido. El corazón musical de Joachim Kühn late *non stop* las 24 horas al día. Hay algo en su mirada encendida, en su generosidad que abruma, en el celo "incluso excesivo" (Traberg, de nuevo) con que se aplica a la tarea, que trasciende la categoría de lo humanamente factible y hace que, a veces, dé miedo… Kühn –una "impresionante fuente de energía, vitalidad e inspiración", para Traberg– no se entiende si no es a través de su compromiso militante con el hecho creativo sin limitaciones de géneros ni de fronteras. Así es él y así es su música: apasionada, vehemente, incuestionablemente honesta… Kühn al piano, y ya no existe nada más.

Contabilizo mis encuentros ibicencos con Joachim como parte de mis experiencias vitales más satisfactorias y una fuente inagotable de anécdotas que algún día, con suerte, darán lugar a un libro. A sus 65 años, el "único pianista de jazz sobre la tierra" (Ornette Coleman) sigue apurando la copa de la eterna juventud con ansia de adolescente. Su insaciable curiosidad le ha conducido desde el club de jazz a las arenas del Sahara y los ritmos electrónicos de los *dee jays* ibicencos, con los que lleva un tiempo experimentando. Sus fuentes de inspiración varían según el caso: puede ser un atardecer teñido de oro en el horizonte isleño o el espectáculo de una bañista en *top less* surgiendo de las cálidas aguas del Mediterráneo. Pero esto último, quede entre nosotros. Joachim Kühn es, antes que nada, un caballero.

"Una impresionante fuente de energía, vitalidad e inspiración". (Ebbe Traberg).

Northern Sun, Southern Moon: Europe's Reinvention Of Jazz. (Mike Heffley. Yale University Press 2005).

Joachim Kühn. (Director: Anne Peyrègne. Quark 2004).

J. S. Bach, Franz Schubert, Ornette Coleman, John Coltrane, Miles Davis, Sony Rollins, Don Cherry, Jean-François Jenny-Clark, Salif Keita…

Ray Gómez, Wolfgang Reisinger, Ramón López, Johannes Fink, Christian Lillinger, Michael Wollny…

Michel Petrucciani: "Solo live"
DREYFUS 1997

Cuando se le escuchaba tocar con elegante vehemencia una música densa y profunda, inspirada en el jazz de Evans, pero también en los impresionistas franceses y en otras estéticas de valor, se tenía la certeza de estar asistiendo a un pequeño milagro sonoro, de estar viendo a un titán burlando por completo la crueldad de las limitaciones físicas.

Federico González

http://www.michel-petrucciani.de/

El sonido más bello

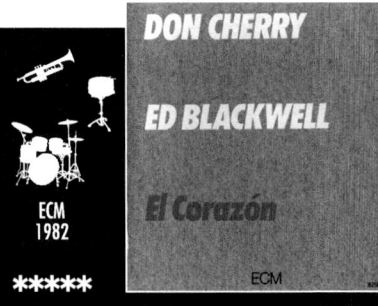

El Corazón

Don Cherry (trompeta de bolsillo, piano, melódica, "doussin gouni", órgano); Ed Blackwell (batería, percusiones)

Don Cherry (Donald E. Cherry. Oklahoma City 1936 - Alhaurín El Grande, Málaga 1995) & Ed Blackwell (Edouard Joseph Blackwell. Nueva Orleáns, 1929 - Hartford, Connecticut, 1992)

Hay quien ha hablado de *El Corazón*, entre ellos, el crítico José Ramón Rubio, como el disco que mejor podría representar al jazz contemporáneo, entendiendo por tal el nacido tras la caída en desgracia y defunción del *free jazz*. *El Corazón* es la encarnación de una vieja utopía que el jazz hizo suya mediados los setenta: la conquista del silencio entendido como la más sublime expresión del arte musical: "Solo a partir del silencio se puede oír", una filosofía que el sello alemán ECM convirtió en su leiv motiv.

El Corazón –básicamente un dúo de trompeta y batería– es un disco de silencios clamorosos, esto es, de silencios a la manera del jazz. Sin grandes teorías que vengan a justificar lo que no precisa de justificarse; silencios que son frutos de la libre y soberana voluntad espontánea de quienes callan; silencios faltos de ningún tipo de pretensión extramusical: nada que ver con los silencios pautados y medidos a la manera de la música europea.

Los silencios de *El Corazón* proceden de quienes, siguiendo la tradición de Parker-Ornette, han dejado de pensar en sus instrumentos como tales, y los utilizan como lo que son: herramientas susceptibles de generar belleza en la medida en que la ejecución se inscribe en el transcurrir de un discurso global, y los sonidos, y sus silencios, resultan coherentes con la misma.

Todo ello se concreta y singulariza en una pieza, *Voice of the Silence*, que Don Cherry interpreta sin acompañamiento de ningún tipo: su trompeta de bolsillo, un instrumento de juguete con un sonido delgado y sin demasiado relieve (en lo que algunos vieron "un acto de humildad que anticipaba una visión inequívocamente popular del hecho artístico") y el estudio de grabación que, como en todas las grabaciones de ECM, se constituye en un instrumento musical por sí mismo: "El sonido frágil, casi desvalido, de Cherry, acertaba a relatar una experiencia mística muy apegada a la tierra" (Federico González).

La calidad de la grabación nos permite recrearnos en lo que se escucha y en lo que no, y en el espacio que se genera entre una cosa y la otra: "*The voice of silence* retrata mejor que ningún otro su filosofía musical. En solitario, con la única respuesta de su propio eco, obra el pequeño milagro de dar calor y volumen al gélido vacío sonoro". (Federico González).

"Su lenguaje, como su música, fluye libre a través de un flujo que brota de una fuente natural". (Ben Sidran).

This Is Our Music: Free Jazz, the Sixties, and American Culture (The Arts and Intellectual Life in Modern America). (Iain Anderson. University of Pennsylvania Press 2007).

David Murray Quartet. Live At The Village Vanguard, vol. 6 - Ed Blackwell, batería. (Unicorn Video 2004).

Ornette Coleman, Fats Navarro, Miles Davis…

Gato Barbieri, Carla Bley, Jan Garbarek, Chris McGregor, Enrico Rava, Jon Stevens, Wadada Leo Smith, Tiziano Tononi, Jai Uttal…

Stan Getz & Kenny Barron: "People time"
VERVE-GITANES JAZZ (UNIVERSAL), 1991

Getz fue, por encima de todo, un portentoso intérprete de baladas. Prueba evidente de ello se podrá encontrar en las grabaciones que efectuó en Copenhague a principios de marzo de 1991. Gravemente enfermo, quiso hacer un último y sobrehumano esfuerzo para culminar su larga carrera con una obra definitiva. Me atrevo a afirmar que estos compactos constituirán la cumbre de una vida enteramente dedicada a la música. Con Keny Barron como único acompañante, interpreta dos docenas de temas que siempre formaron parte de su repertorio, llegando a momentos sobrecogedores, cargados de honda emoción, de algo que a veces suena como rabia contenida, como el trágico adiós del guerrillero en pleno campo de batalla.

Ebbe Traberg

Una guitarra como un "Pikasso"

American garage

Pat Metheny + Lyle Mays (teclados); Mark Egan (bajo); Danny Gottlieb (bt)

Pat Metheny (Patrick Bruce Metheny. Lee's Summit, Missouri, 1954)

ECM
1979-80

*****

Hay un periodo clave en mi formación como músico: los cuatro años que pasé en el grupo de Gary Burton. Gary es un líder muy exigente, con unas opiniones muy firmes, y después de cada concierto se pasaba horas corrigiendo qué habíamos hecho mal, cómo podíamos tocar las piezas, qué cambios había que hacer...

Vivimos en una etapa de transición, y tengo la impresión de que todo el mundo está en estado de choque. Gracias a la proliferación de enseñanzas, hay un cierto componente del lenguaje jazzístico que se ha visto reducido a dimensiones científicas: toca estas notas, haz este acorde, reacciona de esta manera cuando el baterista haga eso... Y hasta cierto punto, la cosa ha funcionado, porque hay mucha gente que funciona así, pero también hay un factor X, metafóricamente hablando y también literalmente, que no es cuantificable y que es donde realmente radica el valor de esta música. Pensemos en términos de lengua: mañana puedo decidir que comenzaré a estudiar español, y de aquí a cinco años podría tener un buen nivel y atreverme a dar una charla. Pero por muy buen nivel que tenga, si el contenido de mi mensaje es aburrido, la gente no prestará atención. Y de eso, los músicos no se olvidan: de acuerdo, tu discurso es fluido, pero, ¿qué me estás diciendo? Porque al fin y al cabo el jazz exige una sensibilidad narrativa, descriptiva... Pide que expliques una historia.

El problema es que esta situación se reproduce constantemente, curiosamente en una cultura que espera que el músico proponga alguna cosa a la que el público responda, que despierte su interés para que sigan tirando de este hilo. En algunos entornos musicales, ha habido gente que ha dejado una huella musical. Dices el nombre de Herbie Hancock, o el de Coltrane, e instantáneamente te haces una idea de su música. La diferencia entre las grandes figuras y el resto de músicos de jazz no radica en su fluidez, sino en el lenguaje, si bien es cierto que todos eran extraordinariamente fluidos. No entiendo, por ejemplo, a esa gente que se limita a imitar lo que han hecho los músicos que admira y que le han precedido. Es evidente que yo he estudiado la música de Wes Montgomery, porque me parece uno de los guitarristas más grandes que ha habido, pero estudiar su música te tiene que servir para encontrar caminos que expresen tus ideas. En caso contrario, esta repetición de clichés me parece una falta de respeto.

Pat Metheny

"Sonidos milagrosos, viajes por las esferas, ritos mágicos, música como atractivo envuelto en el secreto, pop-jazz como hipnosis". (Klaus Robert Bachmann).

The Pat Metheny Interviews. (Richard Niles. Hal Leonard, Milwaukee, 2009).

Dejohnette, Hancock, Holland, Metheny - Live in Concert. (Arthaus Musik, 2001).

Miles Davis, Wes Montgomery, John Coltrane, Milton Nascimento, Gary Burton, Bill Evans, Jim Hall, John McLaughlin, Attila Zoller, Ornette Coleman, Jimi Hendrix, Steve Reich...

Naná Vasconcelos, Michael Brecker, Gary Burton, E.S.T., Brad Mehldau, Polo Orti, Raimundo Amador, Antonio Sánchez...

Bill Frisell "Have a little faith"
ELEKTRA/NONESUCH 1992

Lo único que sé es que crecí en Estados Unidos; aquí he vivido, viendo televisión, películas, escuchando esos sonidos. Norteamérica es la banda sonora de mi vida. No pienso realmente si lo que hago es o no americano. No es consciente, en todo caso. Uno está abierto a muchas posibilidades. Cuando toco no pienso. Tal vez la gente, y hasta yo mismo, nos pongamos a pensar después de que terminó la música. Posiblemente suceda que yo soy americano y que, por consiguiente, mi música también lo sea.

Bill Frisell

http://www.patmetheny.com/

Años ochenta: los olvidados

SOUL NOTE
1983

****

Live at the Village Vanguard, vol. 2

George Adams, Don Pullen + Cameron Brown (b); Dannie Richmond (bt)

George Adams (George Rufus Adams. Covington, Georgia, 1940 - Nueva York 1992) - Don Pullen (Don Gabriel Pullen. Roanoke, Virginia, 1944 (¿1941?) - East Orange, Nueva Jersey, 1995)

La falta de espacio y la abundancia de público en el Café Central me han llevado por una vez a estar allí, sentado en el escenario, entre los músicos. Con la ventaja de que los músicos estaban allí para trabajar, mientras que yo estaba solamente para escuchar. Y escuchar es un privilegio si quienes tocan son George Adams y Don Pullen. Sobre todo si tocan así de cerca. Cuando George Adams presenta al saxo tenor el tema *Sing me a song everlasting,* uno se siente como debía de sentirse Ellington cuando Ben Webster se adelantaba a hacer un solo. Y eso que, mientras Adams toca el tenor, todavía se puede conservar la imparcialidad y apreciar lo que siempre se aprecia en este músico, la paradoja del vanguardista tradicional de sonido áspero, negro, puro *rhythm and blues.* Porque, cuando Adams coge el soprano, uno olvida todas sus precauciones ante el cacharro y se encuentra de golpe como la serpiente cuando suena la flauta del encantador.

Cameron Brown es el único blanco del grupo, con lo cual, entre otras cosas, contradice su apellido. Blanco o negro, es el mejor continuador de Charles Mingus, y un excelente solista de contrabajo. Pero sus solos, con ser importantes, lo son menos que su presencia en el conjunto, la vitalidad que da a la música y el sentido con que la dirige a través de cambios de ritmo como los del tema *Warm up.*

A Lewis Nash, batería, no pude verlo en toda la noche porque me lo tapaba el piano. Pero sí pude escuchar lo que hacía, y pude también comprobar cómo se las apaña para reemplazar a alguien tan irreemplazable como Danny Richmond.

Respecto a Don Pullen, lo siento, pero no puedo ser imparcial. Hasta este concierto, la oportunidad en que más me he aproximado a un pianista en acción fue cuando estuve un metro detrás de la banqueta de Horace Silver. Pero ésa es una distancia grandiosa comparada con la que me separaba esta vez de Don Pullen. Pude ver de cerca el callo que se le ha formado en los nudillos y el reverso de la mano a fuerza de darle mamporros al teclado. Y este rasgo de su estilo, que antes he podido criticar, ahora me parece de lo más apropiado. Se espera de toda crítica que acabe con un consejo. Éste es el mío: vayan al Café Central a ver a George Adams y Don Pullen. Vayan pronto y, si pueden escoger sitio, digan que les pongan cerca. Cuanto más cerca, mejor. A ser posible, en medio de la música.

José Ramón Rubio

"George y Don Pullen eran el contraste perfecto, el pedernal y la yesca. Y todavía nos animaban a Dannie y a mí a añadirle más gasolina al fuego". (Cameron Brown).

Mingus. A Critical Biography. (Brian Priestley. Quartet Books 1982).

Charles Mingus - Live at Montreux 1975. (Eagle Vision 2004). Intervienen George Adams, Don Pullen + Dannie Richmond & Jack Walrath (t).

Charles Mingus, Gil Evans, Gene Ammons, Ornette Coleman, Eric Doplhy, Charlie Parker, John Coltrane, Coleman Hawkins, Ben Webster...

"Hannibal" Marvin Peterson, Howard Johnson, Johnny Copeland, David Murray, Fuasi Abdul-Khaliq...

Jack DeJohnette Special Edition
ECM 1979

No es casualidad que Jack DeJohnette empezara tocando el piano: "Si hay alguna justificación para llamar 'pianístico' al estilo de un baterista, entonces ciertamente esto puede decirse de él" (Joachim Berendt). Como tampoco es casualidad que sea el acompañante preferido por la élite de los pianistas, Keith Jarrett incluido. El debut del baterista con su propia *Special Edition* abre las puertas del género al único jazz concebible tras la "muerte de las ideologías" y el fin del *free jazz*. No es casualidad que la música de *Special Edition* enganchara con una audiencia mayoritariamente joven y, todavía, no adocenada por las implacables leyes del mercado. Y es que el conjunto reunido por DeJohnette era más que un cuarteto al uso: una verdadera *big band* en tamaño reducido donde las distintas voces pugnaban por hacerse escuchar sin por ello perderse el espíritu de conjunto. Podría hablarse de una vanguardia "resignada", o recelosa. Nada que ver con la agresividad del jazz en los años precedentes. Valgan como ejemplo las versiones extrañamente apacibles de dos piezas de Coltrane, *Central Park West* e *India*.

http://go54321.tripod.com/ga/georgeadams.html
http://www.donpullen.de/index.htm

Generación perdida

In the tradition

Arthur Blythe + Stanley Cowell (p); Fred Hopkins (b); Steve McCall (bt)

Arthur Blythe (Arthur Murray Blythe. "Black Arthur". Los Angeles 1940)

COLUMBIA (SONY) 1978

*****

La historia les relegó a un rincón oscuro en la memoria del aficionado. Son los representantes de la "generación perdida" del jazz emergida en los años ochenta; quienes no soñaron con transformar el mundo a través de su música, como sus predecesores, ni se tendieron en el cómodo colchón del *revival*, como harían quienes les sucedieron.

The Leaders reunió a 6 de los máximos impulsores de lo que algunos obstinadamente continúan calificando como una "época oscura" para el jazz. Arthur Blythe, Chico Freeman (saxos), Lester Bowie (trompeta), Kirk Lightsey (piano), Cecil McBee (contrabajo) y Famoudou Don Moye (batería) surcaron con ímpetu e imaginación desbordante las aguas de la *Great Black Music*. Comparado con sus compañeros de generación, Arthur Blythe llegó más lejos que ninguno de ellos. En algún momento, incluso, pudo acostumbrarse a recibir el tratamiento de "estrella" por parte de la discográfica multinacional Columbia. Su versión particular de la *Great Black Music* de los setenta parecía ser la respuesta adecuada al estado de melancolía que, de algún modo, se apoderó del jazz en aquella década. La suya era, y es, una música de extremos, vibrante y lírica, intensa y calma. Todavía hoy, Blythe es, no cabe duda, un solista con voz propia.

Siguiendo con lo que, entonces, era una línea de actuación habitual entre los músicos jóvenes, en *In the tradition* Blythe reescribió la historia del jazz a su modo, podría decirse, exacerbado, en la línea de un expresionismo jazzístico que cuenta con sus precedentes (Bechet, Bubber Miley, Johnny Hodges…). Las interpretaciones de Blythe de los antiguos estándares –*In a Sentimental Mood, Jitterbug Waltz, Caravan*– son innovadoras, en su aspecto formal, y respetuosas con el original en su intríngulis.

Como los restantes miembros de la "generación perdida" del jazz, Blythe ha terminado siendo devorado por los nuevos tiempos. Su ascensión hacia el olimpo de los grandes creadores quedó bruscamente interrumpida con la llegada al poder de la siguiente generación de intérpretes, encabezada por Wynton Marsalis. Durante décadas, su nombre cayó en el más injusto de los olvidos. Sólo muy recientemente se la ha podido volver a escuchar sobre un escenario en algún festival europeo, bien que relegado a un segundo lugar entre los cabezas de cartel. Si la música del saxofonista ha perdido todo su interés entre el público mayoritario, tiempo es de recuperarla para bien de todos. Blythe, y nuestros oídos, lo agradecerán.

"Su música tiende un puente entre el *bop* y el exterior con estilo y con convicción". (David Prince).

In the moment: jazz in the 1980s. (Francis Davis. Oxford University Press, Nueva York, 1986 - Da Capo, 1996).

Jazz In Paris - The Leaders. (Quantum Leap 2005).

Duke Ellington, Johnny Hodges, Earl Bostic, Charlie Parker, Thelonious Monk, Gil Evans, John Coltrane, Sonny Rollins, Cannonball Adderley, Horace Tapscott, McCoy Tyner, Ray Charles, Ornette Coleman, Eric Dolphy, Gary Bartz, Leon Thomas, Art Ensemble of Chicago...

Azar Lawrence, David Murray, Steve Thornburg Jason Moran, Kelvyn Bell, Joseph Bowie & "Defunkt", Fuasi Abdul-Khaliq...

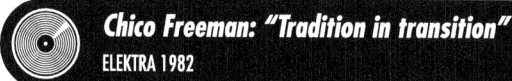

Chico Freeman: "Tradition in transition"
ELEKTRA 1982

La tradición a vista de pájaro. En *Tradition in Transition,* Chico Freeman –saxofonista e hijo de saxofonista– pasa del jazz *mainstream* a una vanguardia de baja intensidad que no hiere susceptibilidades. Un disco que es el fiel reflejo de la época en que fue grabado e hizo de su protagonista una verdadera aunque efímera, "estrella" del jazz.

http://v2.chicofreeman.com/

Neobop

"Black codes (from the underground)"

Wynton Marsalis + Branford Marsalis (st, sp); Kenny Kirkland (p); Charnett Moffett (b); Jeff Watts (bt)

Wynton Marsalis (Nueva Orleans 1961)

COLUMBIA (SONY) 1985
*****

Concertar una cita con el director artístico del Jazz at Lincoln Center no es cualquier cosa. Wynton Marsalis tiene tasado el tiempo del que dispone para sus encuentros con la prensa hasta un máximo por año y ni un segundo más. El músico que le cambió el ¡*pathos* al jazz y devolvió la fe en el género a la industria está hoy al frente de una maquinaria de proporciones colosales. Cincuenta mil metros cuadrados en el corazón de Manhattan dedicados a la promoción y difusión de esta música. "El jazz" –asegura el amigo y colaborador del presidente Obama– es una metáfora de la democracia frente a la mediocridad cultural que impera en Estados Unidos".

El responsable de que los jóvenes músicos de jazz gasten americana y corbata predica con el ejemplo en la intimidad. Si alguna vez tuvo fama de hablar demasiado, hoy elige sus palabras cuidadosamente. Mantiene, eso sí, el mismo fulgor en la mirada y esa ambición desmedida que le ha llevado a donde está.

Pregunta. Ningún lugar más apropiado que el JALC para preguntarle su opinión acerca de quienes, desde Europa, afirman que el jazz ha dejado de ser una música americana.

Respuesta. Es una afirmación tan arrogante que resulta hasta gracioso. Es como si voy a Chano y le digo que el flamenco es lo que nosotros tocamos. Tendría que ser muy arrogante para plantarme delante de él y exhibir semejante falta de respeto. ¿Dónde está la prueba, quién te crees que eres?

P. Se le considera un guardián de la tradición del jazz. ¿Es la tradición un bien intocable?

R. No existe ninguna tradición intocable, lo que hay es gente que está empeñada en que lo sea, pero eso es algo que atenta contra la propia naturaleza del concepto. Recuerdo una cosa que me dijo Paco de Lucía una vez: "La mente pide innovación, el corazón pide tradición". Es perfecto. Tradición e innovación no se contradicen. El alma permanece atada a las raíces, pero existe la necesidad imperiosa de descubrir cosas nuevas. Ése ha sido siempre mi punto de vista. La moraleja es que todas las formas artísticas que existen miman su tradición, excepto el jazz.

P. Su relación de cordialidad con la música de concierto europea no es algo tan frecuente siendo un músico de jazz.

R. Sin embargo, el jazz proviene en buena parte de Europa. Por ejemplo, algunos conceptos del ritmo llegaron a través de la música de violín irlandesa. La síncopa es africana, pero el modo de tocar los acordes menores viene de Richard Wagner. Los románticos influyeron en las progresiones armónicas; el concepto de la melodía y el gusto por embellecer las melodías vienen también de Europa. El propio Jelly Roll Morton habló acerca de la influencia de los *lieder* en la fundación del jazz. Yo no siento que exista tanta diferencia en el hecho de tocar una u otra música. Al final es como un matrimonio: se trata de ver lo que existe en común en lugar de fijarse únicamente en las diferencias.

"Marsalis ha reestablecido el poder y la elegancia del jazz en su tiempo, para su generación y para todas las generaciones que han venido antes o después de él". (Stanley Crouch).

📖 *El jazz en el agridulce blues de la vida.* (Wynton Marsalis, Carl Vigeland. Paidós de Música, 2002).

📼 *I Love To Swing.* (Quantum Leap 2005).

▶ Louis Armstrong, Miles Davis, Dizzy Gillespie, Fats Navarro, Clifford Brown, Freddie Hubbard, Don Cherry, Igor Stravinsky...

◀ Nicholas Payton, Wycliff Gordon, Marcus Roberts, Jeremy Davenport, Irvin Mayfield, Kenny Kirkland, Wessell Anderson, Jeff "Train" Watts...

Sweet Release and Ghost Story
SONY CLASSICAL 1999

Sweet Release and Ghost Story es la quinta de las nueve suites y ballets que Marsalis compuso y editó en un sólo año (¡), 1999. La muestra perfecta de su talento multifacético que nos permite comprobar la evolución del trompetista, compositor y director de orquesta manejando los materiales que son más de su gusto: la tradición del jazz (el blues, el *spiritual* y el canto de trabajo) y la obra de Duke Ellington *(Black, Brown and Beige)* y George Gershwin *(Rhapsody In Blue)*. El trompetista indaga en una escritura compleja y colorista, de un acabado exquisito, aunque escasamente innovadora.

http://wyntonmarsalis.com/

Saxo tenor: vuelven los "graníticos"

 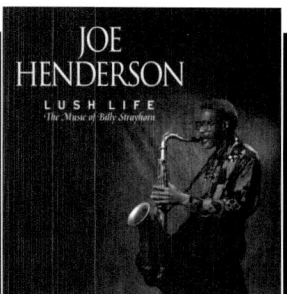

VERVE (UNIVERSAL) 1991

★★★★★

"Lush life. The music of Billy Strayhorn"

Joe Henderson + Wynton Marsalis (t); Stephen Scott (p); Christian McBride (b); Gregory Hutchinson (bt)

Joe Henderson (Joseph A. Henderson. Lima, Ohio 1937- San Francisco 2001)

Nos preparamos para darle la bienvenida al granítico, por no decir "hercúleo" Joe Henderson. A Henderson le he escuchado muchas veces a través de los años, y me atrevo a confesar que le debo algunos de los más intensos momentos de mi vida con el jazz. La emoción con que le suelo escuchar supera incluso la que he podido sentir antaño en conciertos de Sonny Rollins o John Coltrane, y ya es decir. Precisamente estos dos gigantes del saxo tenor se mencionan a menudo en relación con Henderson que, por otra parte, nunca ha negado cierta influencia de ambos en su manera de concebir la música. Pero desde un principio, este gran intelectual ha dado evidentes pruebas de una muy marcada personalidad que se refleja tanto en su estilo como en su sonido, ambos absolutamente inconfundibles. He aquí un artista que nunca ha dejado de profundizar y perfeccionar su lenguaje, pulir su estilo y progresar técnica, armónica y melódicamente. Lleva dentro una filosofía muy meditada que traslada a sus alumnos por todo el mundo.

A pesar de la a veces inquietante fragilidad de su apariencia física, sus solos poseen una fuerza incontrolable y una extraordinaria intensidad. A sus 53 años se encuentra en una forma envidiable, rebosante de vitalidad, de inspiración y de ideas nuevas y frescas. Pruebas de ello tuve a principios del verano pasado, cuando asistí a su fulgurante vuelta al histórico Village Vanguard en Nueva York. El trío (con Henderson) se limitó a tocar tres temas durante el primer *set* que, sin embargo, se extendió sobre cerca de noventa minutos, lo que constituye un récord en los anales de este vetusto local. Y una vez más Henderson mostró ser el mayor exponente que el *hard bop* jamás ha tenido, con un máximo de dinamismo en sus turbulentos solos que nunca pierden la serenidad, con esa mezcla de dureza y lirismo tan característico, y, por encima de todo, con ese sonido denso que explora sin cesar el registro más grave del saxo tenor.

De este músico ecléctico, que en su infancia se introdujo de la manera más natural en el lenguaje revolucionario del *bebop*, al mismo tiempo que escuchaba a Bartók, Stravinski y Schoenberg, se puede esperar siempre "lo mejor".

Ebbe Traberg

"Joe Henderson está siempre a la mitad de un gran solo". (Richard Cook & Brian Morton).

John Coltrane and the Jazz Revolution of the 1960s. (Frank Kofsky. Pathfinder Press 1997).

Paris Reunion Band. (Kuktur 2005).

Lester Young, Duke Ellington, Charlie Parker, Sony Stitt, Miles Davis, Stan Getz, John Coltrane, Ornette Coleman, Herbie Hancock...

Michael Brecker, Pat La Barbera, James "Blood" Ulmer, Ralph Bowen, Joe Lovano, Diego Rivera, Branford Marsalis, Ravi Coltrane...

Dexter Gordon: "Live at Carnegie Hall"
COLUMBIA (SONY), 1978

Su interpretación de Dale Turner en *Round Midnight*, el film de Bertrand Tavernier, le valió una candidatura al Oscar. Para entonces, el veterano saxofonista tocaba con una hondura y un *feeling* insuperables. Y no sólo eso: su tempo se había ralentizado hasta extremos, casi, inconcebibles. En el cenit de su arte, a Dexter se le abrieron las puertas de su país de nacimiento, tras décadas residiendo en Europa. El recital del saxofonista en el Carnegie Hall neoyorquino fue el reconocimiento a su trayectoria ejemplar por parte de sus compatriotas. Una fiesta en la que nuestro "Desiderio, siempre triste, nunca serio" (en español, en el original) ejerció de maestro de ceremonias: sus introducciones a los temas, reproducidas en el disco, valen casi tanto como las propias interpretaciones. Junto a "Long Tall Dex", y por el mismo precio, puede escucharse a otro grande del saxo tenor: el "Pequeño Gigante", Johnny Griffin.

http://www.dextergordon.com/

Saxo alto: memorias de un superviviente

CONTEMPORARY
1977

*****

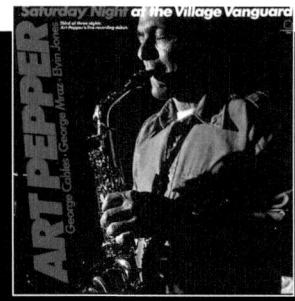

Saturday night at the Village Vanguard

Art Pepper + George Cables (p); George Mraz (b); Elvin Jones (bt)

Art Pepper (Arthur Edward Pepper, Jr. Gardena, California, 1925 - Panorama City, California, 1982)

Pasó más tiempo entre rejas que sobre un escenario. Apenas tuvo tiempo de saborear las mieles del éxito. Si existe un músico maldito en la historia del jazz, ese es Art Pepper. Casi veintinueve años después de su fallecimiento, el nombre del saxofonista levanta pasiones entre la selecta minoría que rinde culto a su figura. En 1966, el saxofonista, que alguna vez fue comparado con el mismísimo Charlie Parker, acababa de ser liberado tras una segunda estancia en el penal de alta seguridad de San Quintín. Ni siquiera le apetecía volver a tocar, pero necesitaba dinero y se alistó en la *big band* del baterista Buddy Rich. Tampoco esta vez tuvo suerte.

A los pocos días de su vuelta a los escenarios, Pepper hubo de ser ingresado a causa de los fuertes dolores internos originados por las constantes peleas con su compañera, Christine. Coincidiendo con su salida del hospital, ella le abandonó. "Me hizo un corte de mangas desde su coche y se fue derrapando. Me senté delante de la casa. Tenía 44 años y mi vida estaba arruinada". Algunos meses más tarde, el saxofonista ingresaría por propia voluntad en un centro de recuperación para drogodependientes en Santa Mónica.

Hasta aquel momento, la fama de yonqui lunático que le acompañaba había echado para atrás a los promotores en su intento de hacerse escuchar más allá de los límites de las Montañas Rocosas. Pepper podía grabar un disco junto a la sección rítmica de Miles Davis -un honor al que muy pocos intérpretes de raza blanca podían aspirar-, sin embargo, nadie era capaz de asegurar que fuera a acudir a las citas. Llevaba consumiendo heroína y LSD desde hacía más tiempo del que podía recordar. Su carrera era un continuo ir y venir entre el estudio y la cárcel.

En enero de 1977, el saxofonista, supuestamente limpio de polvo y paja, viajó por vez primera fuera de Estados Unidos. La gira por Japón resultó toda una revelación. Pepper fue arropado por un ejército de seguidores fanáticos para quienes su vida y obra carecían de secretos: "allí me enteré de que soy una leyenda". Ese mismo año, en el mes de julio, se le abrieron por vez primera las puertas del Village Vanguard, la meca del jazz en Nueva York. La noche de su debut, el saxofonista fue presa del pánico mientras bajaba las escaleras de acceso al sótano donde le esperaba Elvin Jones sentado a la batería. Nada en él parecía encajar son semejante ambiente de sofisticación y bohemia. Se sentía como un cobaya expuesto a la curiosidad de un público más interesado por su vida privada que por su música. "Escuchar a Art Pepper" -escribió un crítico de la época, "constituye una experiencia catártica; su música alcanza una intensidad tal que, durante unos momentos, llega a ser casi insoportable".

En su autobiografía, Art Pepper dejó escrito: "Solo una existencia extrema puede producir gran arte".

"Cuando llegué a su casa, estaba esperándome, perfectamente vestido y afeitado. Esa misma mañana acaba de salir de la cárcel. Le pregunté por su vida en prisión y me contestó: 'La verdad es que me cuidaron bastante bien. No me importaría volver'. Yo no daba crédito a lo que oía: 'Es que allí me conocen y hasta los guardianes tienen mis discos' (William Claxton).

Una vida ejemplar. Memorias de Art Pepper. (Global Rhythm Press. Barcelona, 2011).

Notes from a Jazz Survivor. (1986. Edición en DVD: Shanachie, 1999).

Benny Carter, Johnny Hodges, Lester Young, Charlie Parker, Buddy Collette, Zoot Sims, John Coltrane, Stan Kenton…

Bob Cooper, Bill Perkins, Bud Shank, Jack Sheldon, Joe Mondragon, Steve Wilson, Stefano di Battista, Massimo Urbani…

Paul Desmond "The Paul Desmond Quartet live"
A&M 1975

Hablando de saxofonistas, hay tres que considero "verdaderamente originales": Lee Konitz, Eric Dolphy y Paul Desmond. Pero, por algún motivo, Paul es un músico muy minusvalorado, pese a que fue el verdadero alma del grupo de Dave Brubeck, más incluso que el líder. Nadie suena como él. En cuanto a su técnica, es posible que sea el mejor saxofonista alto que existe. Eso, por no hablar de lo más importante: su *feeling*… Algún día la gente se dará cuenta de lo importante que es Paul Desmond.

Phil Woods

http://artpepper.net/

El jazz de la posmodernidad

Naked city

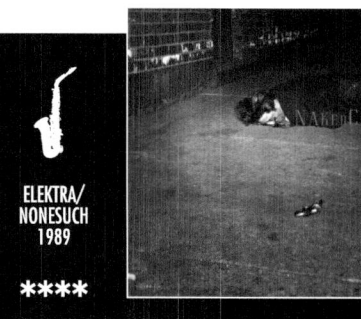

John Zorn + Yamatsuka Eye (vc); Bill Frisell (g); Wayne Horvitz (teclados); Fred Frith (b); Joey Baron (bt)

John Zorn (Nueva York 1953)

ELEKTRA/ NONESUCH 1989

****

Zorn es un tema tabú para Zorn. "La gente me ve como un artista pastiche o como un tipo irónico o como el abanderado de la posmodernidad, y al final acaban hablando sólo de cómo visto o que no tengo muebles en mi apartamento. Le diré lo que soy: soy un currante. Mi trabajo consiste en hacer música". Y trabajo es lo que no le falta. En el tiempo en que se hizo esta entrevista, John Zorn mantenía en activo, al menos, dos bandas en activo –Masada y Naked City– y otras tantas en barbecho; interpreta "avanti lounge music", con The Gift, y "psychedelic country & Western", con Eugene Chadbourne; es un compositor compulsivo de sinfonías al por mayor, autor de bandas sonoras; dirige un local en Nueva york –The Stone– y tiene su propio sello discográfico –Tzadik– con el que edita "todo lo que no suena por la Radio"... "Hay gente que elige pasarse el día delante de la televisión o en los bares. Yo elegí trabajar. Me levanto por la mañana y al minuto estoy trabajando en una idea que se me ha ocurrido para un tema, o repasando las notas para mi nuevo disco o tengo una reunión para discutir sobre las portadas de los discos que vamos a sacar".

Para Zorn, trabajar en lo suyo significa plantarle cara a la conspiración urdida por el poder con el beneplácito/complicidad del mundo del negocio: "Básicamente el mundo se divide entre el mundo del negocio y el del arte. A veces hallamos el modo de interactuar de un modo saludable, pero es muy raro. Yo siempre he ido a mi rollo, hago las cosas a mi manera. Muchos piensan que soy un tipo raro pero ¿quén es el "raro" y quien el "normal"? Yo pienso que los artistas somos un "refugio de normalidad", son todos los demás los que no son normales, aunque no es su culpa. Les han lavado el cerebro, no se les permite acceder al arte..." Definición del arte según John Zorn: "Lo raro y lo hermso. Vivo en alerta permanente, voy por el mundo con los ojos y los oídos muy abiertos, busco lo raro y lo hermoso. La inspiración puede venir de cualquier lado, en cualquier momento".

En su búsqueda de lo bello, Zorn cuenta con la ayuda inestimable de sus amigos y colaboradores: Marc Ribot, Steven Bernstein, Lee Ranaldo, Mike Patton, Fred Frith, Bill Laswell... ellos saben que con Zorn no valen las medias tintas. " Cuando le digo a un músico que debe tocar "menos woo-woo y más ¡que te follen!" le estoy dando una patada en el culo. Lo que quiero es que toque con más pasión, que sea honesto, imaginativo y creativo. Los hay que son una cosa u otra pero muy pocos lo tienen todo. Y yo no admito nada que no sea todo".

"Advertencia: algunos elementos visuales de esta página Web pueden herir la sensibilidad de algunas personas" (The Unofficial John Zorn Homepage).

Arcana I, II. (John Zorn. Tzadik 2007).

Ferrera : Masada Live at Tonic 1999. (Tzadik 2004).

Joe Maneri, Ornette Coleman, Ennio Morricone, Misha Mengelberg, Anthony Braxton, Charles Ives, Raymond Scott, Frank Zappa…

Buckethead, Fantômas, Marc Ribot, Wayne Horvitz, Dave Douglas, Fred Frith, Bobby Previte, Jamie Saft, Joey Baron, Dead Capo…

Masada: "Live in Sevilla 2000"
TZADIK 2000

Lo más parecido a un "supergrupo" del nuevo jazz. Masada reúne el expansivo talento de John Zorn como compositor, intérprete y succionador del talento ajeno (lo que suele definirse como "catalizador"), con la capacidad creativa de algunos de sus colaboradores más allegados: el trompetista Dave Douglas; Greg Cohen, al contrabajo; y Joey Baron, a la batería. La música de Masada es el resultado de combinar los ritmos y cadencias de la tradición judía y la música *klezmer* con la contemporaneidad del jazz y demás géneros musicales afines.

http://www.tzadik.com/
http://jfgraves.tripod.com/zorn-index.html

Jazz & hip hop

Doo bop

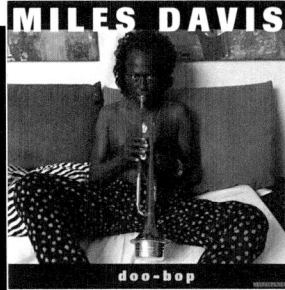

Miles Davis + Easy Mo Bee (prog, samp, rap); Kenny Garrett (sa); Deron Johnson (teclados); Foley (b)...

Miles Davis (Miles Dewey Davis. Alton, Illinois 1926 - Santa Monica, California 1991)

WARNER BROTHERS 1991

*****

Nadie como Miles Davis reflejó con mayor exactitud el espíritu cambiante del jazz. El autor de incontables obras maestras *(Birth of the cool, Kind of blue, Bitches Brew...)*, jamás volvió la vista hacia lo ya hecho y solo pensaba en lo por hacer. Miles señaló el camino a seguir a sus contemporáneos, para quienes fue referencia y fuente de inspiración. Creó estilos –del *cool jazz* al jazz rock pasando por el jazz modal, sus diversas experiencias orquestales o sus aventuras en quinteto al borde de la atonalidad–, inventó un sonido, avaló carreras –¿qué músico de jazz de la modernidad ha podido escaparse a su influencia?– y nada de ello tuvo importancia para él comparado con lo que pudiera traerse entre manos en ese momento.

"Cuando oigo a los actuales músicos de jazz tocar los mismos *licks* que nosotros solíamos tocar hace tanto tiempo, me inspiran compasión. Quiero decir que es como acostarse con una persona vieja de verdad, que incluso huele a vieja. A la mayoría de la gente de mi edad le gustan, por ejemplo, los muebles antiguos y pomposos; a mí me gustan los objetos simples y elegantes de ata tecnología que casi siempre proceden de Italia. Colores frescos y líneas sueltas, largas, estilizadas; no quiero exceso de mobiliario".

Con 65 años cumplidos, Miles afrontó el reto de grabar un disco de *hip hop*. Lo hizo a su estilo, siguiendo su propio método operativo y sin permitir que absolutamente nadie se interpusiera entre su santa voluntad y el resultado. Como Erik Satie acudiendo a la música de circo, y de cabaret para buscar inspiración, Miles tomaba el pulso –una vez más– al tiempo que le tocó vivir. Su forma de interpretar la música de la calle es en extremo respetuosa con el producto en origen. Apenas se advierten transformaciones en lo que, por entonces, constituían las prácticas habituales de *dee jays* y "raperos".

"Procuro que mis jugos artísticos continúen fluyendo. Incluso he experimentado con algunas canciones rap. He oído decir que Max Roach opina que el próximo Charlie Parker deberá salir de los ritmos y las melodías rap.

Por desgracia, Miles falleció a mitad de la grabación, lo que obligó al productor Easy Mo Bee a completar el resto. El que acaso sea el primer disco de *jazz & hip hop* de la historia es, todavía hoy, el mejor de cuantos se han realizado siguiendo dicha tendencia híbrida. Como puede suponerse, *Doo bop* fue vapuleado sin piedad por la crítica de jazz. Algo a lo que también Miles estaba acostumbrado.

"Lo mío es lo contemporáneo. Tengo que estar siempre en la cresta de la ola, simplemente porque así he sido siempre y así soy. Me gustan los desafíos y las novedades que acrecientan mi vigor.

"Confidencialmente: ¿a que a todos nos gustaría volver a escuchar al Miles de antes?". (Woody Shaw).

Miles. La autobiografía. (Miles Davis, Quincy Troupe. Alba Editorial. Barcelona, 2009).

Miles In Paris. (Warner Music Vision 2001).

Dizzy Gillespie, Clark Terry, Charlie Parker, Louis Armstrong, Freddy Webster, Roy Eldridge, Ahmad Jamal, Gil Evans, Tony Williams...

Gerry Mulligan, Chet Baker, Cannonball Adderley, Art Farmer, Max Roach, Wayne Shorter, Herbie Hancock, Ron Carter, Eddie Henderson, John McLaughlin, Dave Holland, Gary Bartz, Bob Berg, Mike Stern, John Scofield, Mike Stern, Bill Evans...

Steve Coleman & Five Elements: "On the edge of tomorrow"
JMT (DIVERDI), 1986

El artista y su método: por "M-Base" (acrónimo en inglés de "*ro-basic array of structured extemporization* o "arreglo macro-básico de *extemporización* estructurada") se entiende tanto el estilo de música parcialmente inspirado en Ornette Coleman y su particular acercamiento a los ritmos *funk,* como el colectivo fundado por Steve Coleman, y del que formaron parte la cantante Cassandra Wilson y el también saxofonista Greg Osby, entre otros. El modelo de organización basada en el colectivo que rigió en "M-Base" ha seguido inspirando a Coleman en sus posteriores encarnaciones, el caso de "Five Elements". En *On the Edge of tomorrow,* le acompañan la propia Cassandra Wilson, cantando; Geri Allen, al piano; Graham Haynes, a la trompeta...

http://www.milesdavis.com/es/
http://www.plosin.com/milesAhead/

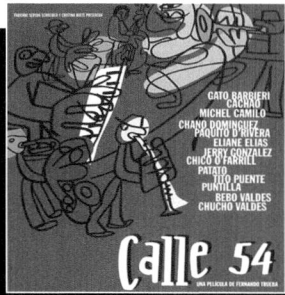

Latin Jazz: un género aparte

Calle 54

Jerry González (t); Gato Barbieri (st); Paquito D'Rivera (sa, cl); Michel Camilo, Chano Dominguez, Bebo Valdes, Chucho, Valdes, Eliane Elias (p); Cachao (b); Tito Puente (vb, prc); Patato, Puntilla (prc)...

LOLA RECORDS (EMI) 2000
*****

Varios

Calle 54 es el primer largometraje dedicado al jazz latino. Es un proyecto que no pudo haberse retrasado. Pocas semanas después del rodaje, fallece Tito Puente. Bebo Valdés sufre una trombosis (de la cual felizmente se recupera), un par de meses después. La primera generación del jazz latino no tiene tiempo que perder. Para Fernando Trueba, la más difícil tarea del empeño posiblemente ha sido la selección del elenco. Por una parte ha deseado ser representativo. Por otra, absolutamente íntegro al elegir los más destacados intérpretes, sin la menor consideración comercial. Aunque lo más importante para él era ser sincero, incluir lo que de verdad ama. Durante doce días, del 7 al 18 de marzo, se dan cita en los estudios de la Sony de la Calle 54 en Nueva York, músicos de diversas generaciones y latitudes que han dejado huella indeleble en el jazz latino, desde la segunda mitad del siglo XX hasta el presente.

Nat Chediak

Mi primer contacto "consciente" con el jazz latino había tenido lugar a principios de los ochenta, cuando escuché el primer disco norteamericano de Paquito D'Rivera: *Blowin*. Antes había escuchado algún disco "latino" de Dizzy Gillespie, o el magistral *Jazz/Samba* de Stan Getz con Charlie Byrd, o los mejores de Gato Barbieri de los años setenta: los *Chapter One a Chapter Four*, o la banda sonora de *El último tango en París*... Pero aquel disco fue una revelación para mí: la exaltación que esta música produjo en mí me convirtió al instante en un incondicional de Paquito.

Escuchando a Paquito, cuya sabiduría para elegir pianistas es notoria, fui descubriendo a Michel Camilo, Hilton Ruiz, Jorge Dalto, Ed Simon, Danilo Pérez... Y rastreando en su pasado cubano, a Chucho Valdés y su electrizante banda: Irakere, así como al desaparecido Emiliano Salvador. La lista se iría ampliando con el tiempo. Primero, con los clásicos: Mario Bauzá, "Machito", Mongo Santamaría, Chico O'Farrill, Cal Tjader, Tito Puente, Bebo Valdés, "Chombo", "Cachao", "Patato", los Palmieri, Ray Barretto... Luego con músicos más jóvenes, como Jerry González y su Fort Apache Band, los trombonistas Steve Turre y Juan Pablo Torres, los saxos David Sánchez y Mario Rivera, el conguero Giovanni Hidalgo... Y de Brasil, el piano de Eliane Elias, la trompeta de Claudio Roditi o el saxo de Víctor Assis Brasil... Y tantos y tantos otros que alimentan lo que se ha convertido para mí en una gran pasión.

En 1995 decidí incluir en la escena final de mi película *Two Much* a un grupo de músicos tocando en vivo. Junto a Michel Camilo, que escribió la música de la película, estaban Paquito, "Cachao", Mike Mossman, Guarionex Aquino y Cliff Almond. La exaltación que la música produjo en todos los presentes, desde el equipo a los actores, a los extras, e incluso a la gente que pasaba por allí, era contagiosa. A partir de aquel momento, empecé a darle vueltas a la idea de consagrar una película a aquella música. Al principio me parecía imposible, como un sueño. La idea inicial fue evolucionando y tomando forma, y finalmente, el sueño se hizo realidad.

No se trata de un tratado académico. Esta es una película muy personal. No se trataba de decir que los que están aquí son y los que no, no son. Pero yo tenía que sentir que los que estaban en el rodaje eran mis músicos preferidos, los que amaba, y nadie va a discutir que los que están, sí son.

Fernando Trueba

"La película brilla en lo cinematográfico y en lo musical: desde los retratos, cámara en mano, de cada uno de los músicos, a las actuaciones preparadas suntuosamente". Elvis Mitchell.

📖 *Calle 54.* (Fernando Trueba. Sociedad General de Autores y Editores SGAE-Iberautor. Madrid, 2000)

🎞 *Calle 54.* (Lolafilms 2000).

Michel Camilo "Mano a mano"
EMARCY (UNIVERSAL), 2011

Cada vez toca mejor: menos notas, con más sentido. Camilo madura como el buen vino al que es tan aficionado. En *Mano a mano,* el dominicano evoca la tradición del trío de jazz, la de Nat King Cole y George Shearing, para ofrecernos algunas versiones estilizadas de *Naima, The sidewinder...* ¡y *Lonely woman*, de Ornette Coleman! (camuflada entre los pliegues de *Rumba pa ti*). Una delicia.

http://www.calle54film.com/

Nuevos aires para la *big band*

Concerto Piccolo

Mathias Rüegg (dirección) + Lauren Newton (vc); Wolfgang Puschnig (sa, f, piccolo); Herbert Joos (t, flisc, trompa alpina); Harry Sokal (st, ss, f); Wolfgang Reisinger (prc)…

Vienna Art Orchestra (1977-2010)

HATART
1980
****

El largo camino hacia una Orquesta Nacional de Jazz

Veintiocho años después de su creación, se sigue hablando de una *big band* distinta a cuantas circulan por los escenarios del jazz. Su director y compositor de la mayoría de las piezas, Mathias Rüegg, resume la filosofía de la VAO en el binomio "arte y diversión": "Nuestra música va dirigida al cuerpo y a la mente. No pretendemos ser intelectuales sino sonar frescos y divertidos. Nuestro verdadero enemigo es el aburrimiento".

Con más de un cuarto de siglo de historia a sus espaldas, la VAO –"lo de "Art" fue una broma cuando lo inventé, una forma de provocación"– se renueva a sí misma a través de un espectáculo insólito dentro del jazz que combina la música con las artes escénicas y cinematográficas. Como muchas de las grandes bandas pop, junto con la orquesta se desplaza un equipo técnico encargado de montar el escenario para cada actuación. "Es un espectáculo muy preciso de la primera a la última nota donde juegan un papel primordial las luces, los gestos y las imágenes. Nuestros conciertos son tanto para escuchar como para ver, aunque lo que se escucha valdría por sí mismo". "Nosotros tocamos jazz americano a través del cristal europeo". Partiendo del uso irónico e inteligente de los más diversos materiales del jazz, la música de vanguardia y el repertorio clásico –la VAO ha dedicado discos a la música de Johann Strauss, Brahms y Mozart–, se concluye en un jazz con identidad propia y una clara vocación europea. Su director, sin embargo, muestra sus reservas al respecto: "Hay que reconocer que, en lo profesional, los europeos todavía tenemos que aprender mucho. En los Estados Unidos, donde quiera que vas, escuchas una música fantástica, sea pop, rock, jazz o *country & western*. Eso es porque no existe diferencia entre lo comercial y lo artístico. Allí el arte debe entretener y la música 'comercial' la interpretan los mejores músicos. Sin embargo, en Europa, esa distinción perdura y eso hace que en música clásica seamos los primeros, mientras que en el resto aún vayamos muy por detrás".

La VAO está compuesta por una veintena de jóvenes maestros provenientes de los Estados Unidos, Australia, Brasil, Italia, Suiza, Alemania y Austria. Entre sus instrumentos, junto a los habituales en este tipo de formaciones, se encuentran un "didjeridoo" australiano y un amplio surtido de artilugios electrónicos manejados por el "mago" Martin Soller. "No importa qué instrumento toques. Para nosotros, lo único verdaderamente importante es huir del cliché".

"Hay que preguntarse por qué, a pesar de su conocimiento exhaustivo de los valores esenciales del jazz americano, Rüegg sigue siendo un desconocido en los Estados Unidos". (Stuart Nicholson).

Vienna Art Orchestra 1977-1997. (Mathias Rüegg. Falter 1997).

Un'eco attraversa l'Europa: the Vienna Art Orchestra on Tour. (epd - Film Emik, 2000).

George Gruntz, Duke Ellington, Sun Ra, Gil Evans, Charles Mingus, Mike Westbrook, Carla Bley, Brotherhood of Breath, Frank Zappa, Willem Breuker, Erik Satie, Franz Schubert, Johann Strauss...

Wolfgang Muthspiel, Wolfgang Reisinger, Marilyn Mazur, Harry Sokal, Lauren Newton, Ingrid Jensen, Angel Rubio & Big Band del Foro, Italian Inestabile Orchestra, Orchestre National de Jazz de France...

Maria Schneider: "Concert in the garden"
EDICIÓN DE LA ARTISTA (WWW.MARIASCHNEIDER.COM), 2004

Le voy a decir lo que hago: toco algo al piano, lo que sea; lo grabo, me pongo de pie, me coloco los auriculares y trato de seguir con mi cuerpo la pauta de la melodía. Si uno permanece simplemente sentado al piano mirando una página de papel, no le llega el sentimiento del tiempo y la duración que deben tener las cosas. En cambio, al moverte, llegas a sentir en tu interior que aquello que escuchas debería ir más allá en el tiempo en un sentido u otro, simplemente porque el cuerpo te lo pide. Me gusta que la música provoque sentimientos, que te arrebate y te haga sentir de tal modo que te entren ganas de bailar. El baile me sirve de inspiración, las mejores ideas me vienen al bailar. Amo la danza probablemente tanto como amo la música.

Maria Schneider

http://www.vao.at

Dos (o tres) pianistas en uno: Keith Jarrett

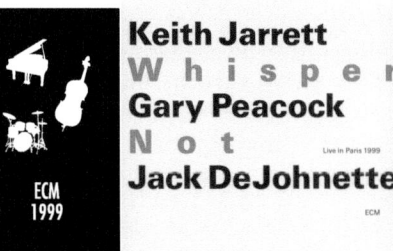

Whisper not

Keith Jarrett (p); Gary Peacock (b); Jack DeJohnette (bt)

Keith Jarrett (Allentown, Pennsylvania, 1945); Gary Peacock (Burley, Idaho, 1935); Jack DeJohnette (Chicago, 1942)

Cuando formé el trío les dije a los chicos: "Quiero que toquemos estándares". Recuerdo que Gary me contestó: "No sé, tocar todas esas canciones que he tocado quinientas veces, como *All the things you are,* no suena como lo que de verdad me apetece hacer". Así que me senté con él y con Jack (DeJohnette), y les dije: "Esto es lo que vamos a hacer: vamos a tocar esta música que es parte de nosotros, pero la vamos a utilizar como un vehículo para convertirnos en los instrumentistas que realmente somos. Lo importante es entender que el material sobre el que vamos a trabajar somos nosotros mismos, no las canciones".

Keith Jarrett

De primeras, Keith Jarrett da miedo. No es sujeto de trato fácil, y acercarse a él entraña un cierto peligro. Las leyendas acerca de su carácter insondable circulan por los mentideros del jazz. Por supuesto, también es un intérprete fuera de serie.

Durante un tiempo convivieron en el pianista dos personalidades casi antagónicas. Estaba el navegante solitario, por un lado, con sus multitudinarios recitales a "piano solo"; y el *chef d'orchestre,* por el otro, con dos conjuntos distintos funcionando al mismo tiempo, según se hallara su conductor actuando en una u otra orilla del "ancho río".

En el año 1975, nuestro héroe encandiló a la nación del jazz y aledaños con su dejarse llevar por las procelosas aguas de la improvisación solitaria *ad limitum,* de aquel *Köln Concert* que es, todavía hoy, uno de los discos de jazz más vendidos de la historia, sino el que más. Después de aquello ya nunca volvería a tocar para otros, aunque sí volvería a interpretar (a su manera) a los clásicos. Una cosa y otra nos llevaron a pensar que, ahora sí, lo sabíamos todo del virtuoso y esquivo *jazzman.* Bastó un disco, *Stándards vol. 1,* editado en el 1983, para que el susodicho volviera a darnos con un palmo en las narices.

Ahora, Jarrett (+ Gary Peacock y Jack DeJohnette) se acogía al más sagrado de los formatos del jazz: el trío de piano.

Poco podíamos imaginar que aquello era apenas el primer esbozo de una obra magna cuyos resultados *in crescendo* irían manifestándose con el paso de los años, sin prisas y sin pausas. El proyecto concienzudo y metódico de quien no deja nada al azar (aún cuando el azar forma parte de su entraña esencia musical). Y es que la música de Jarrett-Peacock-DeJohnette –música cocinada a fuego lento y a oídos del oyente; música de estruendos silenciosos y de silencios clamorosos…– no está tocada para ser disfrutada en tiempo presente; lo mejor en ella, siempre, está por venir.

Son la "máquina suave" (tomo el nombre del poema de William Burroughs) que alza el vuelo dulcemente y, cuando uno se quiere dar cuenta, ya está a varios kilómetros de distancia sobre nuestras cabezas.

"Aunque hemos tomado la decisión de que esta música no vuelva a escucharse en "Umbria Jazz", Jarrett permanece como una parte de la historia del festival". (Carlo Pagnotta).

Keith Jarrett: The Man and His Music. (Ian Carr. Da Capo, 1992).

Tokyo Solo. (ECM 2006).

Bill Evans, McCoy Tyner, Art Tatum, Bud Powell, J. S. Bach, Dmitri Shostakovich, George Ivanovich Gurdjieff…

George Winston, Jan Garbarek, Michel Petrucciani, Bobo Stenson, Brad Mehldau, Esbjörn Svensson, Martin Tingvall, Robert Glasper, Roberto Fonseca, Diego Amador…

Keith Jarrett "Rio"
ECM 2011

Tocar solo es algo absorbente. Es como si yo fuera tres personas diferentes, una está escuchando, una está tocando y la tercera está creando. Tienen que funcionar muchas cosas en un concierto para que ocurra algo preciso, y todas estas cosas han concurrido en un momento y un lugar en mi vida. Sería estúpido presuponer que algo así pasará de nuevo porque sí. Sería como si yo tuviera que competir conmigo mismo, y yo no siento que pueda competir con *Río*. Todo lo que se escucha en el disco ha sido improvisado, pero incluso a mí me cuesta creerlo. En Brasil aprendí algo muy importante: al mundo "occidental-civilizado-sofisticado", le falta frescura. Sin embargo, los que vinieron a escucharme en Río estaban realmente vivos. Yo me sentía en algún lugar en el sur, entre medias de la música española, brasileña y portuguesa.

Keith Jarrett

http://www.keithjarrett.it/

El contrabajista como líder

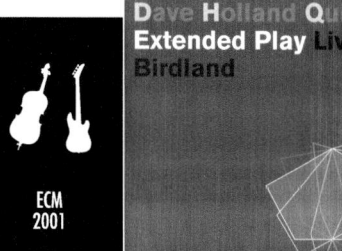

Extended play/ Live at Birdland

Dave Holland + Robin Eubanks (tb); Chris Potter (st); Steve Nelson (vb, marimba); Billy Kilson (bt)

Dave Holland (David Holland. Wolverhampton, Inglaterra, 1946)

Opina Dave Holland

Influencias. De los nombres con los que he tocado, por supuesto que Miles Davis es uno de los más importantes. Yo tenía 21 años, era muy joven... la posibilidad de trabajar con Miles en ese momento de mi vida fue muy importante para mí, y muy formativa. Sam Rivers, el saxofonista, fue otra influencia importante para mí, y yo diría que Herbie Hancock también lo fue. Él me enseño a disfrutar más de "la alegría" de tocar.

Su música. Yo diría que la "intensidad" es una característica intencionada de mi música... la "intensidad" puede ser delicada o fuerte, puede ser muchas cosas, pero para mi es algo que tiene que ver con la intencionalidad, es decir, con la intención de expresarse uno mismo y hacerlo claramente, y esa es la "intensidad" que perseguimos.

Lo que busca. Busco desarrollar la capacidad de utilizar el lenguaje musical de forma que los músicos exploren sus propias ideas individuales, pero también busco a aquellos músicos que sean muy conscientes de las necesidades expresivas del grupo. Para mí, la técnica es una cuestión puramente mecánica: solo tiene sentido cuando se utiliza para expresar algo, y ese "algo" son los sentimientos.

Aprendizaje. Para mí, el auténtico "conservatorio" de la música es su ejecución, la posibilidad de trabajar con un grupo durante unos años y desarrollar la música. Eso es para mí el conservatorio, el lugar donde aprendemos los unos de los otros y descubrimos lo que realmente podemos hacer.

Nuevas soluciones. Durante tu vida desarrollas un lenguaje musical personal al que no estas dispuesto a renunciar, pero en el jazz, con Ellington, John Coltrane o Miles Davis, tienes un claro ejemplo de músicos que estaban en constante evolución... algunos elementos permanecían, pero otras cosas cambiaban, así que son buenos ejemplos de creatividad.

Cambiar para sobrevivir. Pienso que el cambio es parte de la vida. Los cambios suceden te guste o no, y para mí una forma de superar algo así es utilizar esos cambios para expresar algo. No puedes escapar del cambio, por lo que debes aprender a utilizarlo y orientarlo en la buena dirección. Yo no puedo correr tan rápido como cuando tenía 20 años, pero probablemente ahora tengo mas claro adónde debo ir...

Dave Holland

"Dave era un tío muy serio que no hablaba ni papa, siempre cargando con ese bicho tan grande... yo le presentaba unas seguiriyas o unos tangos y veía que el tío lo escribía todo. Cada cosa la tocábamos una vez y otra hasta que la agarraba. Ahora, el inglés ya tiene metido el flamenco en él". (Pepe Habichuela).

Miles Davis. La biografía definitiva. (Ian Carr. Global Rhythm, 2005).

Dave Holland Quintet - Live in Freiburg. (Tdk, 2005).

Duke Ellington, Charles Mingus, Gary Peacock, Scott LaFaro, Thelonious Monk, Miles Davis, Paul Chambers, John Coltrane, Eric Dolphy, Sam Rivers, Anthony Braxton...

Barry Altschul, Jack DeJohnette Bill Frisell, Robin Eubanks, Steve Nelson, Esperanza Spalding, Baldo Martínez, Pepe Habichuela, Anouar Brahem...

Charlie Haden "The Montreal tapes"
VERVE, 1989, 1994, 2004

En el año 1989, el Festival de Jazz de Montreal, Canadá, dedicó ocho jornadas seguidas al jazzista nacido en la localidad de Shenandoah, Iowa, en el año 1937, con un programa distinto cada noche y los músicos y el repertorio a la libre elección del homenajeado.

El resultado es un elenco de estrellas del jazz desconocido desde los lejanos tiempos en que era dado escuchar a Charlie Parker, Lester Young, Nat King Cole y Roy Eldridge reunidos sobre un escenario, durante las reuniones de *Jazz at the Philarmonic*.

Salvando las distancias, *The Montreal tapes* iguala en brillo y esplendor a aquellas sesiones míticas.

http://www.daveholland.com/

Sabores "reconstruidos", esencias contaminadas. El jazz de los "novísimos"

Gustav Mahler/Uri Caine: Urlicht/primal light

Uri Caine + Dave Douglas (t); Don Byron (cl); Marc Feldman (vl); Joey Barron (bt); DJ Olive (dee jay)...

Uri Caine (Filadelfia, 1956)

WINTER & WINTER (DIVERDI) 1996
*****

Para quien no le conozca, Uri Caine es un señor que junta a Mozart con un pinchadiscos de moda y un cantante brasileño que pasaba por ahí, y al final resulta que aquello es el descubrimiento del siglo. Su facilidad para combinar lo incombinable y que el guiso resultante sepa a gloria bendita, desafía cualquier lógica. Si no fuera por lo "facilón" del símil, se le podría comparar con alguna de nuestras grandes figuras de los fogones. Ferrán Adriá, por caso. Que los *collages* sonoros de Uri Caine ejercen un irresistible poder de fascinación más allá de los gustos de cada uno, es cosa que nadie puede negar, y muy pocos pueden explicar. Los encargados de las tiendas ya no saben dónde colocar sus discos, si en la sección de jazz, en la de clásica, o en la de "canción melódica". A Uri Caine se le ve en los escenarios de jazz tocando jazz, y en los de clásica tocando algo que no se sabe qué es. Es así que, en pleno festival de jazz, el habitualmente considerado como músico de jazz ha venido para tocar en el muy clásico y muy formal Auditorio Nacional de la capital de España, en su sala de cámara. Y no de *smoking,* precisamente: una camiseta de saco de color blanco y los pantalones de saldillo a medio caer. Razón: el estreno en nuestra ciudad de su versión de *Las lamentaciones nocturnas de Jeremías.* Un tema recurrente en la historia de la música –el llanto por la destrucción de Jerusalén a manos de Nabucodonosor–, desde Thomas Tallis hasta Stravinski. Solo que Caine, como siempre, va a lo suyo. Y lo suyo, no se parece a ninguna otra cosa. Que Caine haya reunido sobre un escenario a semejante grupo de artistas de tan diversa procedencia y condición llama menos la atención que el hecho de haber conseguido encontrar el punto común a todos ellos, manteniendo los sabores originales en boca. Se me entienda: aquí nadie hace nada que no haga de habitual, la flamenca canta flamenco, y la cantante de gospel, lo suyo. Que cada cosa no vaya por su lado y exista un orden y una coherencia, es mérito del autor de semejante pandemónium inclasificable y arrebatador en el que no todo está escrito. Pero en algo se tiene que notar que es un músico de jazz.

"Sus revisiones de Bach, Beethoven, Wagner o Mahler han abierto nuevas puertas a una música demasiado contaminada por las santificaciones de los intérpretes clásicos. Caine la desnuda y la reviste de instrumentaciones originales, callejeras, vivas. Les aporta nueva vida". (Jesús Ruíz Mantilla).

John Zorn: Tradition and Transgression. (John Brackett. Indiana University Press, 2008).

Gustav Mahler: Detaching From the World. (Winter & Winter, 2006).

Gustav Mahler, Richard Wagner, Irving Berlin, Fats Waller, Bud Powell, Thelonious Monk, Mark Feldman, Herbie Hancock, Marty Ehrlich, Bernard Herrmann, Mickey Katz, DJ Olive...

Zach Danzige, Don Byron, Dave Douglas, Mark Feldman, Drew Gress, Ben Perowsky, Chris Speed, Ralph Alessi...

Dave Douglas: "Charms of the night sky"
WINTER & WINTER 1997

El jazz se ha convertido en un lenguaje universal. Hay un jazz americano y otro español, holandés, italiano... la naturaleza cultural del jazz es diferente en cada país; incluso en la propia Norteamérica existe un panorama diverso: no tiene nada que ver la escena en Seattle, Austin, Chicago, Boston o Nueva York. Con todo esto, al final, me siento como un ciudadano americano que ama la música y está interesado en lo que ocurre a mi alrededor, no solo en mi país. Resulta muy frustrante que en América no se escuche a los músicos europeos. Me gustaría cambiar esta situación.

Dave Douglas

http://www.uricaine.com

El toque humano: los nuevos pianistas de jazz

The art of Trio (vols. 1, 2, 3, 4, 5)
Brad Mehldau + Larry Grenadier (b); Jorge Rossy (bt)

Brad Mehldau (Bradford Alexander Mehldau. Jacksonville, Florida, 1970)

WARNER BROS
1997-2001
★★★★

Brad Mehldau ha conmocionado el mundillo del jazz con un lenguaje pianístico profundo, innovador y complejo. No es extraño que quienes tuvieron el privilegio de asistir al nacimiento artístico de Bill Evans en los cincuenta, encuentren algún parecido entre ambos fenómenos: ahora, como entonces, se tiene la certeza de estar ante un artista que descubre una vía fecunda cuyo umbral nadie ha pisado.

Mehldau empezó a jugar con el teclado a los cuatro años. Desde el primer momento supo que la música iba a ser su medio ideal de expresión: "Tiene un grado de autonomía que no tienen las demás artes. No necesita referirse a nada concreto. Además, se mueve con el tiempo y puede basarse en la improvisación. Creo que es lo que más se parece a la vida. El público está justo ahí delante, y su conciencia y la tuya coinciden en un momento preciso". La escena española del jazz fue una de las primeras en saber que Mehldau iba camino de convertirse en un gigante del piano. Se le escuchó en vivo, junto a músicos de la tierra, en varias ciudades, y debutó como líder en los estudios con *When I fall in love*, grabado para el sello catalán Fresh Sound. Ya en aquel disco de 1993 (llamado a ser codiciada pieza de coleccionista) le acompañaba el extraordinario batería barcelonés Jorge Rossy, un feliz encuentro de almas gemelas. La incorporación del contrabajista Larry Grenadier, un sobrio torrente de energía controlada, cerró la plantilla de uno de los grandes tríos de la historia del jazz. Desde entonces, su entendimiento no ha cesado de crecer en imaginación, intensidad y pureza.

La labor conjunta está bien documentada en los cuatro volúmenes que hasta el momento integran la espléndida serie *Art of the trio*, pero Mehldau también ha querido probar la fórmula del solo absoluto. "Tocar en solitario concede mucha libertad, pero supone una responsabilidad anadida". A la confección de ese mapa mental contribuyen tanto las influencias de grupos de pop y rock como de compositores europeos, en especial Bach y los románticos alemanes. "Escucho todo tipo de música. Me gusta mucho el último disco de Massive Atack porque tiene una riqueza textural muy superior al resto de los grupos tecno. Y Beethoven hizo algo tan jazzístico como hacer música pensando no en los reyes o la Iglesia, sino en sí mismo, y eso es muy similar a cuando improvisas", añade.

El interés del pianista por la cultura germana trasciende lo musical, y con la ayuda de su novia, alemana, está estudiando para leer a Goethe y Mann en su idioma original. "En el mundo en que vivimos todo es relativo y resulta imposible que un criterio prevalezca sobre otro. Se tiene que fomentar la convivencia de ideas y personas. En el caso del jazz es cada vez más evidente que no se puede definir con un solo concepto, ya sea europeo, tradicional, vanguardista o gran música negra. Mi experiencia en el jazz es que la vanguardia defiende esa idea romántica de que hay que olvidar la noción de historia y de los puntos de partida; creo que conocer el pasado da libertad para crear en el presente".

Federico González

"El día que las máquinas tengan inteligencia y sabiduría podrán tocar jazz como lo hace el pianista norteamericano Brad Mehldau". (Chus Neira).

Live in Marciac. (Nonesuch, 2011).

Bill Evans, Paul Bley, Miles Davis, Herbie Hancock, Fred Hersch, Keith Jarrett, McCoy Tyner, Chick Corea, Nick Drake, "Radiohead"...

Larry Grenadier, Jorge Rossy, Esbjörn Svensson, Ethan Iverson, Martin Tingvall, Robert Glasper, Xan Campos, Moisés P. Sánchez...

The Bad Plus: "Never stop"
EMARCY (UNIVERSAL), 2010

Parece cualquier cosa menos un trío de jazz. Su secreto: The Bad Plus interpretan jazz como lo haría un grupo pop. Sin electricidad pero con un *groove* irresistible. *Never Stop* es su primer disco de originales al cien por cien. Temas como *Beryl loves to dance* o *My friend Metatron* son un concentrado ecléctico de esencias diversas/dispersas. Intensos hasta el agotamiento.

http://www.bradmehldau.com/

Europa pide la palabra

Napoli´s walls

Louis Sclavis + Vincent Courtois (cello); Médéric Collignon (t, vc, vientos, electrónica); Hasse Poulsen (g)

Louis Sclavis (Lyon, Francia, 1953)

Hace tiempo que no toco en los Estados Unidos. El problema con los Estados Unidos, es que nadie sabe nada del resto del mundo, y el otro problema es que no hay dinero para la cultura; y lo peor es que esta situación está llegando a Europa. Cada vez tenemos menos derechos y la cultura es un bien que nadie protege, ¿para qué?. En pocos años vamos a vivir como los americanos. Cada vez más nos estamos convirtiendo en americanos solo para lo malo, y lo malo es que la vida para el artista en América es muy difícil, así que no nos queda otra que batallar en Europa por la continuidad de nuestra línea de pensamiento y nuestra cultura.

Todo ese debate acerca de la identidad, ¿qué es "identidad"? No lo sé. Yo toco con los músicos que me gustan y tratamos de hacer lo que nos gusta y ni me paro a pensar en mi identidad. Por eso no me da miedo perder mi identidad, porque no necesito ser de algún sitio para sentir que tengo una identidad.

Yo soy de ningún sitio. Soy de Lyon y Lyon no tiene una cultura fuerte. Para mí todo este asunto de "yo soy de aquí" y "esta es mi identidad cultural" no me gusta en absoluto y es más: pienso que va a constituir un serio problema en el futuro. No sé lo que es jazz francés, solo conozco mi música. Llevo componiendo y tocando mi música desde hace 35 años y para mí eso es más que suficiente. Es MI música; no creo demasiado en un "jazz europeo" y un "jazz americano". Lo que hay son buenos músicos en todos sitios.

Tampoco es que me preocupe demasiado si soy un músico de jazz, pero, ¿por qué no voy a ser un músico de jazz? Si no soy un músico de jazz, ¿qué es lo que soy?: no lo sé. Podía decir que es la manera más fácil de definirme, aunque no fuera más que porque toco en los escenarios del jazz. Pero también toco otros géneros de música porque toco junto a tipos muy diferentes de músicos. Porque mi música no es solo MI música sino que es un trabajo colectivo que surge de los músicos con los que trabajo. Si toco con Michel Portal toco un tipo de música, con Joachim Kühn sale otra, cuando toco con músicos jóvenes otra distinta; a veces compongo para el cine o para el teatro… a veces es más jazz, a veces menos, a veces no es jazz en absoluto.

Louis Sclavis

"El jazz del Workshop de Lyon es ese jazz que lleva veinte años jugando a ser *jazz* europeo. Un jazz difícil, civilizado y cortés, porque deja en paz al oyente para que, según esté de ánimo, disfrute de una gran experiencia intelectual o se quede tranquilamente dormido. Destaca Louis Sclavis, capaz de extenuar todas las posibilidades del saxo soprano". (José Ramón Rubio).

Le jazz francais de 1900 a aujourd'hui. (Jean-Dominique Brierre. Hors Collection, 2000).

Ça commence aujourd'hui. (Director: Bertrand Tavernier. Les Films Alain Sarde / Little Bear / TF1 Films Production, 1999).

Buddy DeFranco, Jimmy Giuffre, Stéphane Grappelli, Perry Robinson, Barney Wilen, Henri Texier, Jan Garbarek, Michel Portal...

Gérard Siracusa, Yves Robert, Dominique Pifarély, Marc Ducret, Julien Lourau, Baldo Martínez...

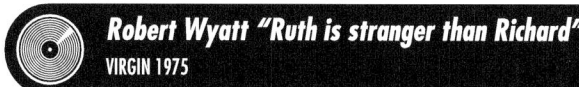

Robert Wyatt "Ruth is stranger than Richard"
VIRGIN 1975

Ruth is stranger... es el punto de encuentro entre las diversas corrientes que singularizaron la escena alternativa en Gran Bretaña en los años setenta y ochenta más allá de las fronteras de género. Wyatt, antiguo integrante del grupo de jazz-rock Soft Machine convertido en músico "de culto", reune un elenco de instrumentistas dispar hasta extremos impensables: desde un señalado representante del jazz sudafricano en el exilio londinense –el trompetista Mongezi Feza– a la futura estrella de la escena alternativa londinense-neoyorquina, el guitarrista Fred Frith; además del saxofonista Gary Windo –uno de los mayores talentos que ha dado el jazz británico en su historia, prematuramente fallecido– y otros ilustres miembros de lo que entonces era conocido como el "Sonido Canterbury". La música lánguida y ensoñadora de Wyatt remite tanto a las modernas corrientes del pop en la fecha en que fue grabado como al nuevo jazz de Ornette Coleman-Charlie Haden pero, sobre todo, es el testimonio único e intransferible de su autor, a cuyas composiciones ha dedicado la Orquesta Nacional de Jazz de Francia uno de sus programas.

http://sclavisfansite.jp/

My old flame: los grandes tenores no mueren

Rabo de Nube

Charles Lloyd + Jason Moran (p); Reuben Rogers (b); Eric Harland (bt)

Charles Lloyd (1938, Memphis, Tennessee)

ECM
2008

*****

Charles Lloyd tiene razones sobradas para mostrarse suspicaz con las nuevas generaciones: por su cuarteto han pasado muchas de las actuales figuras del jazz que no siempre han sabido mostrarse agradecidas con su maestro. A la cabeza, un nombre: "Jarrett, siempre Jarrett. Me cansa que me sigan preguntando sobre él, como si fuera el único músico con el que he tocado nunca. ¿Qué pasa con Michel Petrucciani y con Bobo Stenson, Zakir Hussain, Billy Higgins...?". Así las cosas, el saxofonista se muestra feliz y contento con los actuales miembros de su conjunto. Tanto Jason Moran como Reuben Rogers o Eric Harland se inclinan al paso del venerable jazzista. "La diferencia de edad hace que mis referencias no sean las mismas que las de los músicos que tocan conmigo".

De su pasado alternando con la flor y nata del *Flower Power* conserva apenas el gusto por la ropa informal. "El último *hippy* sobre la tierra" niega con vehemencia su condición de tal: "Vienen a verme como a una pieza de museo, algunos no terminan de convencerse de que nunca he sido *hippy...*"; se da el caso de que el cuarteto del saxofonista, con Keith Jarrett, fue el primer grupo de jazz en actuar en el legendario Fillmore East Auditorium de San-Francisco y el primero en vender un millón de discos con *Forest Flower: live at Monterey.*

Convertido en el "artista de jazz del año" por *Down Beat,* Lloyd viajó a la Unión Soviética en plena Guerra Fría: "Nuestro concierto en Tallin fue algo especial, aunque yo no me enteré hasta que regresé al cabo de los años y me contaron que todos los que estuvieron involucrados en el mismo habían sido depurados, ¡pero si incluso prohibieron tocar el saxofón en la Unión Soviética!".

A primeros de los setenta, en la cumbre de su carrera, Lloyd disolvió el cuarteto y emprendió la huida en dirección a Big Sur, antiguo refugio de Henry Miller, Langston Hughes, Lawrence Ferlinghetti y Jack Kerouac. Allí permaneció atado a un "viaje interior" que duró quince años: " Había estado viviendo en el meollo del negocio musical y me estaba empezando a afectar... así que lo envié todo a paseo buscando una vida más sencilla y profunda" El regreso de Lloyd al mundo de los vivos, en el año 1977, significó el reencuentro con su viejo amigo, el baterista Billy Higgins. "Nos reconocimos el uno al otro como dos que habían vuelto a nacer. Ambos habíamos dejado mucho atrás. Él se había transformado en un sufí. Su espíritu se había hecho fuerte".

Hacer música: para Lloyd, una forma de elevar la mirada sobre la mediocridad imperante. "Al final, todo consiste en cantar una melodía desde el interior del alma; algo que ayude a liberar el espíritu. Un ejemplo: cuando el 11-S, estábamos en el Blue Note y tocamos una canción de Silvio Rodríguez, *Rabo de Nube*. De repente, todo el auditorio estaba en lágrimas. Algo ocurrió, como si esta pieza hubiera liberado algo muy profundo".

«Este disco emana todo aquello que hace del jazz un arte tan efervescente/vibrante». (Budd Kopman).

Keith Jarrett: The Man And His Music. (Ian Carr. Da Capo, 1992).

Keith Jarrett – Directions. (Standing Oh!Vation, 2008).

Ben Webster, John Coltrane, Coleman Hawkins, Lester Young, Billie Holiday, Duke Ellington, Charlie Parker Bobby Blue, Howlin' Wolf, B. B. King, Phineas Newborn, Ravi Shankar, Mikis Theodorakis...

Cannonball Adderley, Jack DeJohnette, Chico Hamilton, Ron McClure, David S. Ware, Jan Garbarek, Billy Higgins, Bobo Stenson, Michel Petrucciani, Jason Moran, Maria Farantouri...

Sonny Rollins "Road Shows, vol. 2"
DOXY (UNIVERSAL), 2011

La mera idea de convocar sobre un escenario a los dos colosos del jazz moderno, Sonny Rollins y Ornette Coleman, constituía una quimera equiparable a la tantas veces anunciada reunión de los cuatro Beatles. Hasta aquel 10 de septiembre del 2010 en que se quiso celebrar el ochenta cumpleaños del primero con un concierto-homenaje en el teatro Beacon de Nueva York. El encuentro entre los ex amigos se revistió con todos los caracteres de la leyenda. El resultado son veinte electrizantes minutos del mejor jazz imaginable, con los dos saxofonistas dando lo mejor de sí mismos sobre una pieza de Rollins, *Sonnymoon for two*.

http://www.charleslloyd.com/

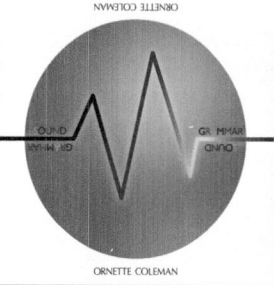

"Gramática de los sonidos"

Sound Grammar

Ornette Coleman + Gregory Cohen (b el); Tony Falanga (b); Denardo Coleman (bt)

Ornette Coleman (Fort Worth, Texas, 1930)

SOUND GRAMMAR (UNIVERSAL) 2006
****

Teoría de la gramática de los sonidos

Hay mucha gente que interpreta. En música, a la interpretación se le llama "cambios". Los cambios te indican dónde estás. Juntando los cambios con el sonido obtienes una gramática (pausa). Los seres humanos se expresan utilizando un lenguaje llamado "gramática". Algo parecido ocurre con los sonidos, los cuales se expresan mediante una gama de frecuencias que se articulan en forma de una gramática. Con la particularidad de que en la gramática de los sonidos solo existe un idioma universal.

Todos generamos sonidos. Los sonidos se interpretan mediante instrumentos. El instrumento es una cosa, la idea es otra. Yo no pienso acerca del instrumento, pienso sobre la idea. De todo esto es de lo que estoy hablando.

Es como cuando se escribe utilizando un alfabeto determinado. Lo que haces viene de la cabeza, no del corazón. Partes de un conocimiento determinado, pero debes darle una forma para que sea inteligible, y eso es la gramática del sonido. Adquirir un conocimiento, darle una forma y volcarlo en algo que sea inteligible.

Toco muchas notas. Pienso que hay una diferencia entre notas e ideas. Me gustaría tocar las ideas pero antes debo encontrar las notas que encajen en mis ideas. Puedes tocar notas y no tocar una sola idea; yo prefiero tocar las notas que expresan las ideas. A eso es a lo que llamo la gramática de los sonidos.

Ornette Coleman

Encuentro en la cumbre

Miércoles, 14 de febrero de de 2007. En el auditorio de la "Philarmonia" de la ciudad de Essen, en Alemania, va a tener lugar el histórico reencuentro entre Ornette Coleman y Joachim Kühn, diez años después de su inolvidable disco conjunto ("Colors"). Fueron dos únicas interpretaciones: "Lonely Woman" en versión contenida y altamente emotiva; y una arrebatadora "Sleep talk". El "único pianista posible", para Coleman, pudo consumir su sueño: volver a tocar con su "padre espiritual". Para Kühn, "la historia de la música se puede reducir a dos nombres, J. S. Bach y Ornette Coleman". Quienes tuvimos la fortuna de asistir al encuentro entre los dos gigantes del jazz nunca podremos olvidarlo.

"Tocar con Ornette era un noventa por ciento de saxofón y un diez por ciento de sueño". (Billy Higgins).

Ornette Coleman - His Life and Music. (Peter Niklas Wilson. Berkeley Hills, 1999).

Ornette Coleman Trio. (Efor 2004).

Louis Armstrong, Louis Jordan, Arnett Cobb, Charlie Parker, Thelonious Monk, Stan Kenton...

John Tchicai, Jimmy Lyons, Marion Brown, Roscoe Mitchell, Oliver Lake, Henry Threadgill, Dudu Pukwana, John Zorn, Gato Barbieri, Charlie Haden, Joachim Kühn, Noah Howard, The Velvet Underground, Pat Metheny...

Joachim Kühn "Bach now!-Live"
UNIVERSAL, 2002

J. S. Bach es a J. Kühn lo que el huevo a la gallina: no se entendería al uno (Kühn) sin el otro (Bach), aunque sí al contrario, claro está. Kühn toca a Bach incluso cuando no lo toca, o no lo hace de forma explícita. Cuestión de paisanaje: el pianista nació a una manzana de distancia de la residencia del genio del Barroco, en Leipzig, y a escasos metros de la iglesia de Santo Tomás, donde aquel ejerció como maestro de coro. En 2002, el pianista residente en Ibiza regresó a la ciudad donde vio la luz. En ésta ocasión, el jazzista iba a tener la oportunidad de interpretar los motetes de Bach en la misma iglesia de Santo Tomás y utilizando el mismo instrumento que sirvió al maestro. "Bach now!" es el fruto de la colisión –no exenta de una cierta violencia- entre el "pianismo" desmesurado de Kühn y la música de Bach; la "libre improvisación" al estilo del Siglo XXI (Ornette Coleman) y la composición sustentada en la improvisación entendida al modo de los siglos XVII-XVIII. Ni "fusión" ni "tercera vía" (*Third Stream*), sino todo lo contrario: "el director del coro me habló de Bach como el primer "jazzman" de Leipzig... aunque no supieran entonces lo que es el jazz" (J. K.).

http://www.ornettecoleman.com/

Textos
(por orden de aparición)

Manu Grooveman. Bloguero ("La Música es mi Amante").

Mezz Mezzrow (Chicago, 1899-París, 1972). Clarinetista de jazz. Autor de *Really the blues*.

Julio Cortázar (Ixelles, 1914-París, 1984). Escritor, novelista y traductor.

Woody Allen (Nueva York, 1935). Director cinematográfico, guionista, actor, músico y escritor.

Lawrence Lucie (Virginia, 1907-Nueva York, 2009). Guitarrista de jazz.

Willie Smith (South Carolina, 1910-Los Angeles,1967). Saxofonista de jazz.

Atticus. Bloguero ("El Blog de Atticus").

Duke Ellington (Washington, 1899-Nueva York, 1974). Director de orquesta, pianista y compositor de jazz.

Billie Holiday (Philadelphia, 1915-Nueva York 1959). Cantante de jazz.

Ebbe Traberg (Ringsted, Dinamarca, 1932-Madrid, 1996). Poeta, escritor, periodista y crítico de jazz.

Franco Orgaz. Secretario General del "Hot-Club de Madrid", fundado en 1948.

Hank O´Neal (Texas, 1940). Fotógrafo, escritor, productor musical.

José Ramón Rubio. Escritor y crítico de jazz *(El País)*. Autor de la versión española de *Jazz A-Z*.

Daniel Mark Epstein (Washington, 1948). Biógrafo, dramaturgo, escritor y poeta. Autor de *Nat King Cole. La voz inolvidable*.

Wild Bill Davis (Missouri, 1918-New Jersey, 1995). Organista, pianista y arreglista de jazz.

Stanley Dance (Essex, 1910-California, 1999). Escritor y crítico de jazz.

Frank Morgan (Minneapolis, 1933 - 2007). Saxofonista de jazz.

Phil Woods (Massachusetts, 1931). Saxofonista y compositor de jazz.

Miles Davis (Illinois, 1926-California, 1991). Trompetista y compositor de jazz.

José Manuel Gómez. Escritor, crítico, DJ y bloguero ("Lo crudo y lo cocido").

Shelly Manne (Nueva York, 1920-Los Ángeles, 1984). Baterista y director de orquesta.

Kurt Elling (Chicago, 1967). Cantante de jazz.

Sonny Rollins (Nueva York 1930). Saxofonista y compositor de jazz.

Carmen McRae (Nueva York, 1920-California, 1994). Cantante y pianista de jazz.

Stan Kenton (Wichita, 1911-Los Ángeles, 1979). Director de orquesta, arreglista, compositor y pianista de jazz.

Pepper Adams (Míchigan, 1930-Nueva York, 1986). Saxofonista de jazz.

Bruce Weber (Pennsylvania, 1946). Fotógrafo de moda y director de cine.

Juan Claudio Cifuentes (París, 1941). Periodista, crítico de jazz y locutor radiofónico.

Miquel Jurado. Crítico de jazz *(El País)*. Autor de *Tete. Casi autobiografía*.

Horace Silver (Connecticut, 1928). Pianista y compositor de jazz.

Mario Benso. Periodista y crítico de jazz.

Marcelo Cohen (Buenos Aires, 1951). Escritor, traductor y crítico literario.

Sheldon Brown. Compositor y multiinstrumentista de jazz.

David H. Rosenthal (Nueva York 1945-1992). Escritor, poeta, editor y traductor. Autor de *Hard Bop: Jazz and Black Music 1955-1965*.

Julio Coll (Barcelona, 1919 - Madrid, 1993). Director, guionista y productor de cine, realizador de televisión, escritor, periodista y crítico musical y teatral. Autor de *Variaciones sobre el jazz*.

Eddie Lambert. Crítico de jazz. Autor de *Duke Ellington: A Listener's Guide*.

Mary Lou Williams (Georgia, 1910-North Carolina, 1981). Pianista, compositor y arreglista de jazz.

Alain Gerber (Belfort, Francia,1943). Novelista, crítico y productor radiofónico.

Randy Weston (Nueva York, 1926). Pianista y compositor de jazz.

John Coltrane (Carolina del Norte 1926-Nueva York 1967). Saxofonista y compositor de jazz.

Bob Thiele (1922 -1996). Productor discográfico.

Enrique Martínez. Crítico musical ("Feedback-zine").

Zita Carno (Nueva York). Pianista, comentarista de jazz y baseball.

Cuthbert Ormond Simpkins (Chicago, 1947). Médico, biógrafo y científico. Autor de *Coltrane. A biography*.

John Lewis (Illinois, 1920-Nueva York, 2001). Pianista, compositor y arreglista de jazz.

Federico González (Madrid, 1956-2004). Fotógrafo y crítico de jazz *(El País, Cuadernos de Jazz, Scherzo)*.

Chick Corea (Massachusetts, 1941). Pianista y compositor de jazz.

Scott St. James. Bloguero ("Warehouse of Rock").

Alain Tomas (Argel, 1946). Profesor universitario, biólogo y crítico de jazz.

Dave Burrell (Ohio, 1940). Pianista y compositor de jazz.

Jef Neve (Turnhout, Bélgica, 1977). Pianista y compositor de jazz.

José James (Minnesota, 1978). Cantante de jazz y hip-hop.

Jimmy Giuffre (Dallas, 1921-Massachusetts, 2008). Multiinstrumentista, compositor y arreglista de jazz.

"JazzVision We are we play". Blog de jazz.

Ornette Coleman (Texas, 1930). Saxofonista, trompetista, violinista y compositor de jazz.

Max Roach (Carolina del Norte, 1924-Nueva York, 2007). Baterista y compositor de jazz.

George Russell (Ohio, 1923-Boston, 2009). Compositor, batería, pianista, percusionista y profesor de música. Autor de *The Lydian Chromatic Concept of Tonal Organization*.

Guillermo Bazzola (Buenos Aires, 1962). Guitarrista y crítico de jazz.

Wynton Marsalis (Nueva Orleans, 1961). Trompetista, compositor y arreglista de jazz. Director artístico de Jazz en el Lincoln Center de Nueva York.

Andrew Hill (Chicago, 1937-New Jersey, 2007). Pianista y compositor de jazz.

Wayne Shorter (Nueva Jersey, 1933). Saxofonista y compositor de jazz.

Nat Hentoff (Boston, 1925). Historiador, novelista, comentarista político, crítico de jazz y música country.

Ashley Kahn. Periodista, historiador y productor musical. Profesor adjunto de la Universidad de Nueva York. Autor de *Miles Davis y Kind of Blue: La creación de una obra maestra*, y *A Love Supreme y John Coltrane: La historia de un álbum emblemático*.

Joshua Redman (Berkeley, 1969). Saxofonista de jazz.

Agustí Fernández (Palma de Mallorca, 1954). Pianista y compositor de jazz.

Charles Lloyd (Tennessee, 1938). Saxofonista, flautista y compositor de jazz.

Ravi Shankar (Benarés, 1920). Intérprete de sitar.

Dave Liebman (Nueva York, 1946). Saxofonista, flautista, clarinetista, pianista, batería y compositor de jazz.

Martin Williams (1924-1992). Escritor y crítico de jazz.

Marion Brown (Georgia, 1931-Florida, 2010). Saxofonista de jazz.

Archie Shepp (Florida, 1937). Saxofonista, compositor y teórico de jazz.

Miguel Saenz (Larache, 1932). Traductor, autor de *Jazz de hoy, de ahora*.

Joao Moreira dos Santos (Lisboa, 1971). Investigador, ensayista e historiador especializado en jazz.

Anthony Braxton (Chicago 1945). Multiinstrumentista, compositor, escritor y teórico de jazz.

Roscoe Mitchell (Chicago, 1940). Multiinstrumentista, compositor y teórico de jazz.

John McLaughlin (Yorkshire, Inglaterra, 1942). Guitarrista y compositor de jazz.

Iker Seisdedos. Periodista y crítico de jazz *(El País)*.

Juan Carlos Tascón (Las Palmas de Gran Canaria, 1953). Músico y crítico de jazz *(Cuadernos de Jazz)*.

Manfred Eicher (Lindau, Alemania, 1943). Productor musical.

Pat Metheny (Missouri, 1954). Guitarrista y compositor de jazz.

Bill Frisell (Maryland 1951). Guitarrista y compositor de jazz.

Nat Chediak (Cuba, 1950). Productor y documentalista. Autor del *Diccionario de jazz latino*.

Fernando Trueba (Madrid, 1955). Director de cine.

Maria Schneider (Minnesota, 1960). Directora de orquesta, arreglista y compositora de jazz.

Keith Jarrett (Pennsylvania, 1945). Pianista de jazz.

Dave Holland (Wolverhampton, Inglaterra, 1946). Contrabajista y compositor de jazz.

Dave Douglas (New Jersey, 1963). Trompetista y compositor de jazz.

Louis Sclavis (Lyon, Francia, 1953). Multiinstrumentista y compositor de jazz.

Notas

Notas

Notas